持ち

やさ

手話の本

豊田直子著

日本文芸社

はじめに

　手話に初めてふれた方から「手話は世界共通ですか？」とよく聞かれます。また日本で使われる手話は「全国共通なのですか？」と問われます。答えはいずれも「NO」です。英語・仏語同様に、世界各国の手話があり、大阪弁・博多弁同様に、手話にも土地ごとに魅力ある方言がたくさんあります。また音声言語（いわゆる話し言葉）と同じく、手話でも年配者と若者の話し方は違いますし、敬語ももちろんあります。ろう者・中途失聴者・難聴者の手話も同じではありません。

　そう聞くと大変に思われるかもしれませんが、難しいことはありません。聞こえない方が表される手話をありのまま受け止めることが大切で、本書の手話をきっかけにし、あなたの目の前の聞こえない方から学んでいけば良いのです。

　そして、世界的に“音声言語と等しく手話は言語である”と認知されてきたこともあり、日本でもますます手話にふれる機会が増えるのではないでしょうか。本書は、既刊の『だれでもできるやさしい手話』をいつも手元に置いて便利に使えるようハンディ判にしたものです。電車の待ち時間にさっと開いて学んでいただけたらうれしいです。たどたどしい手話でも大丈夫。あなたに「私の思いを伝えたい」「あなたの言っていることを理解したい」という気持ちがあれば手の形が少々間違っていても、相手の聞こえない方はきっとやさしく読み取って下さり、また教えて下さるはずです。

　あなたの手話を必要としている人が必ずいます。がんばって下さい。

豊田 直子

CONTENTS

Lesson5

状況別 ―――― 131~246

Lesson6

手話の基礎知識 ―――― 247~262

Index

ONE POINT ADVICE

COLUMN●コラム

※本書は2003年に小社刊行の『だれでもできる やさしい手話』を新たに編集し、ハンディ判にまとめたものです。

Lesson 1

まずは、これを覚えよう

指文字（50音）

手話で50音にあたるのが、この指文字です。濁音《だくおん》「゛」、半濁音「゜」、促音《そくおん》「ッ」、拗音《ようおん》「ャ」、長音「ー」も表わせます。ここでは、右手で表わした絵を、相手から見た形で載せています（左手でもいいです）。「あ」～「ん」まで、順番に覚えなくてもかまいません。さあ、自分の名前は、どうやって表わすのでしょうか？　やってみましょう。

あ

親指を、横に出したグーの形。「a」と同じ手話。

い

小指を立てる。親指は中でも外でもよい。「I」と同じ手話。

う

人差し指と中指を立てる。「U」と同じ手話。

え

指の腹を第1関節につけるようにする。「e」と同じ手話。

お

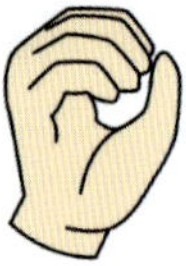

手を筒のように丸める。「o」と同じ手話。

か

人差し指を立て、中指の第2関節に親指につける。

き

影絵のときのキツネの形にする。

く

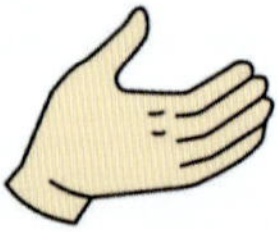

そろえた4本指を第1関節で少し内側に曲げる。数字の「9」と同じ手話。

け

敬礼のように指を立て、親指を曲げる。

こ

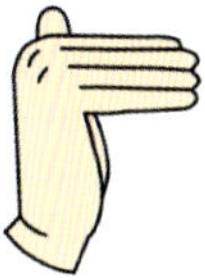

カタカナの「コ」の上の部分のように直角に曲げる。小指を相手に見せる。

さ

グーの形。親指は外に出す。「s」と同じ手話。

し

親指を立て、人差し指と中指を横にする。数字の「7」（“しち”から）。

す

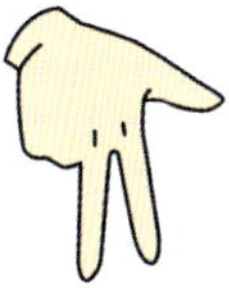

自分から見て、カタカナの「フ」に見えるようにする。

せ

中指を立て、他の指は握る。背骨の「せ」。

そ

目の前のものを「それ」と指差すしぐさ。

た

親指を立て、握りこぶしをつくる。親指の腹を相手に見せるように。

ち

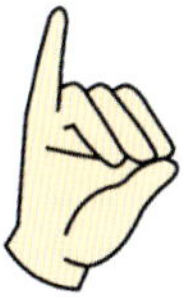

小指を立て、他の指先を合わせる。

つ

小指と薬指を立て、親指の先に人差し指と中指の先をつける。

て

指をそろえて、手のひらを相手に向け「手」を表わす。

と

人差し指と中指を立てる。

な

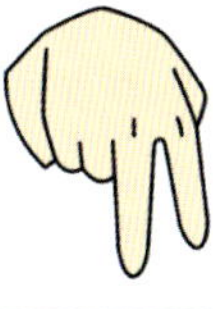

人差し指と中指を下に向ける。「n」も表わす。

に

人差し指と中指を横にする。漢数字の「二」と同じ手話。

ぬ

人差し指をカギ型に曲げると「盗む」を表わす。

ね

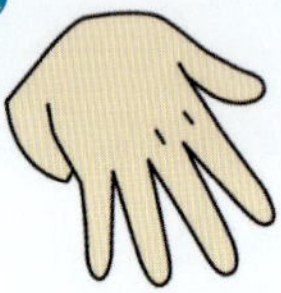

木の根のように下向きにして開く。

の

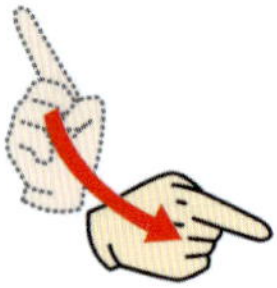

人差し指でカタカナの「ノ」を空書する。

は

人差し指と中指を前方斜め下に出す。「h」と同じ手話。はさみの「は」。

ひ

人差し指を立て、指の腹を相手に向ける。数字の「1」("ひとつ" から)。

ふ

自分から見て親指と人差し指でカタカナの「フ」をつくる。

へ

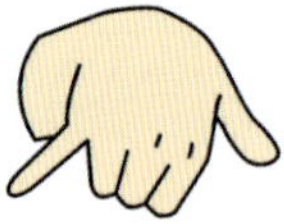

手を下向きにし親指と小指を出して、「へ」の形をつくる。他の指は曲げる。

ほ

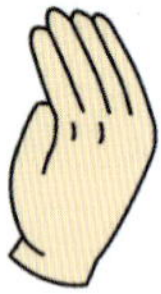

手の甲を相手に向け、指全部を少し内側に曲げ、ヨットの帆を表わす。

ま

人差し指、中指、薬指を開いて伸ばし下に向ける。「m」も表わす。

み

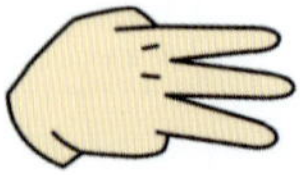

人差し指、中指、薬指を横にする。漢数字の「三」("みっつ" から)。

む

親指と人差し指でL字をつくる。数字の「6」("むっつ" から)。

め

親指と人差し指をつけ、他の指は立て、目の形をつくる。

も

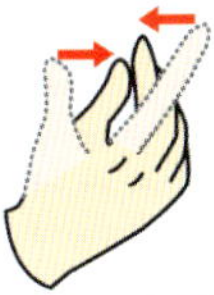

親指と人差し指を合わせる。

や

小指と親指を立て、他の指は握る。「Y」と同じ手話。

ゆ

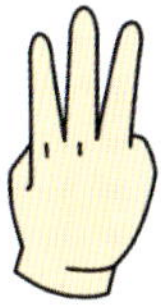

手の甲を相手に向け人差し指、中指、薬指を立て、温泉マークをつくる。

よ

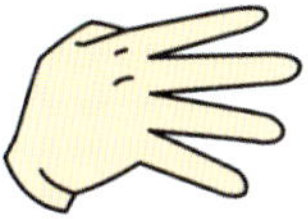

手の甲を相手に向け、親指以外の指の間を少し開き、横に出す。

ら

人差し指に中指をからませる。「r」と同じ手話。

り

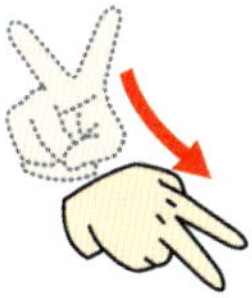

人差し指と中指の2本で「リ」を書くようにする。

る

小指と薬指を折り、他の指を立てて相手から「ル」に見えるようにする。

れ

親指と人差し指を立て、相手から見て「レ」になるようにする。

ろ

人差し指、中指を合わせてカギの形にする。

わ

手のひらを相手に見せ、人差し指、中指、薬指を立てる。「W」と同じ手話。

を

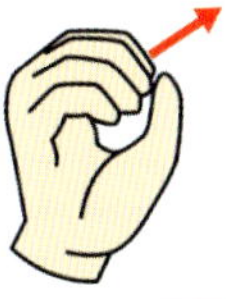

「お」と同じくし、手前に引く。

ん

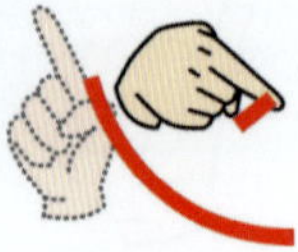

人差し指でカタカナの「ン」を空書する。

び／濁音

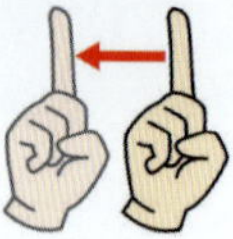

それぞれの形をつくり、右横に動かす。

※濁音…かなで表わすときに、濁点「゛」をつける音。

ぴ／半濁音

それぞれの形をつくり、上げる。

※半濁音…「゜」のつくパ行の音。

長音

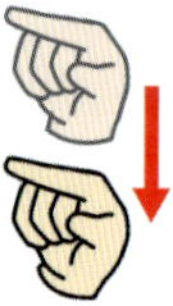

人差し指を伸ばし、上から下に下ろす。タクシーの「ー」のように伸ばす部分の表現の仕方。

※長音…長く引きのばした音。「ー」を書いて表される音。

促音

「つ」を手前に引く。

※促音…かなの「つ」や「ツ」を小さく表わす音。

拗音

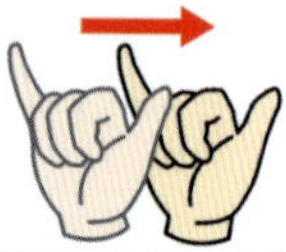

それぞれの形をつくり、手前に引く。

※拗音…かなの「ヤ・ユ・ヨ」などをそえて、1つの音節で表わす音。

数詞

数詞は、年齢、生年月日、時間、人数、個数、お金などさまざまなシチュエーションで使われます。待ち合わせの時間など、間違えて伝わると困りますので、しっかりと覚えましょう。

0

小指が相手に見えるようにし、丸めた手が「0」に見えるようにする。

1

人差し指を立てる。

❷

人差し指と中指を立てVサインをつくる。

❸

人差し指、中指、薬指の3本を立てる。

❹

親指以外の指を立てる。

❺

親指を横に伸ばし、他の4本の指も握る。

❻

手の甲を相手に向け、親指と人差し指でL字をつくる。「む」と同じ手話。

❼

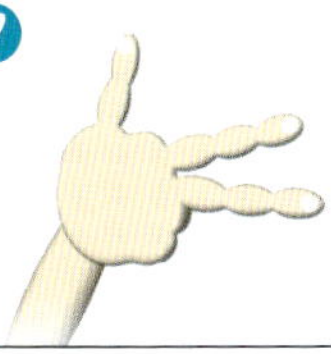

手の甲を相手に向け、親指を立て、人差し指と中指を開き横にし、他の指は握る。「し」と同じ。

❽

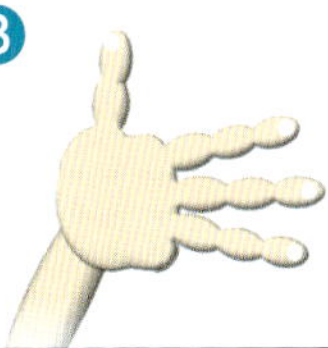

手の甲を相手に向け、親指を立て、人差し指、中指、薬指を横に伸ばす。小指は折る。

❾

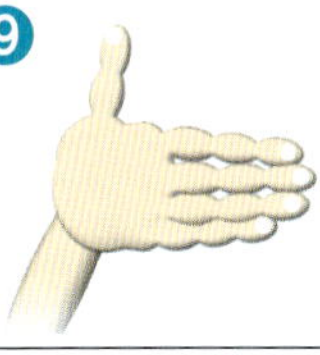

手の甲を相手に向け、親指は立て、それ以外の指はそろえる。「く」と同じ手話。

❿

人差し指を前に折り曲げる。

⓫

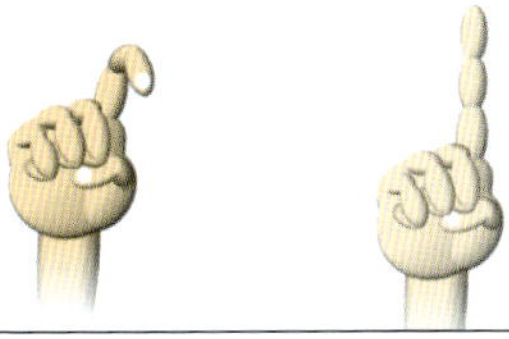

「10」を表わしながら、「1」をつくる。12 ～ 19の数字も同様で「10」を表わしてから「2 ～ 9」をつくればよい。

一

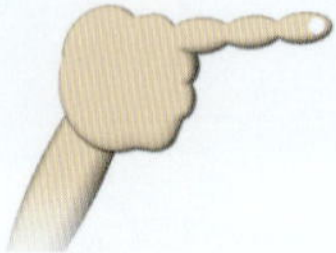

手の甲を相手に見せ、人差し指のみを横にする。

二

手の甲を相手に見せ、人差し指と中指を横にする「に」と同じ手話。

三

手の甲を相手に見せ、人差し指、中指、薬指を横にする。「み」と同じ手話。

四

手の甲を相手に見せ、親指以外を横にする。「よ」と同じ手話。

20

人差し指と中指を曲げる。

30

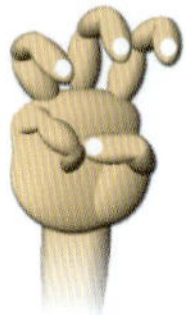

人差し指、中指、薬指を曲げる。

40

親指を閉じ、4 本の指を曲げる。

50

親指を曲げ、他の指は握る。

60

親指と人差し指を曲げる。

70

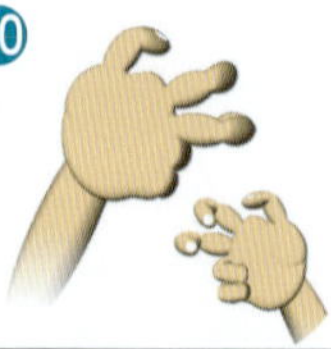

親指、人差し指、中指を曲げる。

80

小指以外の伸ばした指を曲げる。

90

全部の指を曲げる。

100

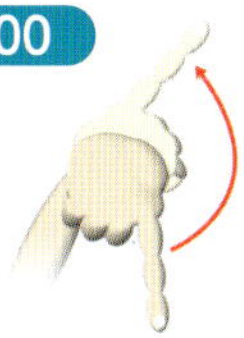

漢数字の「一」を表わし、人差し指を上にはね上げる。

101

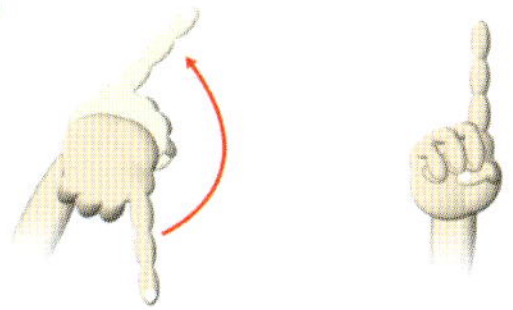

「100」を表わしてから「1」を表わす。他の3ケタも同様にする。

1000

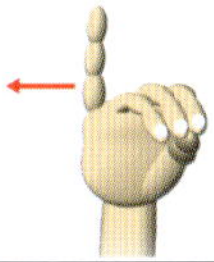

小指を立て、他の指先を親指に合わせ右に動かす。指先を相手側に向ける。

1000

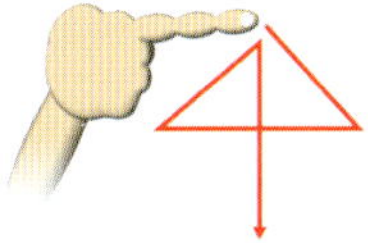

漢数字の「一」を表わした手で（自分から見て）漢字の「千」を書く。

1万

「1」を表わしてから、全部の指を閉じ「万」の位を表わす。

顔

手話はけっして難しいものではありません。特に顔を表わす手話は、表現する部位を指でさしたり、触れたり、形で表します。どうか尻ごみせず、一度トライしてみて下さい。

頭

眼

耳

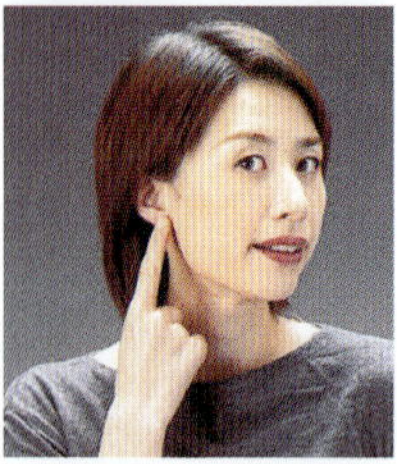

鼻

口

歯

のど

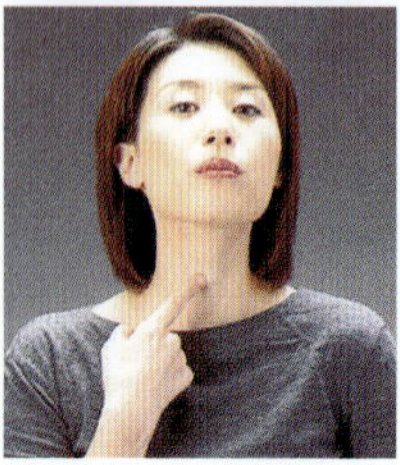

Lesson 2

あいさつ

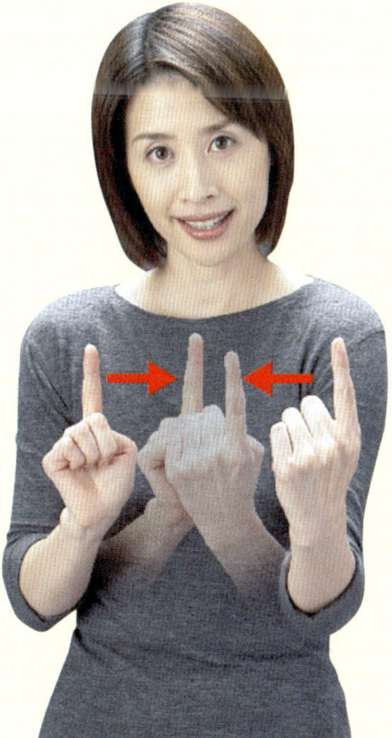

おはようございます ①

1 朝

右手を握り、こめかみのあたりからそのまま真下に下げる。「おはよう」の意味もある。

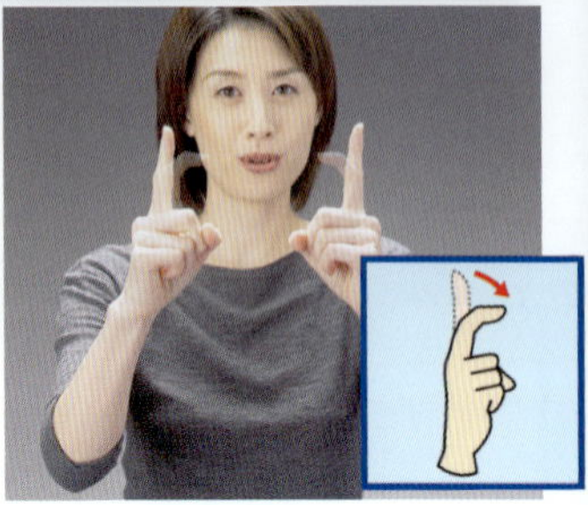

2 あいさつ

両手の人差し指を立てて向かい合わせ、人差し指を写真のように折り曲げる（指の指紋が顔を表わす）。

今日はよい天気ですね

1 今 日

両手のひらを下にし、軽くおさえる（「現在」の意味も表わす）。

2 よ い

右手を握り、写真のように鼻先にあて、前に出す。

おはようございます ②

1 朝

右手を握り、こめかみのあたりからそのまま真下に下げる。「おはよう」の意味もある。

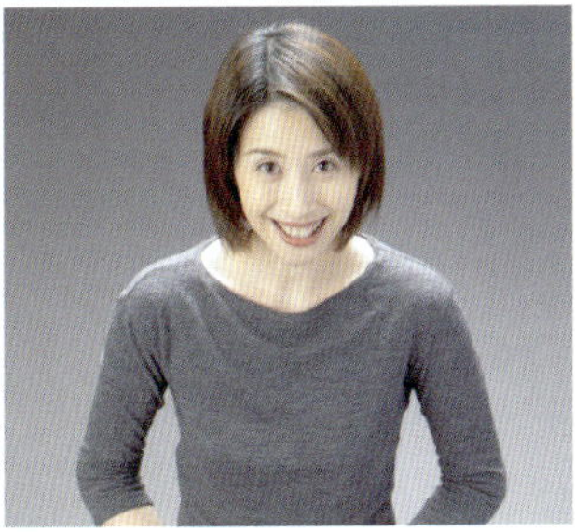

2 おじぎ

おじぎをする。

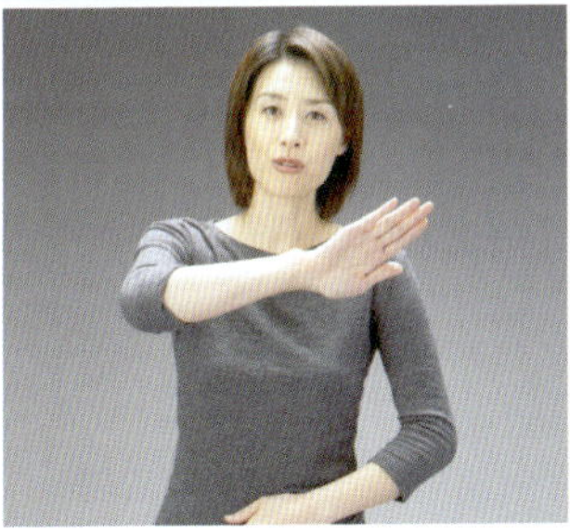

3 天気

顔は空を見ているようにし、右手で、空に弧を描くようにする。

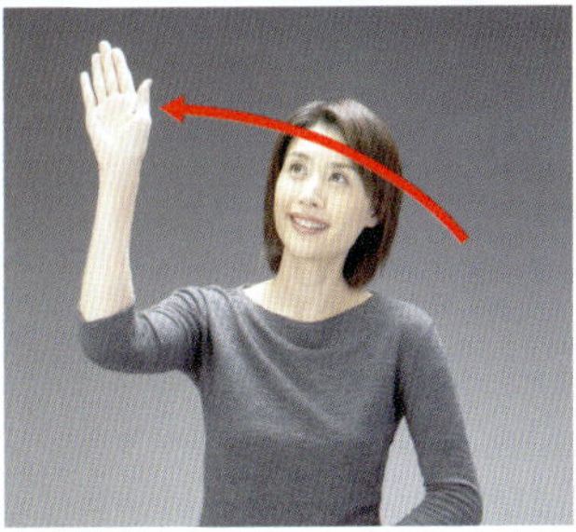

4

こんにちは、元気？①

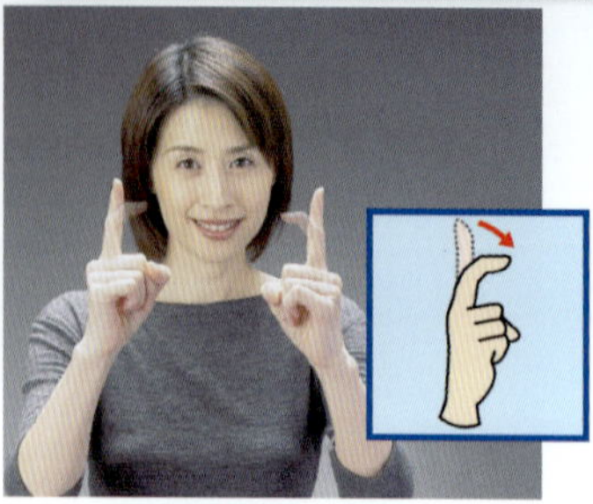

1｜こんにちは

両手の人差し指を立てて向かい合わせ、人差し指を折り曲げる。

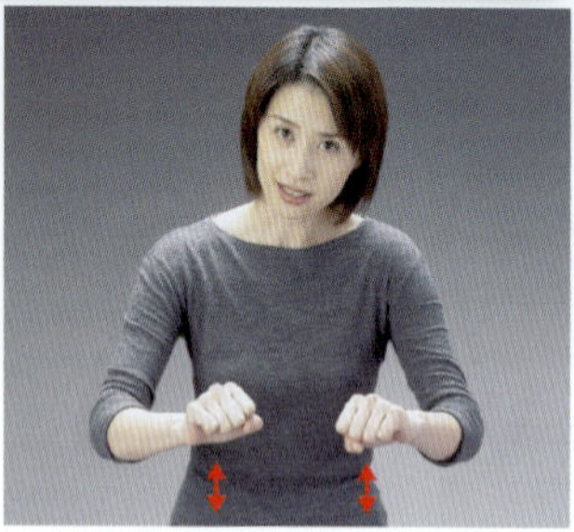

2｜元気？

両手を握り、体の前に置き、2回上下させる（たずねる表情をする）。

こんにちは、元気？②

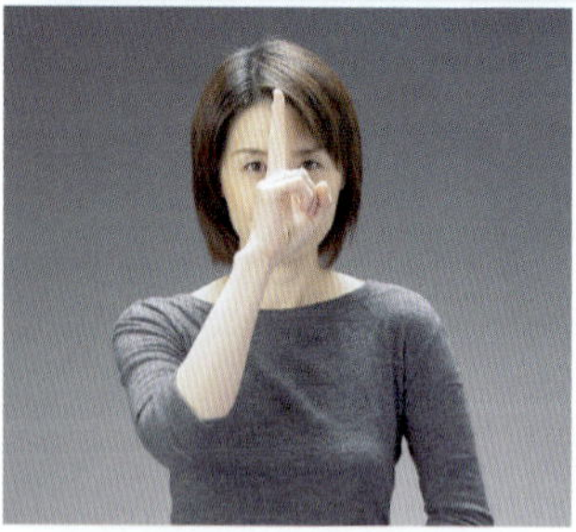

1｜昼

右手の人差し指と中指を立て、顔の前に置く（時計の12時の位置）。

2｜あいさつ

両手の人差し指を立てて向かい合わせ、人差し指を折り曲げる。

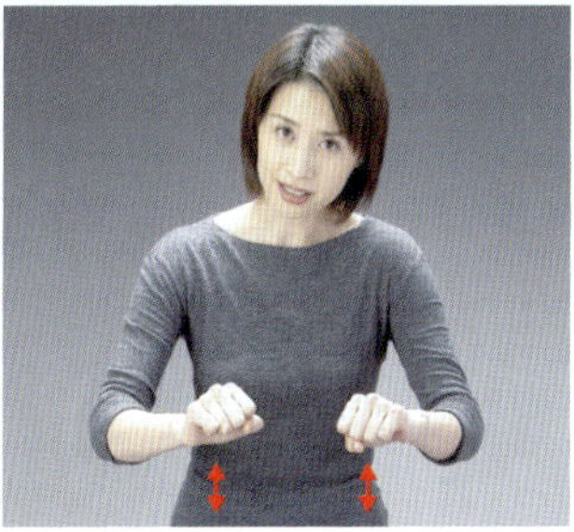

3 元気？

両手を握り、体の前に置き、2回上下させる（たずねる表情をする）。

おひさしぶりです

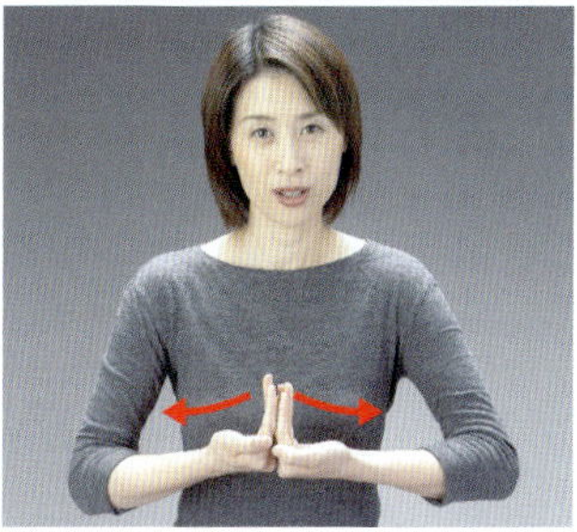

1 ひさしぶり

両手の親指以外の指の背を合わせ、両手を左右に引き離す。

元気です

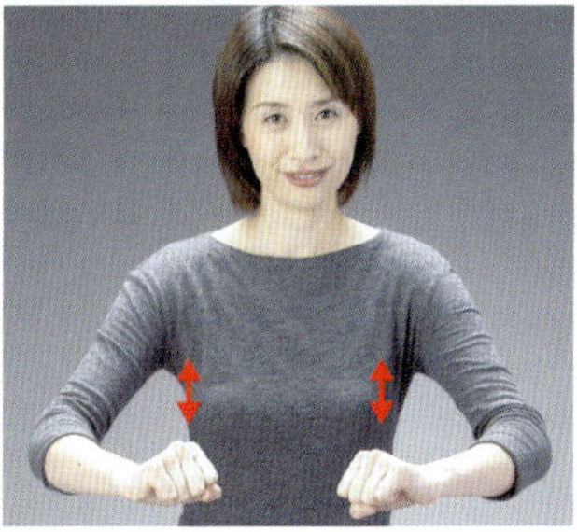

1 元気

両手を握り、体の前に置き、2回上下させる。

最近どう？

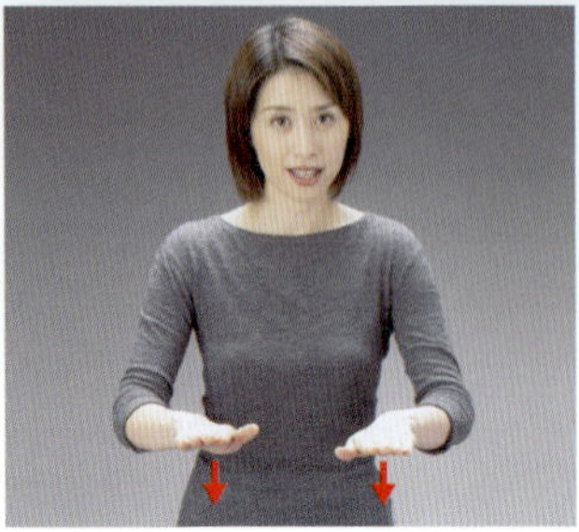

1 今

両手のひらを下にし、軽くおさえる（「現在」の意味も表わす）。

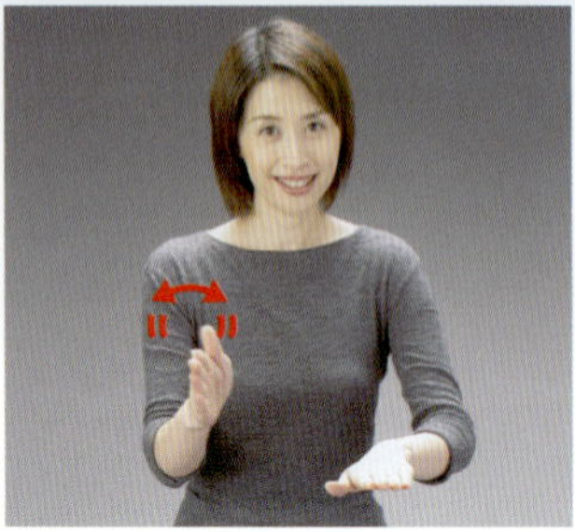

2 頃

右手を開いて、指先を相手に向け、左右に軽く振る。

忙しいです

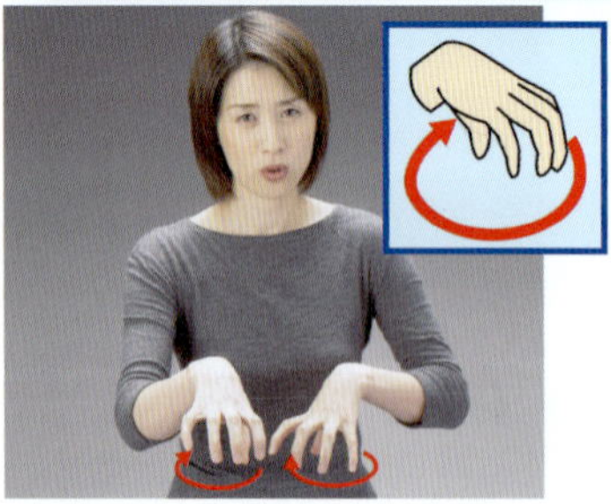

1 忙しい

両手の指先を下に向けて開き、水平に円を描くように回す。

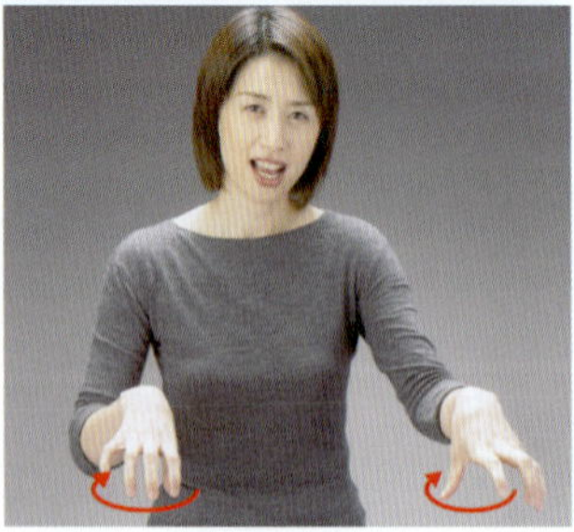

2

（忙しくて、机の上に書類がちらかっているようすをイメージして表現する）。

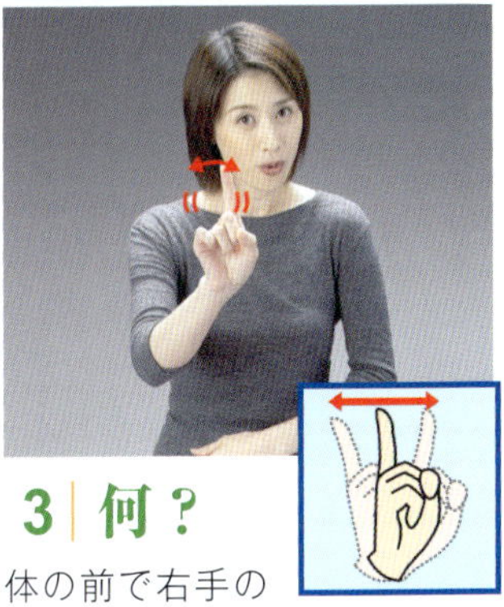

3｜何？

体の前で右手の人差し指を立て、2～3回左右に振る（たずねる表情をする）。

寝坊しちゃった（寝不足で）

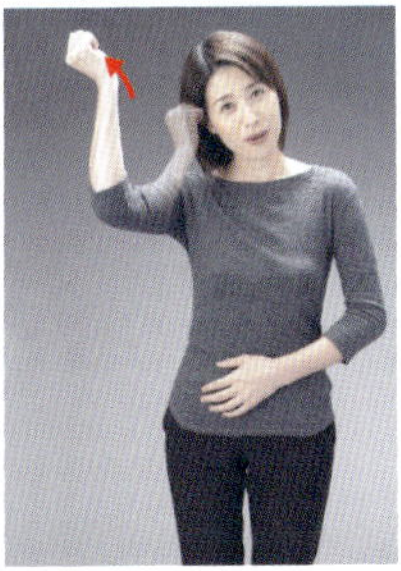

1｜寝坊

握った右手（枕をイメージ）に、もたれるように頭を傾け、右手を上げる。

1｜寝る

握った右手（枕をイメージ）に、もたれるように頭を傾ける。

＋

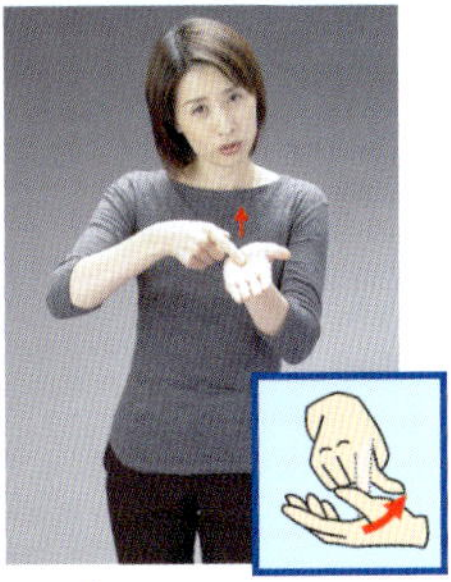

2｜不足

左手のひらを上に向け、右手の人差し指で左手のひらをかくようにする。

こんばんは ①

1 夜

両手のひらを相手に向け、両手を交差させながら下げる（「暗い」の意味も表わす）。

2 あいさつ

両手の人差し指を立てて向かい合わせ、人差し指を写真のように折り曲げる。

こんばんは ②

1 夜

両手のひらを相手に向け、両手を交差させながら下げる（「暗い」の意味も表わす）。

2 おじぎ

相手と目を合わせ、おじぎをする。

こんばんは ③

1 夜

両手のひらを相手に向け、両手を交差させながら下げる（「暗い」の意味も表わす）。

2 おじぎ

おじぎをしながら、「夜」の手話をする。

COLUMN◎コラム　まずは、トライしてみよう……①

会話

両人差し指を回す。

人差し指を口の近くから前に出す。

親指と小指を立て、他の指は曲げ受話器の形を作り、電話をしている姿勢をする。

今日は暑かったね

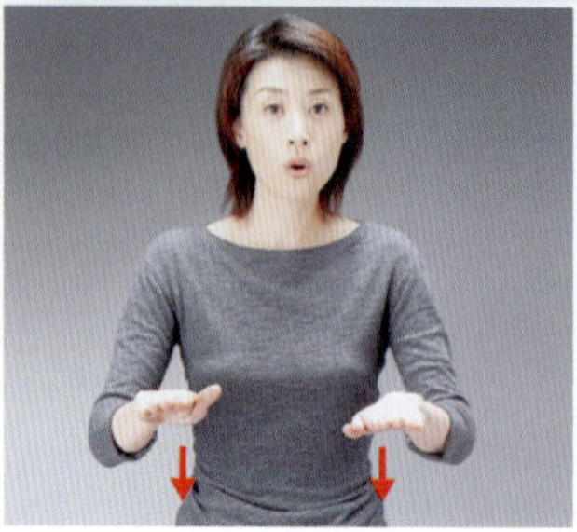

1 今日

両手のひらを下にし、軽くおさえる（「現在」の意味も表わす）。

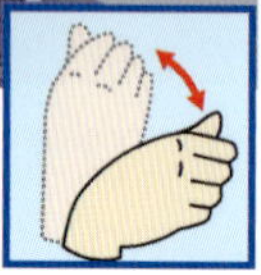

2 暑い

右手でうちわを持って、あおぐように動かす（「夏」の意味も表わす）。

今日は寒かったね

1 今日

両手のひらを下にし、軽くおさえる（「現在」の意味も表わす）。

2 寒い

両手を握り、寒さに震えるように小刻みに動かす（「冬」の意味も表わす）。

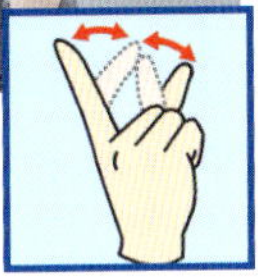

3 同じ（同意）

両手の親指と人差し指を、閉じたり開いたりする（片手でもよい）。

3 同じ（同意）

両手の親指と人差し指を、閉じたり開いたりする（片手でもよい）。

バリエーション

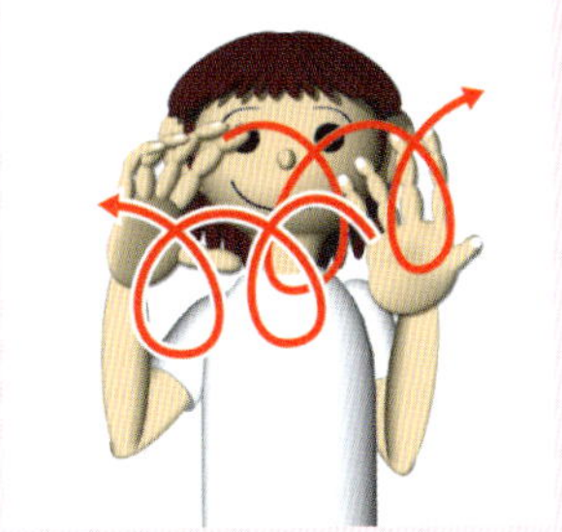

2 曇り

軽く曲げた両手を向かい合わせ、それぞれ逆方向に回転させる。

2 雨

両手を肩の前あたりで垂らし、2回上下させる。

ありがとうございます

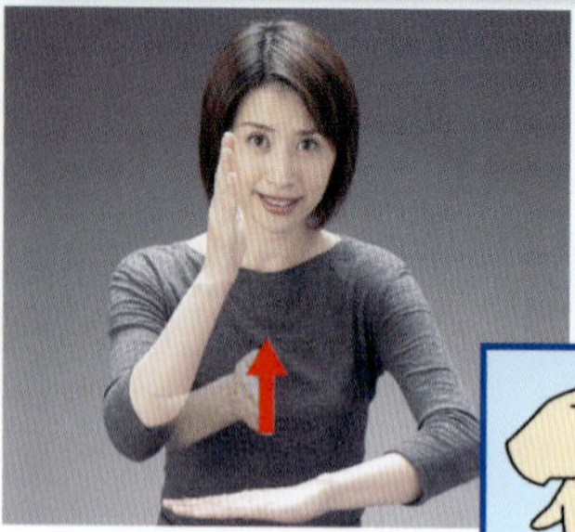
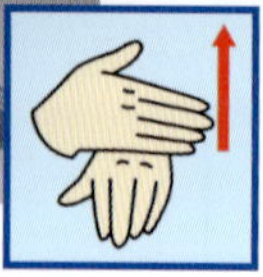

1 | ありがとう

左手のひらを下に向け、右手の小指側を、左手の甲の上に乗せ、軽く会釈をしながら右手だけそのまま上げる。

今日は本当にありがとうございました

1 | 今 日

両手のひらを下にし、軽くおさえる（「現在」の意味も表わす）。

2 | 本 当

開いた右手の人差し指側を、2回アゴにつける。

どういたしまして

1 いえいえ

手のひらを相手に向け、左右に振る（かまわないの気持ちをこめて）

3 ありがとう

左手のひらを下に向け、右手の小指側を左手の甲の上にのせ、右手を上げる。

バリエーション

1 かまわない

右手の小指を立て（手の甲を相手に向ける）、指先をアゴに2回あてる。

2 まあまあ

手のひらを相手に向け体の前に置き、軽く前に押し出す。

ごめんなさい

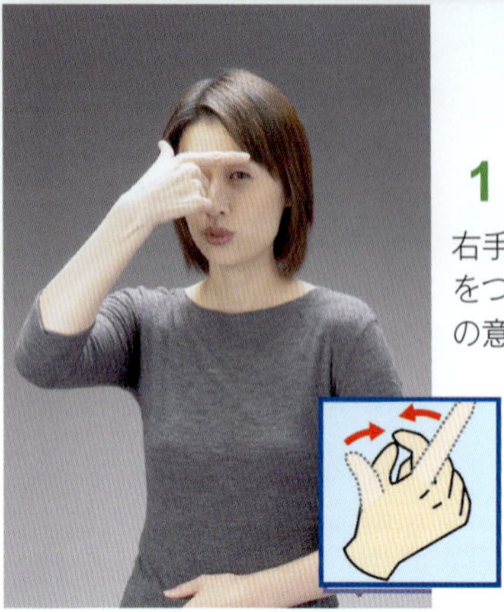

1｜ごめんなさい

右手の親指と人差し指を（眉間をつまむように）閉じる（「迷惑」の意味も表わす）。

これからもよろしくお願いします

1｜未来

手のひらを前に向け、顔の横に置き前に出す。

2｜よい

右手を握り、写真のように鼻先にあて、軽く前に出す。

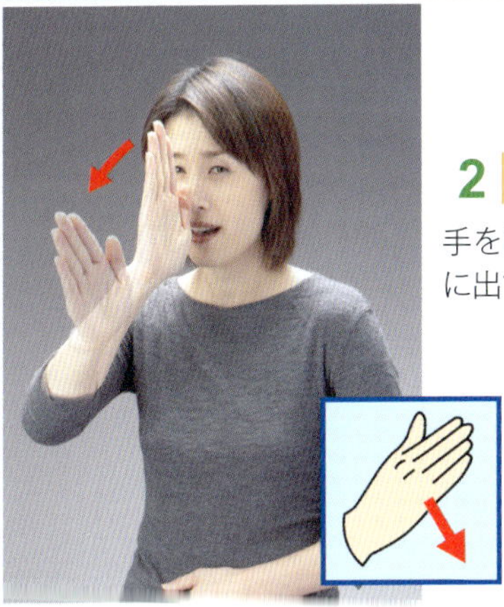

2

手を開きながら、頼むように前に出す。

3 頼む

手を開き、頼むように前に出す（「よい」+「頼む」でよろしくお願いしますとなる）。

また、会いましょう

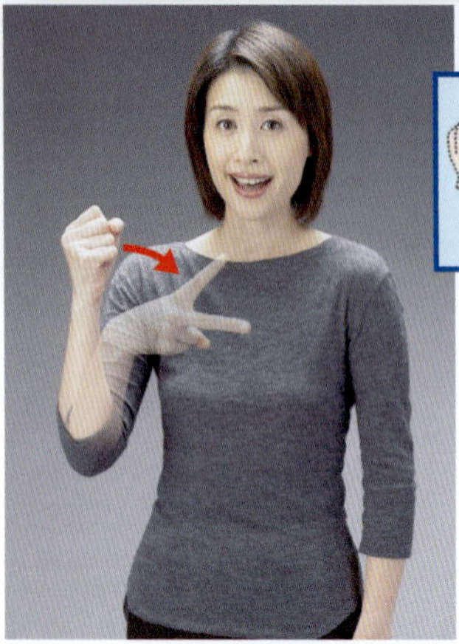

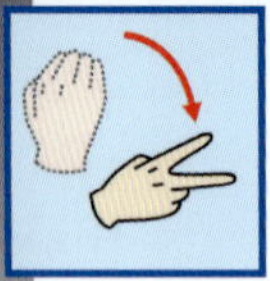

1｜また

右手を握り、中指と人差し指を横に伸ばす（「再び」の意味も表わす）。

いつがいい？

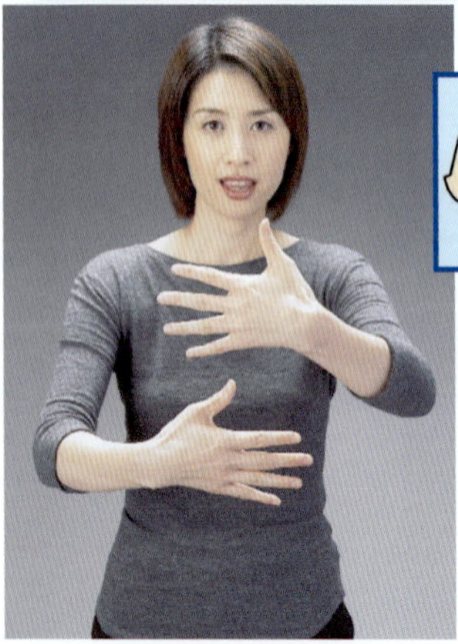

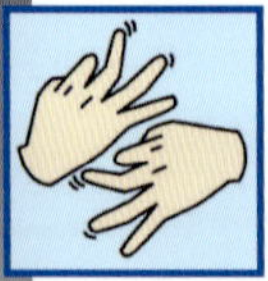

1｜いつ

体の前で両手を上下にし、両手の指を親指から順に折り曲げていく。

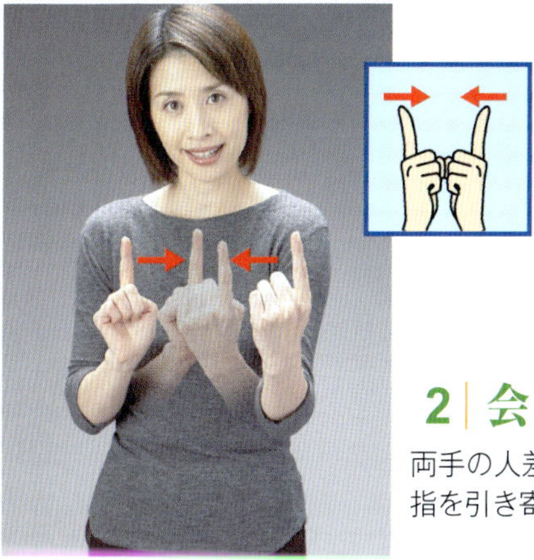

2 会う

両手の人差し指を立て、互いの指を引き寄せる。

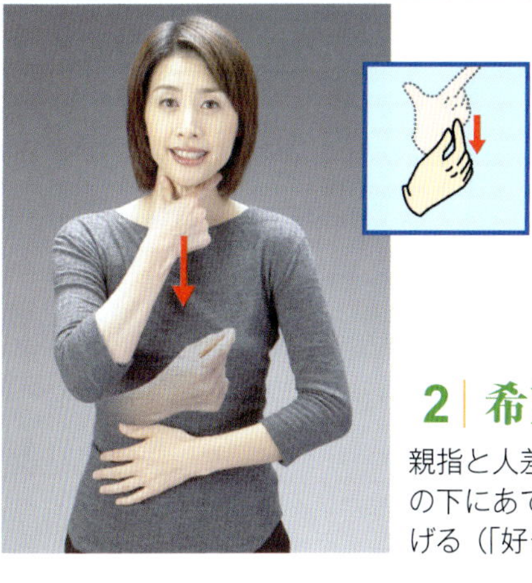

2 希望？

親指と人差し指を伸ばし、アゴの下にあて、指を閉じながら下げる（「好き」の意味も表わす）。

後で連絡するよ

1 後で（未来）

右手のひらを前に向け、顔の横に置き、そのまま軽く前に出す。

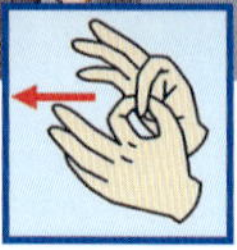

2 連 絡

両手の親指と人差し指で、くさりのように輪をつくり、前に出す（連絡を自分から出す場合）。

連絡待ってるよ

1 連 絡

両手の親指と人差し指でくさりのように輪をつくり、手前に引く（連絡を受ける場合）。

2 待 つ

右手の親指以外の指を曲げ、指の背をアゴの下にあてる。

3｜私

右手の人差し指で自分の胸のあたりを指差す（鼻のあたりを指差してもよい）

うん、またね

1｜うなずき

相手に同意するように、うなずく。

2｜再び

右手を握り、中指と人差し指を横に伸ばす（「また会いましょう」の気持ちをこめる）。

行ってらっしゃい

※「行ってきます」は、特に手話は決まっていないので、身振りで表現する。

行ってきます

1｜行ってきます

特に手話は決まっていないので、身振りで表現する。

帰ってくるの何時？

1｜帰る

親指と他の４本の指を閉じながら、胸の前まで引いてくる。

2｜時間

腕時計をイメージして指差す。

行ってらっしゃい

1 行ってらっしゃい

「行ってきます」と同じで、特に決まった手話はないので身振りで表現する。

気をつけてね

1 注意

両手を上下にし、注意を促す表情で両手を体に引き寄せながら同時に握る。

3 いくつ？

右手のひらを上に向け、親指から順に折り曲げる。

どこに行くの？

1｜何

右手の人差し指を立て、指先を左右に振る。

2｜行く？

人差し指を下に向け前に出す（たずねる表情をする）。

忘れ物はない？

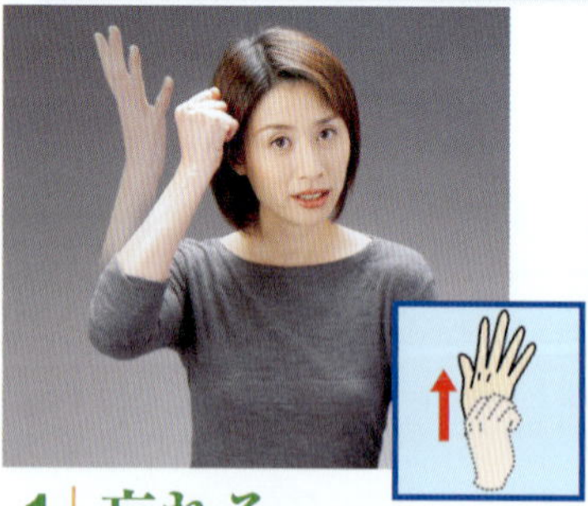

1｜忘れる

右手をこめかみの横で握り、手を開きながら上げる（記憶が頭から抜けるようなイメージで）。

2｜ない？

両手のひらを前に向け、クルッと手首を反転させる。

あるよ、大丈夫

1 ある(カバンの中に)

カバンの中に入っている荷物のある場所を手で指す（ポケットやリュックなどの場合も同じ)。

2 大丈夫

左手を右肩から左肩に移動させる（写真ではカバンを持っているので左手で表わしているが、右手で表わす時は左肩から右肩へ)。

COLUMN・コラム まずは、トライしてみよう……②

動物

犬の耳の形を作る。

握りこぶしを作り、頬に付けネコが顔を洗う表情をする。

雄ライオンのたてがみを作る。

ただいま

※「ただいま」は、特に手話は決まっていないので、顔を合わせることや、身振りで表現する。

おつかれ様でした

1 | おつかれ様

握った右手で、左手首をトントンと軽くたたく。

2 |

（相手の肩をやさしくたたいてあげるイメージで行なう）。

COLUMN コラム まずは、トライしてみよう……③

天候

うちわで扇ぐ
イメージ。

寒さで身体をふるわせる。

両手で風を
イメージ。

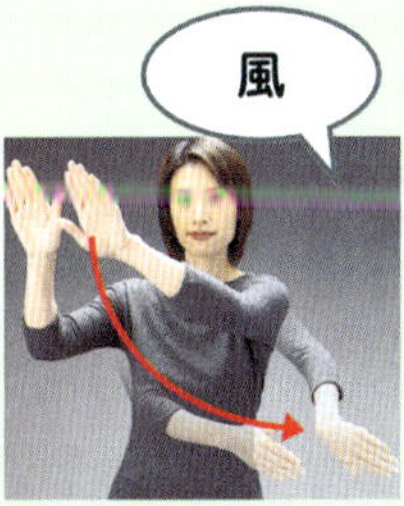

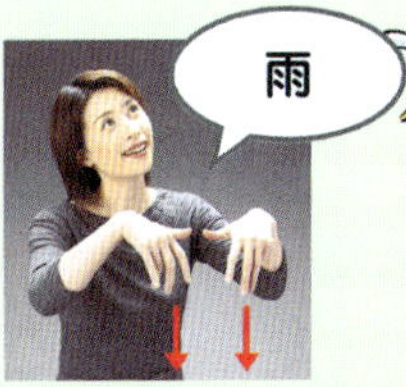

両手で雨が降る
イメージ。

両手で傘を持っ
ているイメージ。

帰りが遅かったね（早かったね）

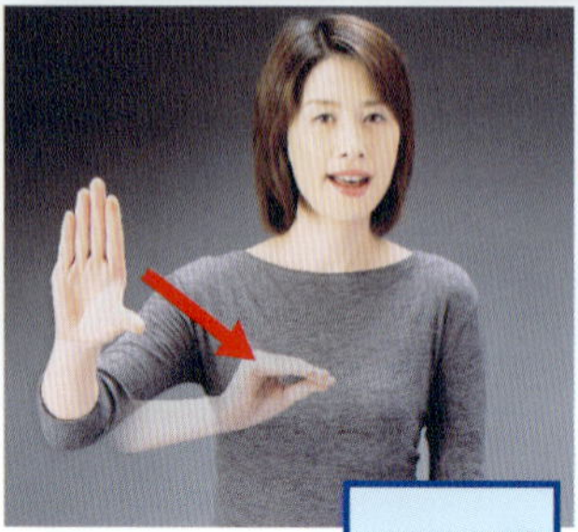

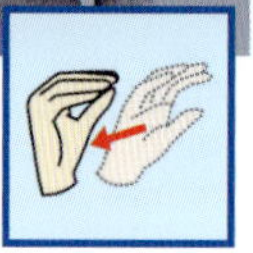

1｜帰り

親指と他の4本の指を閉じながら、胸の前まで引いてくる。

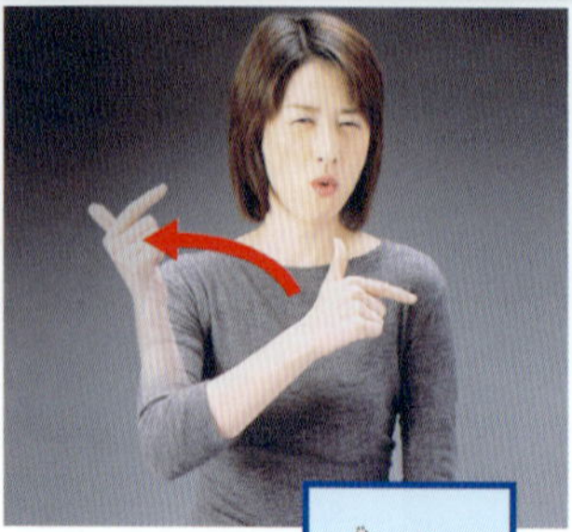

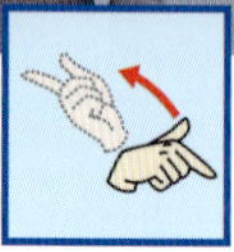

2｜遅い

右手の人差し指と親指を伸ばし、左から右へ動かす。

時間が遅かったね（早かったね）

1｜時間

腕時計をイメージして指差す。

2｜遅い

右手の人差し指と親指を伸ばし、左から右へ動かす。

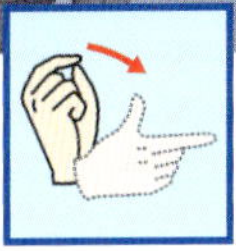

3 早い

右手の親指と人差し指をつけ、左側にパッと開く。

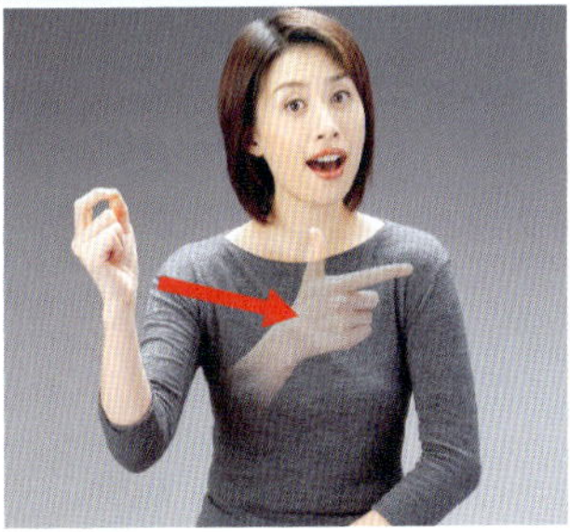

3 早い

右手の親指と人差し指をつけ、左側にパッと開く。

ONE POINT ADVICE

「かまわない」は、いろいろな場面で使える言葉

「かまわない」は、“OK”、“気にしない”、“平気”など、広い意味を含んでいます。そのため、使う場面や表情により、意味が変わってしまうので表現する時には注意しましょう。

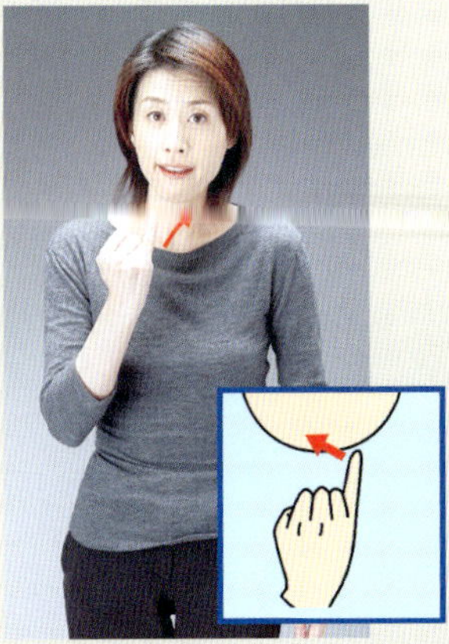

かまわない

右手の小指を立て（手の甲を相手に向ける）、指先をアゴに2回あてる。

いただきます

※「いただきます」は、特に手話は決まっていないので、手を合わせるなど、身振りで表現する。

どうぞ召しあがれ

1 食べる

左手で皿を、右手の人差し指と中指で箸を表現し、口に運ぶように動かす。

2 どうぞ

手のひらを上に向け左右に振る（食事をすすめるようにやさしくうながすイメージで）。

おいしい？

1 おいしい？

ほっぺたが落ちるイメージで、ほほを軽く2回たたく（女性らしい表現）。

おいしかった

1 おいしい

口のまわりをぬぐうように、握った手を左から右に動かす（男性的な表現）。

バリエーション

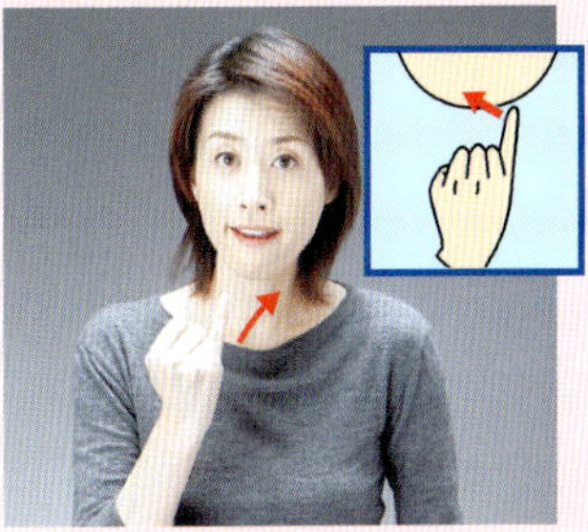

2 かまわない

小指を立て、指先をアゴに2回あてる（気にしないで召し上がって下さいというイメージ）。

おかわり

1 もう一杯

「おかわり」、「もう一杯」と言いながら、皿や茶碗を差し出す。

ごちそうさま、もうお腹いっぱい

1 ごちそうさま

特に手話は決まっていない（「ごちそうさま」と言って手を合わせてもよい）。

2 満 腹

お腹がふくらむイメージで、右手を左手につける。

後片付けをしようか？

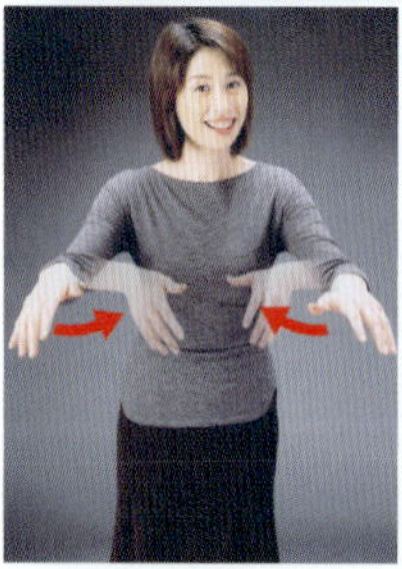

1 集める

かき集めるように両手を手前に引き寄せる。

2 手伝う

左手の親指を立て、右手で左手をやさしく２回たたく。

3 〜か？

問いかける表情で、手を軽く前に出す。

単語集

仕事

両手のひらを上にし、中央に向け2～3回動かす。

学校

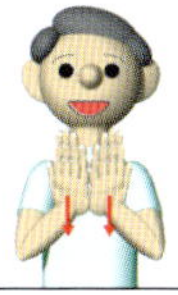

本を読むように両手を並べて軽く前後に動かす（「勉強」の意味も表わす）。

昼

右手の人差し指と中指を立て、顔の前に置く（時計の12時の位置）。

今日

両手のひらを下にし、軽くおさえる（「現在」の意味も表わす）。

昨日

顔の横あたりから、人差し指を後ろに倒す。

明日

顔の横あたりから、人差し指を前に倒す。

おととい

「2」を後ろに倒す（2日過去が「おととい」になる）。

あさって

「2」を前に出す（2日未来が「あさって」になる）。

この間

顔の横に置いた手を、後ろに倒す（「過去」の意味を表わす）。

先週

「7」を後ろに倒す（7日過去なので「先週」になる）。

来週

「7」を前に出す（7日未来なので「来週」になる）。

来年

筒状にした左手は木の年輪を表わし、そこから「1」を前に出す（1年未来なので「来年」になる）。

昨年

左手で表わした年輪から、「1」を後ろに倒す（1年過去なので「昨年」になる）。

週末（a）

「7」を左手のひらにつける。

週末（b）

右手の指先を左手のひらにつける（「最後」「〜まで」の意味も表わす）。

皿

両手の親指と人差し指で皿を表現する。

手紙

両手で「〒」の記号をつくる。

携帯電話

人差し指を伸ばした手を耳にあてる。

FAX(a)

左手で受話器を表わし、右手で書類を送るように前に出す。

FAX(b)

左手に乗せた右手を、書類を送るように前に出す。

コピー

左手のひらを上に向け、右手を閉じながら下げる。

メール

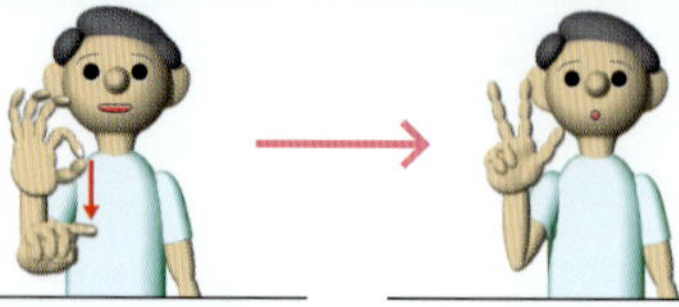

指文字の「め」を表わしてから、人差し指を下ろして「長音」を表わす。

指文字の「る」をつくる。

Lesson
3

疑問・肯定・否定文の表現

今日は水曜日ですか？

1 今 日

両手のひらを下にし、軽くおさえる（「現在」の意味も表わす）。

2 水曜日？

右手のひらを上に向け、水が波打つようにゆらしながら右に移動させる（「水」の意味も表わす）。

そうです

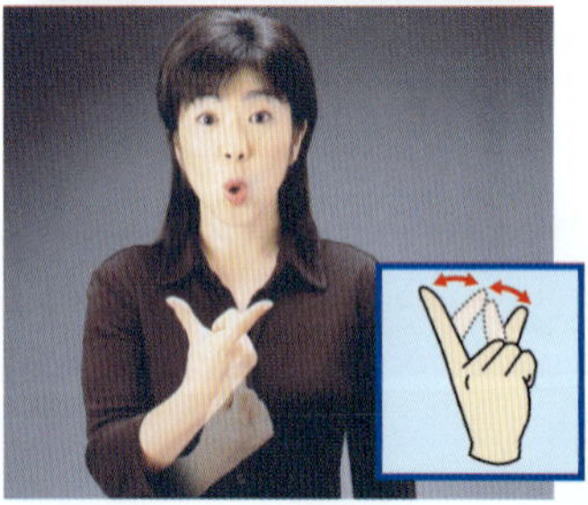

1 そう

親指と人差し指を閉じる（「同じ」という意味も表わす）。

ONE POINT ADVICE

現在・過去・未来を表現するには？

手話で時間の経過を表現するには、現在、過去、未来の手話で表わせます。

今自分がいるところが現在なので、その場で手をおさえます。歩いてきたところが過去なので、手を後ろに倒します。これから歩むところが未来なので、手を前に出します。

過去

未来

いいえ、今日は木曜日です

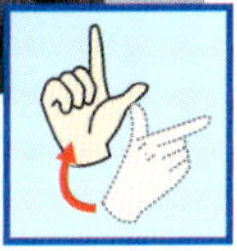

1 違う

親指と人差し指を手首からクルッとねじる

2 今

両手のひらを下にし、軽くおさえる（「現在」の意味も表わす）。

3 木曜日

木の幹の太さをイメージして、両手の親指と人差し指を伸ばして前に置く。

4

木の形をなぞるように上に移動させる（「木」の意味も表わす）。

お祭りに行きますか？

1 祭り

両手で御輿（みこし）の棒を握るようにして、2回ほど上下させる。

2 行く

人差し指を下に向け、前に出す。

もちろん行きますよ

1 もちろん

「もちろん行く」という感情をこめて、親指と人差し指を閉じる（「そう」「同じ」という意味を表わす）。

2 行く

人差し指を下に向け、前に出す。

3 あなた？

相手に問いかけるように指差す（相手の目を見て問いかければ、なくてもよい）。

バリエーション

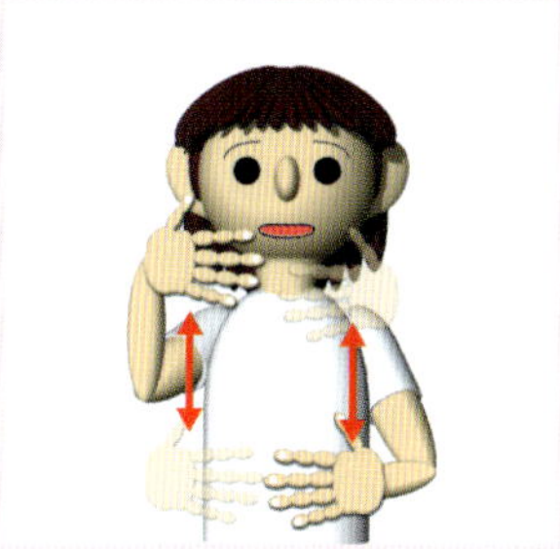

1 映画

両手を、顔の前で交互に上下させる。

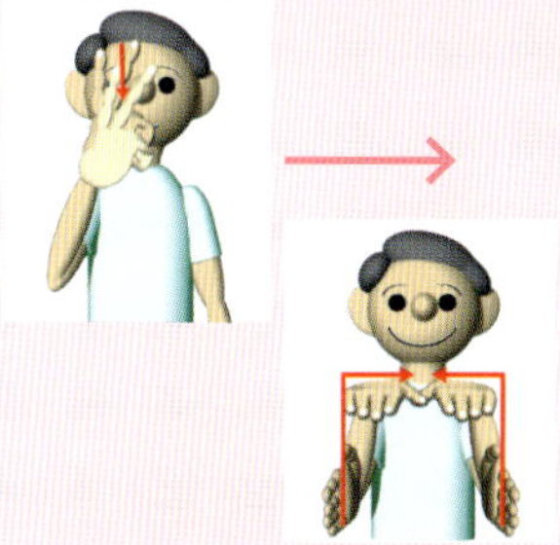

1 美術館

右手の人差し指と中指を伸ばして額にあて、少し下げ「美術」を表わす。その後に「建物」の手話をする。

用事があって行けません

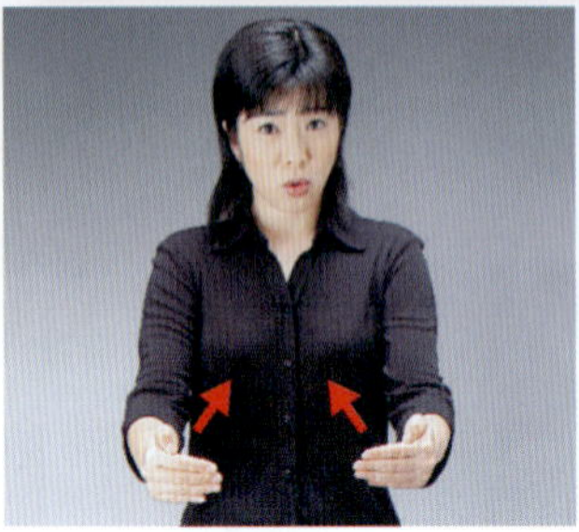

1 用事

たぐり寄せるように、手前に引く（「必要」の意味も表わす）。

2 ある

手を軽く置く。

この問題がわかりません

1 この

その対象を指さす。

2 問題

つまんだ親指と人差し指で、門がまえを書くようにする。

3 難しい

ほほを軽くつねるしぐさをする（力強くつねると「絶対に無理」となる）。

3 わからない

胸のあたりから、2回ほど右上に払い上げる（「知らない」の意味を表わす）。

バリエーション

2 やり方

左手を右手でポンポンとたたくようにする（「方法」の意味を表わす）。

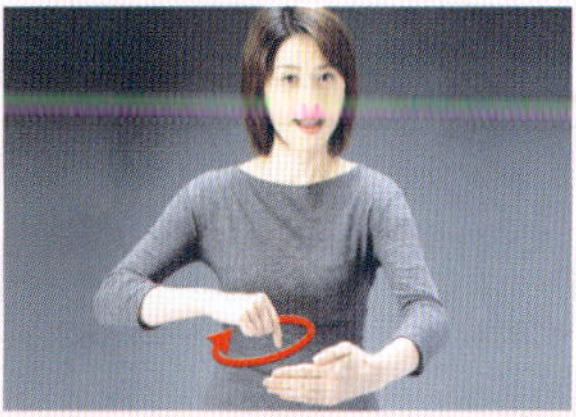

2 内容

左手で囲んだ中身を、指すようにグルッと回す。

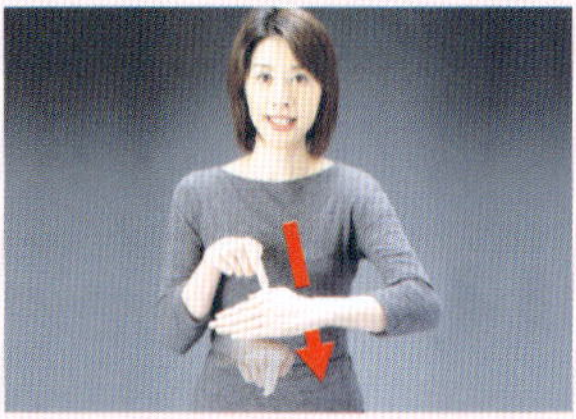

2 意味

右手の人差し指を、左手の下にくぐらせる。

教えてください

1｜教わる

人差し指を自分に向かって、2回ほど動かす（「教える」は相手に向けて振る）。

2｜お願い

拝むしぐさ（片手でもよい）で「お願い」を表わす（「頼む」の意味も表わす）。

明日までにできますか？

1｜明日

人差し指を前に倒す。

2｜まで

右手の指先を、左手のひらにつける。

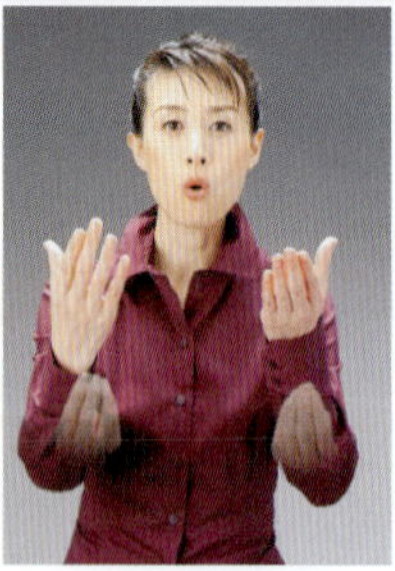

3｜終わる

指を閉じながら下げる（片手でもよい）。

わかりません

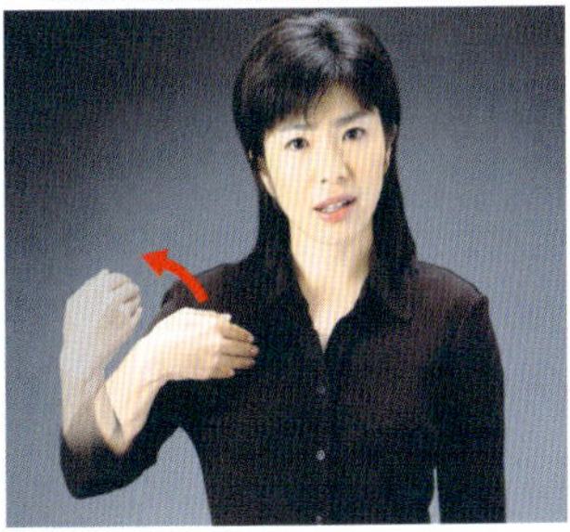

1 わからない

胸のあたりから、2回ほど払い上げる（「知らない」の意味も表わす）

わかりました

1 わかる

胸にあてた右手を、そのままなで下ろす。

4 大丈夫？

肩から肩に、大きくゆっくり移動すると「絶対大丈夫？」、小さく不安な表情ですると「本当に大丈夫？」となる。

できます

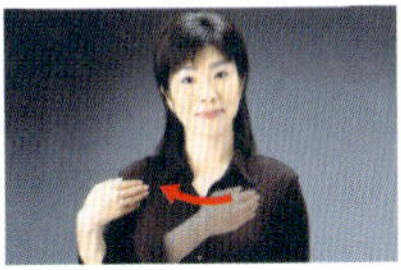

1 できる

肩から肩に移動させる（「大丈夫」の意味も表わす）。

できません

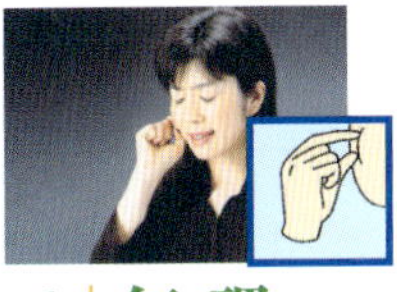

1 無 理

つねるしぐさをする（首を横に振りながらすると、なおよい）。

間に合いません

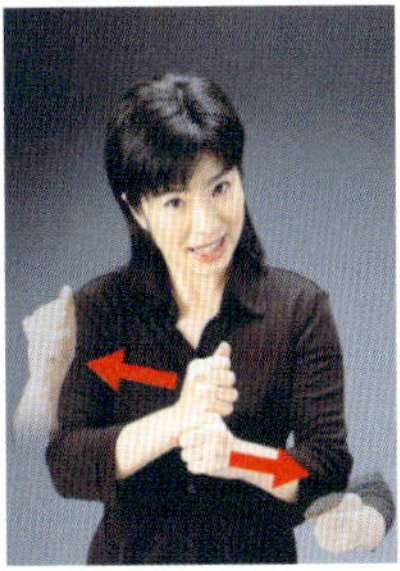

1 間に合わない

上下に重ねたこぶしを、左右に引き離す（「できない」の意味も表わす）。

あなたは泳げますか？

1 あなた

対象者を指差す。

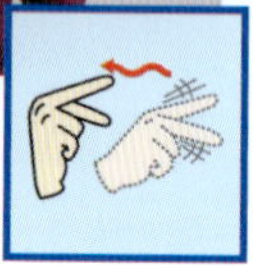

2 泳ぐ

人差し指と中指を、バタ足させて泳ぐように動かす。

泳げません

1 泳ぐ

人差し指と中指を、バタ足させて泳ぐように動かす。

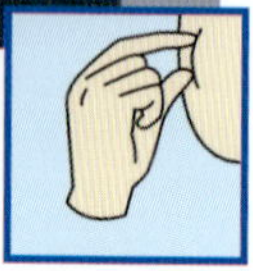

2 無理

ほほを軽くつまむ（「できない」「難しい」の意味も表わす）。

3｜大丈夫？

肩から肩に移動させる（たずねる表情で）。「できる」の意味も表す。

バリエーション

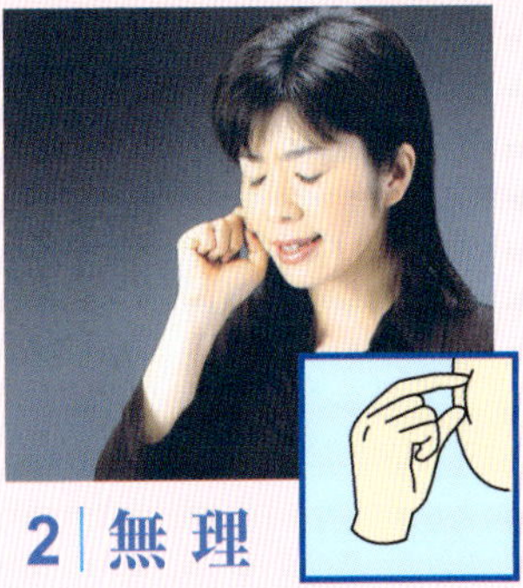

2｜無 理

強くつねると「本当に無理」となる（この場合は、本当にカナヅチの意味になる）。「できません」の意味も表す。

COLUMN◎コラム

表現の強弱で表わす意味

手話では表現の強弱で異なる意味になるものがあります。「雨」は、両手を肩の前あたりで垂らし､2回上下させますが、これが「大雨」になると、両手を肩の前から強く４～５回上下します。

「風」は両手を風が吹き下ろすように移動させます。「強風」は「風」の動作を大きく力をこめて行うことで、風の強さを表現します。

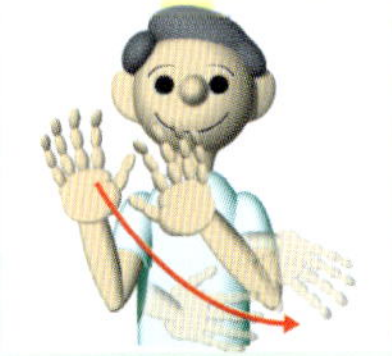

風

両手を風が吹き下ろすように移動させる。

強 風

「風」の手話の動作を大きく力をこめて行なうことで、風の強さを表現する。

車の運転はできますか？

1｜運転

車のハンドルを握り、運転している動きをする。

2｜できる？

たずねる表情で肩から肩に移動させる（「大丈夫」と同じ手話）。

免許証を持っていません

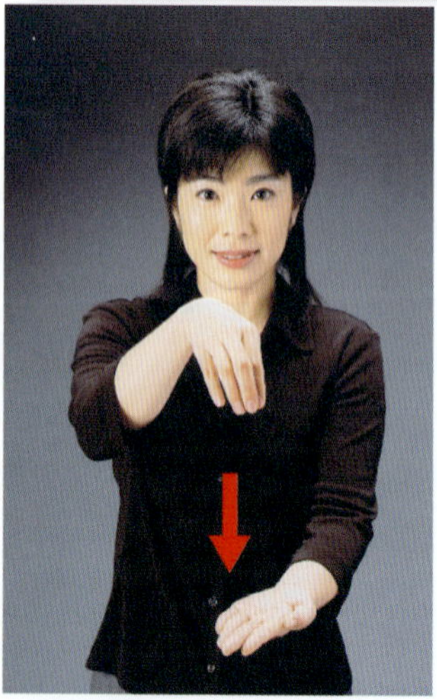

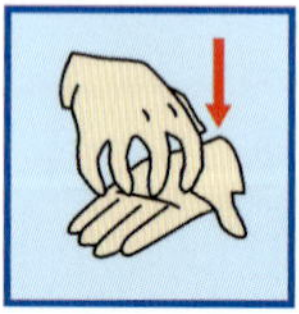

1｜免許

左手に、右手で証明印を押すイメージで表現する。

できます

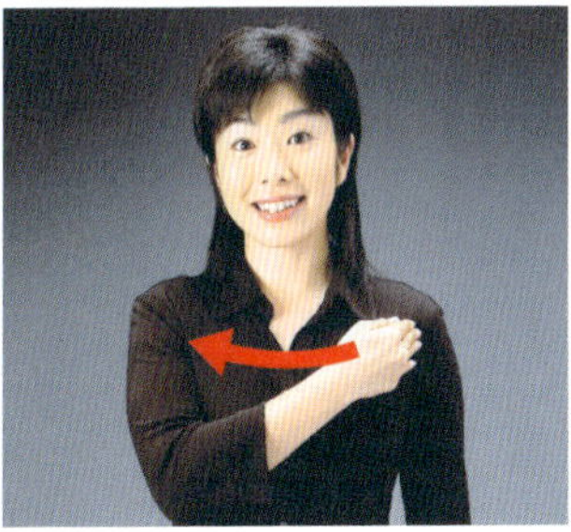

1 できる

自信がある表情で、大きくゆっくり表わすと「もちろん大丈夫」となる。

できるけど……

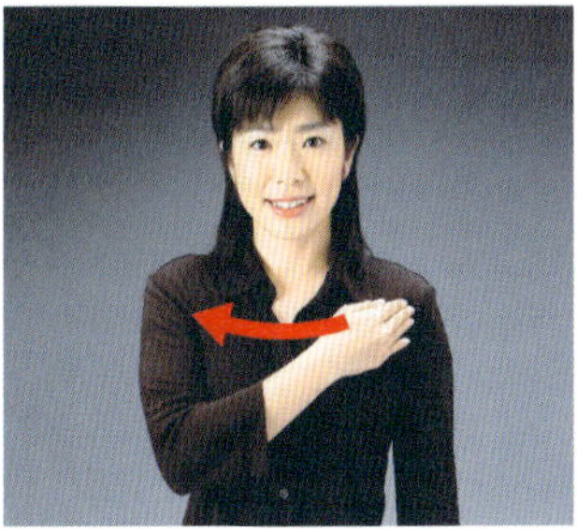

1 できる

不安な表情でかしげながら表わすと、「自信がない」、「ペーパードライバー」などの意味を含む。

2 ない

両手をグルッと半転させる。

バリエーション

2 ある

手を軽く置く。

駅はどこですか？

1｜駅

左手は切符を表わし、右手で切符を切るようにする（「改札」の意味も表わす）。

ごめんなさい、わかりません

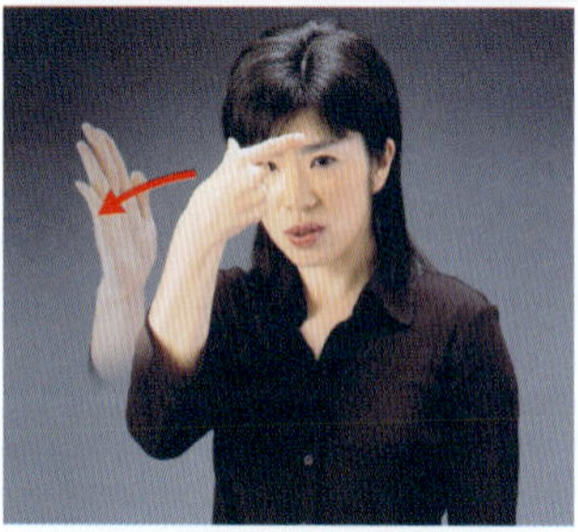

1｜ごめんなさい

親指と人差し指で眉間をつまむように、手を開きながら前に出す。

2｜場所

手をドーム状にする。

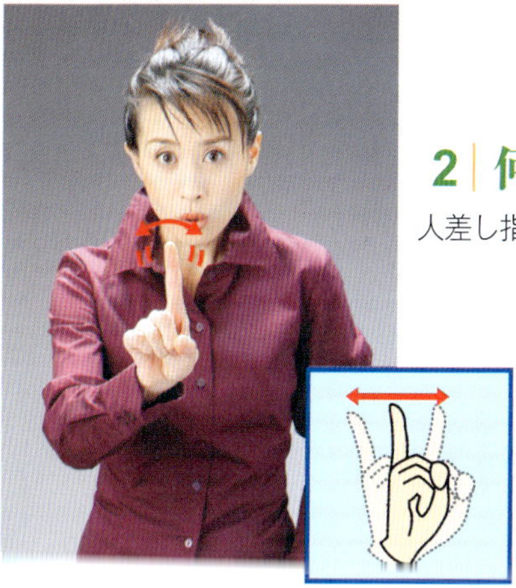

2 何？

人差し指を左右に振る。

3 わからない

胸のあたりから、2回ほど払い上げる（「知らない」の意味も表わす）。

バリエーション

1 バス停

左手の人差し指を立て、その上に右手の親指と人差し指で輪をつくる。

知っています。この道の突きあたりを右です

1 わかる

胸に当てた右手を、そのままなで下ろす（「知っている」「わかりました」の意味も表わす）。

2 この

対象（この場合は「道」）を指差す。

5 右

ヒジを右に出す。

6 ある

右手を軽く置く（この場合は駅のある方向に置く）。

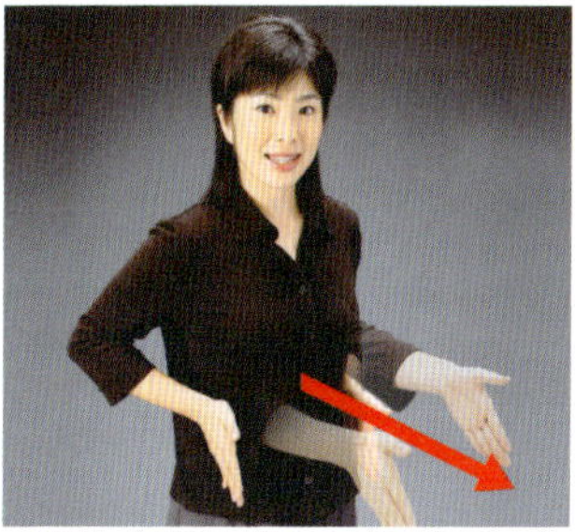

3｜道

道幅をイメージして、両手を前に出す。

4｜突きあたり

左手に、右手の指先をつける。

バリエーション

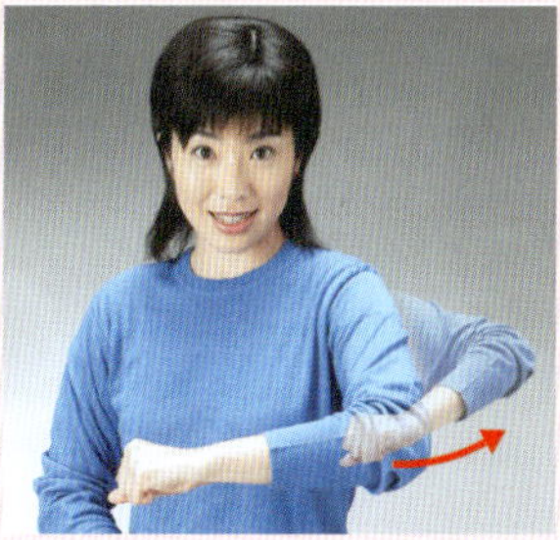

5｜左

左ヒジを引く。

バリエーション

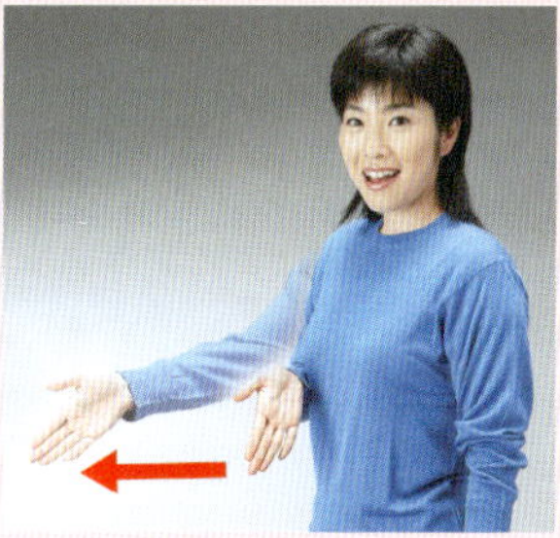

4｜まっすぐ

開いた手を前に出す。

今、時間大丈夫ですか？

1 今

両手のひらを下にし、軽くおさえる（「現在」の意味も表わす）。

2 時 間

腕時計をイメージして指差す。

はい、大丈夫です

1 うなずく

「ハイ」と言う気持ちでうなずく。

2 大丈夫

そろえた指先を、肩から肩に移動する（上の「かまわない」の手話を使ってもよい）。

3 かまわない？

小指をアゴに2回あてる（「大丈夫」の手話を使ってもよい）。

今、ちょっと無理です

1 今

両手のひらを下にし、軽くおさえる(「現在」の意味も表わす)。

2 時間

腕時計をイメージして指差す。

3 無理

ほほを軽くつねるしぐさをする（首を横に振りながらすると、なおよい）。

彼が好きですか？

1 | 彼

（親指を指さないで見るだけでもよい）。

2 | 好き？

親指と人差し指を閉じながら下げる（首をかしげ、たずねる表情で）。

はい、好きです

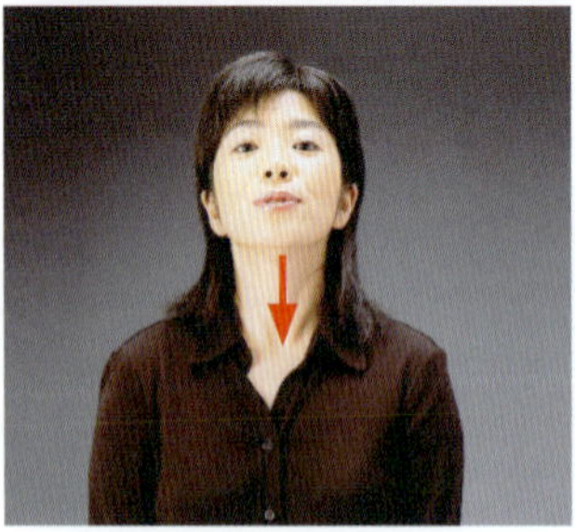

1 | うなずく

うなずく。

2 | 好 き

親指と人差し指を閉じながら下げる（好きですという気持ちをこめて）。

彼の好きな所はどこですか？

1｜彼

（親指を指さないで見るだけでもよい）。

2｜好き

親指と人差し指を、閉じながら下げる（希望、「～したい」の意味も表わす）。

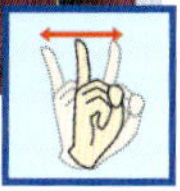

3｜何？

人差し指を立て、左右に振る（たずねる表情をする）。

おもしろい所です

1｜おもしろい

両手を握り、同時にお腹をたたく。

2｜指差す

指先を「彼」と表現したほうに向ける。

バリエーション

1｜おもしろい

右手を握り、胸を軽く2回たたく。

彼のどんな所が嫌いですか？

1｜彼

（親指を指さないで見るだけでもよい）。

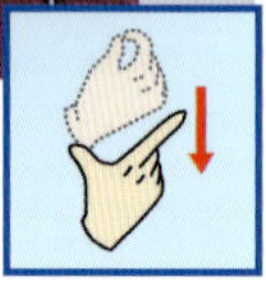

2｜嫌い

閉じた親指と人差し指を、開きながら下げる。

短気な所です

1｜気持ち

人差し指で、心臓のあたりを一周させる（指差すだけでもよい）。

2｜短い

親指と人差し指をつけた両手を引き寄せる（頭＋短いでも「短気」を表わす）。

3｜何？

人差し指を立て、左右に振る（たずねる表情をする）。

3｜指差す

指先を「彼」と表現したほうに向ける。

COLUMN◎コラム

世界共通ではない手話

日本の手話がそのまま世界で通用するとは限りません。もちろん共通するものもありますが、音声言語（話し言葉）に日本語、英語、フランス語、中国語などがあるように、手話にも日本の手話、アメリカの手話、フランスの手話、中国の手話などと、世界各国の手話があります。

さらに手話には、方言や若者っぽい話し方、流行語、スラング（俗語）、男性らしい表現、女性らしい表現などの違いがあります。

数字の違い

【日本】
人差し指、中指、薬指の3本を立てる。

【アメリカ】
中指、人差し指、親指を立てる。

コーヒーのおかわりはどうですか？

1 コーヒー

左手でコップをつくり、右手はスプーンでかき混ぜる動作をする。

2 もう一つ

人差し指をアゴの下にあて、軽くはじき、前に出す。

いただきます

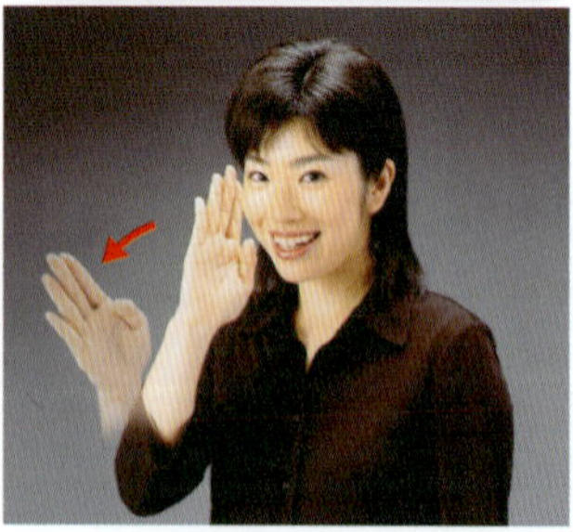

1 お願いします

手を顔の前で軽く倒す（「頼む」の意味も表わす）。

結構です

1 いえいえ

手を左右に振る。

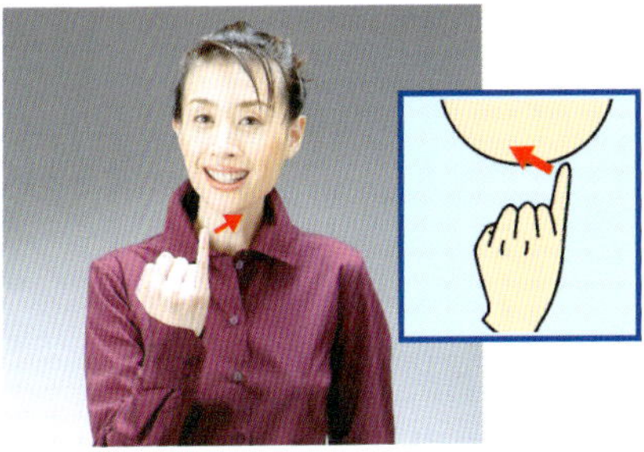

3｜かまわない？

小指を立て、指先をアゴに２回あてる（「いかが？」の意味も表わす）。

バリエーション

1｜紅 茶

左手でカップをつくり、右手はティーバッグをつまみ上下させる動作をする。

バリエーション

3｜いかが？

手のひらを上に向け、左右に振る（「かまわない」「いかが」どちらを使ってもよい）。

単語集

月曜日

親指と人差し指をつけ、三日月を描くように指先を開きながら下げる。

火曜日（「赤」＋「火」）

唇を左から右になぞる（「赤」を表現）。

手をひねりながら上げる（火が燃え上がるイメージで）。

金曜日

親指と人差し指を閉じて輪（お金）をつくり、軽く振る。

土曜日

土をパラッと落とすように指先をこすり合わせる。

祝日

親指をからませ、旗がたなびくようにパタパタと動かす。

日曜日（「赤」＋「休み」）

唇を左から右になぞる（「赤」を表現）。

両手を下に向け、左右から合わせる。

元旦

左手を上にして、弧を描くように引き寄せ、漢数字の「一」を表わす。

成人の日（「年」＋「20」＋「日」）

アゴの下で、親指から順に折り曲げる。

人差し指と中指を折り曲げる。

左手の人差し指に、右手の3本の指をつけ、漢字の「日」をつくる。

子供の日（「子供」＋「日（a）」）

手のひらを下に向け、子供の頭をなでるように動かす。

左手の人差し指に、右手の3本の指をつけ、漢字の「日」をつくる。

～の日（b）

親指と人差し指を「コ」の字型に折り曲げる。

ゴールデンウィーク（a）（「5月」＋「連休」）

左手で「5」をつくり、右手の親指と人差し指を、左手の下から三日月を描くように下げる。

両手を下に向け、左右から合わせる動作（休み）を2回する。

ゴールデンウィーク（b）（「G」＋「W」）

両手でアルファベットの「G」と「W」をつくる。

夏休み（「夏」＋「連休」）

うちわであおぐように、2回振る（「夏」=「暑い」）。

「連休」の手話をする。

冬休み（「冬」）

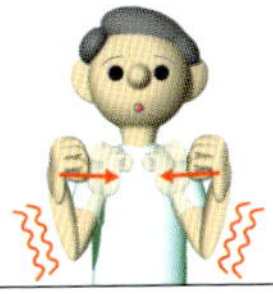

両手を小刻みに震わせて「冬」の手話をする。次に「連休」の手話をする（「冬」=「寒い」）。

春休み（「春」）

両手を手前にすくい上げて「春」の手話をする。次に「連休」の手話をする（「春」=「暖かい」）。

敬老の日（「老人」＋「日」）

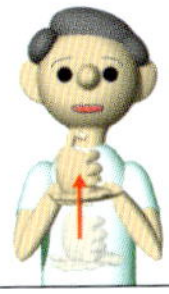

親指を曲げた右手を、左手で軽く上げる（やさしく敬うように）。

「日」の手話をする。

母の日（「母」＋「日」）

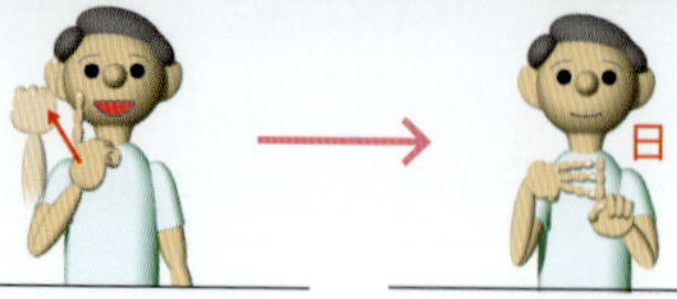

人差し指をほほにあて、離しながら小指だけを立てる。

「日」の手話をする。

父の日（「父」）

人差し指をほほにあて、離しながら親指だけを立てる「父」の手話をする。次に「日」の手話をする。

クリスマス

人差し指で「X」をつくり、斜め下に下げ「ツリー」を表現する。

サンタクロース（「ヒゲ」+「袋背負う」）

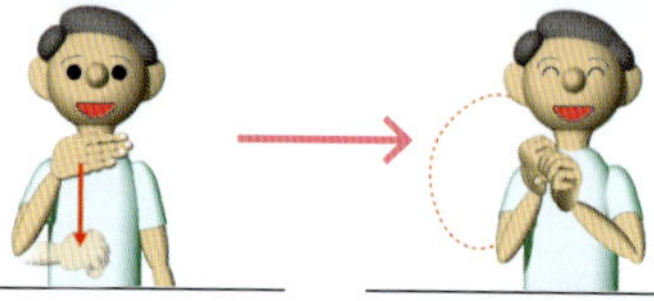

アゴヒゲをなで下ろすようにする。

両手を握り、プレゼントが入った袋を肩にかつぐようにする。

誕生日（「生まれる」＋「日」）

両手をお腹の前に置き、甲側から開きながら前に出す。

「日」の手話をする。

映 画

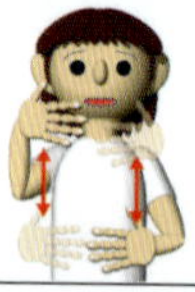

両手を、顔の前で交互に上下させる。

選 挙

投票用紙を入れるイメージで、中央に向け交互に下ろす。

展覧会

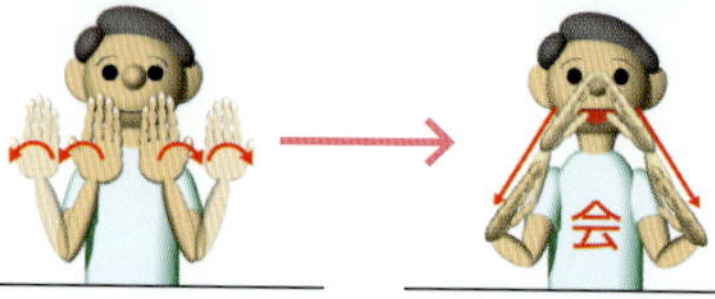

両手のひらを自分に向け、ポン、ポンと左右に広げる。

指先を合わせた手を、斜めに引き下げる。

テニス

右手を握り、ラケットを振るよう左右に動かす。

サッカー

左手の親指と人差し指で輪（ボール）をつくり、右手の人差し指と中指で、ボールをけるようにする。

ゴルフ

両手でゴルフクラブを握るようにし、クラブを振る動作をする。

野球（a）

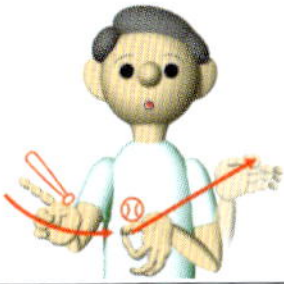

右手の人差し指で、左手の輪（ボール）を打つ。

野球（b）

両手でバットを握るようにし、体の横にかまえ、ボールを打つ動作をする。

バス停

右手の人差し指を立て、その上に右手の親指と人差し指で輪をつくる。

タクシー乗り場（a）（「タクシー」＋「乗る」＋「場」）

人差し指と小指を立て、前に出す。

左手の人差し指と中指を横に伸ばし、右手の人差し指と中指を折り曲げて乗せる（「座る」も表わす）。

手をドーム状にする。

タクシー乗り場（b）（「タクシー」＋「乗る」＋「場」）

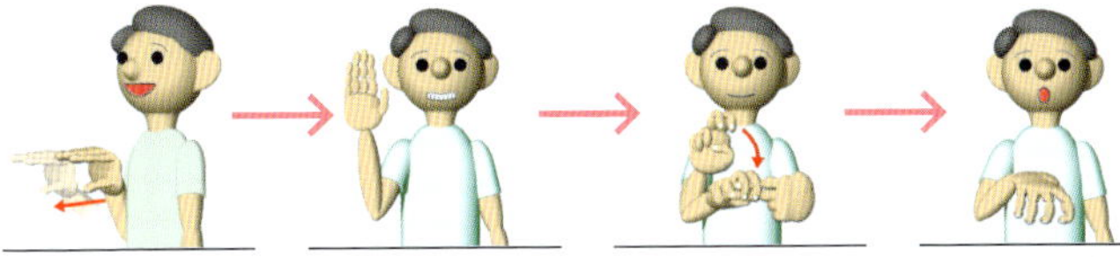

指を「コ」の字型に曲げ、指先を前に出す（「車」の意味を表わす）。

「車」の手話の後に、タクシーを止めるように手を上げると「タクシー」になる。

左手の人差し指と中指の上に、右手の人差し指と中指を曲げて乗せる。

手をドーム状にする。

病院

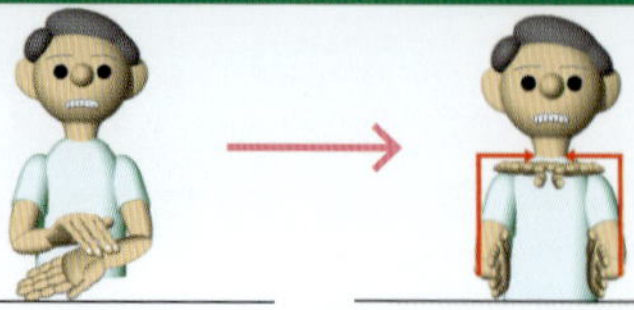

脈を計るように、手首にあてる。

両手で建物の形を表わす。

うれしい

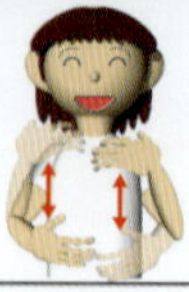

両手を胸の前で、交互に上下させる。

ドキドキ

左手を心臓の前に置き、右手の甲で左手をたたく。

幸せ

アゴをさわりながら手を閉じる動作を、2回繰り返す。

感激

軽くすぼめた手を顔にあて、小刻みにゆらしながら上げる。

ビックリ(a)

左手のひらに、右手の人差し指と中指を立て、驚いて飛び上がるように、右手を引き上げる。

ビックリ(b)

両手の指を軽く曲げて前に置き、驚いて目が飛び出るように、両手を前に出す。

愛する(a)

左手の甲の上を、右手のひらでなでるように動かす。

愛する(b)

心臓の前でハートの形をつくり、軽く前に出す。

ニコニコ

口の横あたりで、指先を開いたり閉じたりする。

興奮

すぼめた手を、下から上に上げる。

悲しい

親指と人差し指で涙をつくり、悲しい表情をしながらアゴのあたりまで下げる。

寂しい

さびしい表情をしながら右手のひらを心臓のあたりにあてる。

きびしい

左手の甲を右手の親指と人差し指でつねるようにする。

恐い

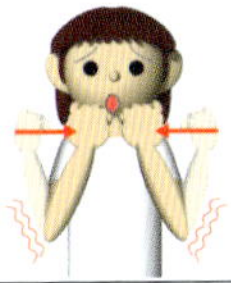

両手を小刻みに震わせる。

不幸

小指をアゴに当て、払うように前に出す（「不便」の意味も表わす）。

イライラ

顔の横で、右手の親指と人差し指で輪をつくり、上下させる。

大泣き

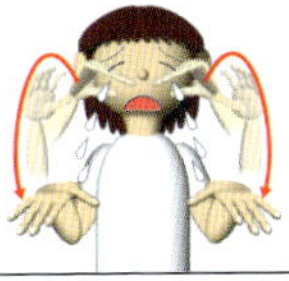

両手を目の下に置き、涙が飛び散るように手を動かす。

頭にくる

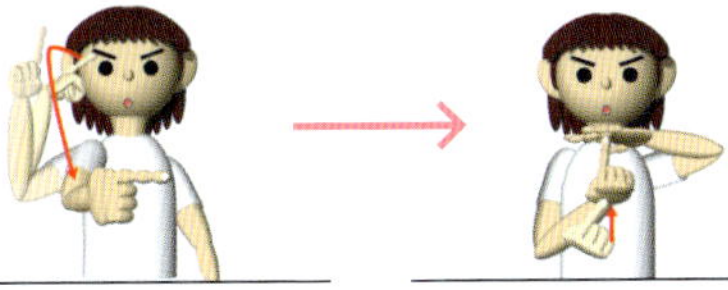

人差し指でこめかみを指し、前方に思いきり投げ出す。

投げ出した指先で、左手のひらをたたく（左手はなくてもよい）。

はずかしい

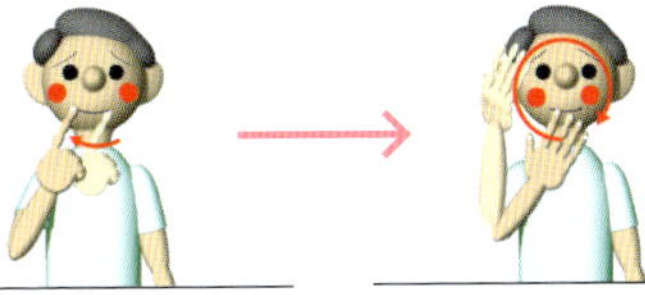

右手の人差し指で唇を左から右になぞる（「赤」の意味を表わす）。

右手のひらを顔の前でクルッと回し、顔が赤くなっているようすを表現する。

安心（a）

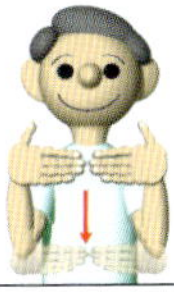

両手を胸の前に置き、お腹のあたりまでなで下ろす。

安心(b)

右手のひらを胸にあて、お腹のあたりまでなで下ろす。

最低

右手を左手のひらに向かって下げる。

最高

右手を左手のひらに向かって上げる。

緊張

指先を開いた両手を、胸の前に指先を閉じながら重ね合わせる（「気を引き締める」の意味）。

気をゆるめる

胸の前で重ねた両手を、指先を開きながら斜め下に引き下げる。

残念

右手を握り、残念そうな表情をしながら左手のひらをたたく。

気が重い

人差し指でお腹を指す。

両手のひらを上に向け胸の前に置き、重いものを持つように引き下げる。

大変

右手のこぶしで左手首のあたりをポンポンとたたく。

うらやましい

右手の人差し指を口元にあて、下げる。

苦しい

右手の指を曲げて胸の前に置き、円を描くように回す（胸がかきむしられるイメージで）。

最悪

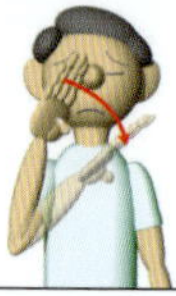

右手を鼻先にあて、払うように左に倒す（指の本数を増やし「悪い」の手話を強調）。

もったいない

右手の指の腹で、左のほほをポンポンと軽くたたく。

キレる

こめかみの横で、右手の人差し指と中指をそろえて立て、2本の指をパッと開く。

ショック

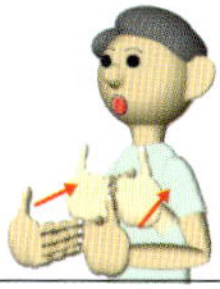

両手の指先を自分に向け、こぶしを合わせ心臓に向かって引き寄せる。

大切（a）

左手の甲を右手のひらでなで回す。

大切（b）

右手で左のほほをなで回す。

大切（c）

左手を胸の前に置き、甲を右手のひらでなで回す（体の大切さを表現するときに使う）。

ビール

左手を握り、その上に右手の人差し指と中指を乗せ、栓を抜くように引き上げる。

生ビール（「元気」＋「飲む」）

体の前で両手を握り、少し前に出す。

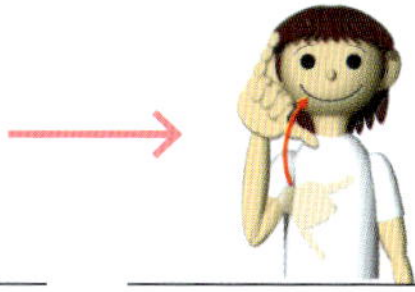

右手の親指と小指を伸ばしてジョッキを表わし、口に近づけて飲む動作を行なう。

日本酒（a）

おちょこを持つように、親指と人差し指を「c」の形にし、飲む動作をする。

日本酒（b）

右手の指先を口の下にあてる。

その指先を額にあてる（飲んで頭が痛くなるようすを表現）。

水（a）

右手のひらを上に向け、波打つように左から右へ移動させる。

水（b）

すくった水を飲むように、右手のひらを口の前から右ほほの横に移動させる。

お湯（a）

左手（やかんを表わす）の甲を、右手（火を表わす）の指先で軽くたたく。

お湯（b）

3本の指を立て、右手の甲を左手で覆う（「温泉」の意味も表わす）。

氷（a）

右手で氷のかたまりを持つようにし、左手のひらの上で2回ほど削るように前後させる。

氷（b）

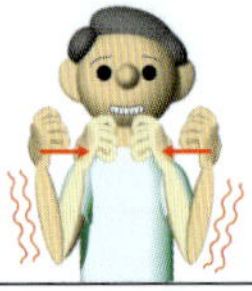

両手を握り、小刻みにゆらす（「寒い」の手話と同じ。口型で区別する）。

氷（c）

右手のひらを自分に向け、ものをつかむように指を曲げて肩の前あたりに置き、斜めに下ろす。

レモン（a）

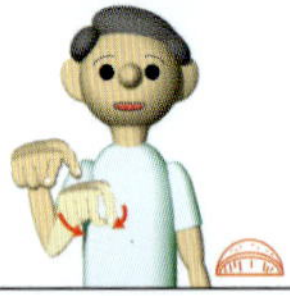

右手の親指と人差し指を下に向けて伸ばし、レモンをしぼるように指を閉じる。

レモン（b）

右手の親指と人差し指でしぼりながら、回しかけるように動かす。

レモン（c）

右手の親指と人差し指を伸ばし、アルファベットの「L」をつくる（レモンの「L」を表わす）。

ミルク（a）

右手の親指と他の4本の指で、乳をしぼるようにする。

ミルク（b）

右手を握り、人差し指の第2関節を少し上に出して唇にあてる。

牛乳

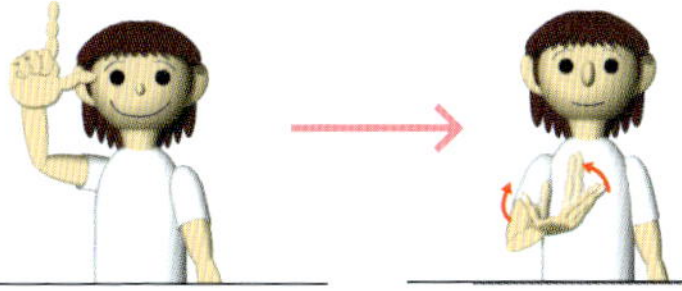

右手の親指と人差し指を伸ばし、親指を頭に軽くあて牛のつのをつくる。

右手で乳をしぼる動作をする。

COLUMN・コラム　まずは、トライしてみよう……④

動作

両手を軽く握り、ランニングポーズをとる。

中指と人差し指を交互に動かし、歩く動作をする。

両手を写真のようにし、胸から上に上げる。

手を口に近づけ笑う仕様をする。

手を写真のようにして泣くポーズをする。涙がこぼれるイメージをする。

Lesson 4

6W1H

What（何）／これは何？

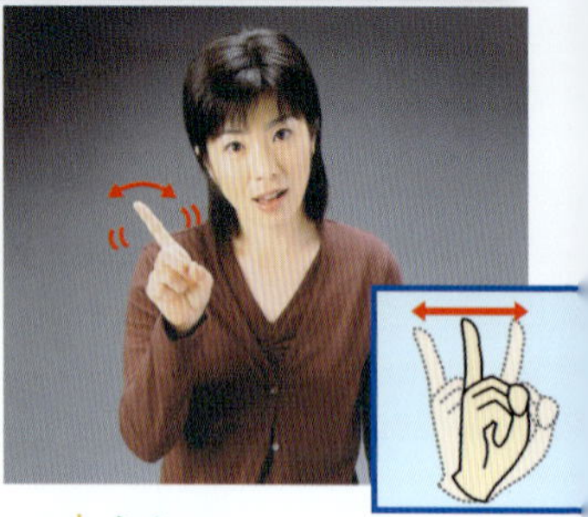

1｜これ

対象を指差す。

2｜何？

人差し指を立て、左右に振る（たずねる表情をする）。

何時？

1｜時間

腕時計をイメージして指差す。

2｜いくつ？

親指から順に折り曲げていく。

9時10分だよ

1 時間

腕時計をイメージして指差す。

2 9

手の甲を相手に向け、親指は立て、それ以外の指をそろえる。

3 10

人差し指を前に折り曲げる。

3時30分だよ

1 時間

腕時計をイメージして指差す。

2 3

人差し指、中指、薬指の3本を立てる。

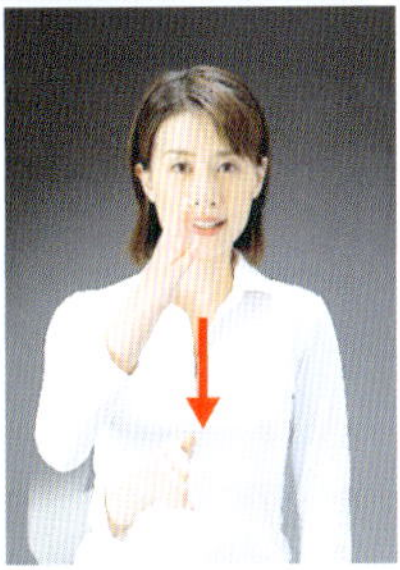

3 半分

手で物を半分に切るように、真下に下げる。

When（いつ）／いつ会える？

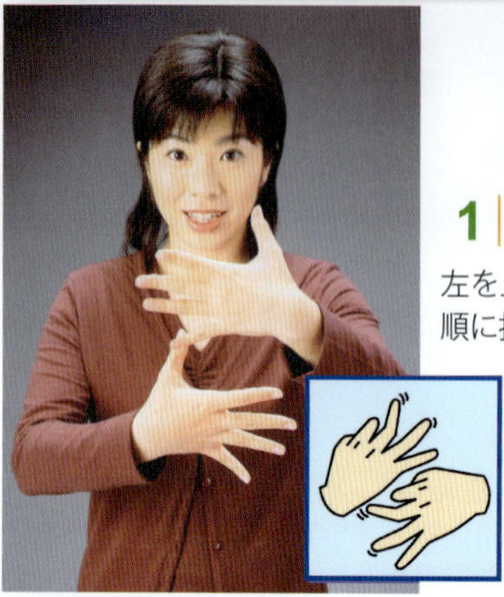

1｜いつ

左を上にした両手を、親指から順に折り曲げていく。

8月20日はどう？

1｜8

親指を立て、人差し指、中指、薬指を横に伸ばす。小指は折る。

2｜月

「8」の下から、右手の親指と人差し指を、三日月を描くように下げる。

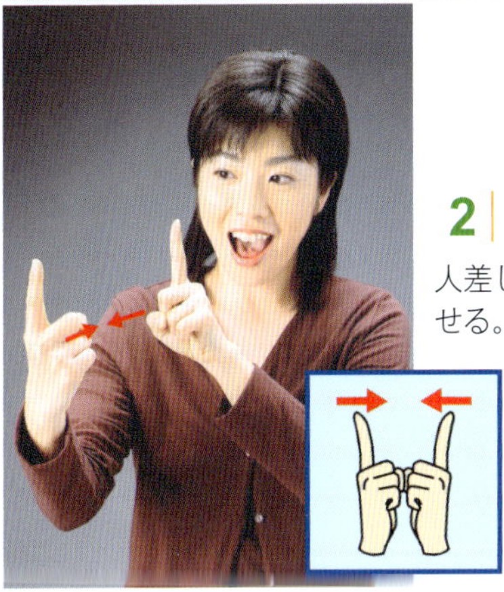

2｜会う？

人差し指を立て、こぶしを合わせる。

3｜20

左手の「8」はそのままで、右手で「20」を表し、“8月20日”となる。「日」は表さない。

4｜いかが？

人差し指を立て、左右に振る（たずねる表情をする）。

待ち合わせはどこにする？

1｜会う

人差し指を立て、こぶしを合わせる。

2｜場所

手をドーム状にする。

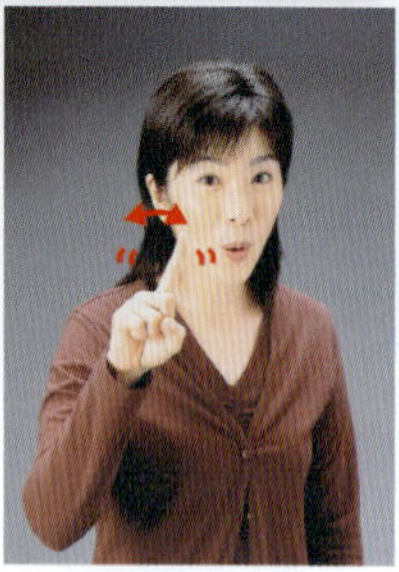

3｜どこ？

人差し指を立て、左右に振る（たずねる表情をする）。

駅の改札口にしよう

1｜改札

左手は切符を表わし、右手で切符を切るようにする（「駅」の意味も表わす）。

2｜口

親指と人差し指で輪をつくり、その輪を口にあてる。

3｜うん

うなずく。

バリエーション

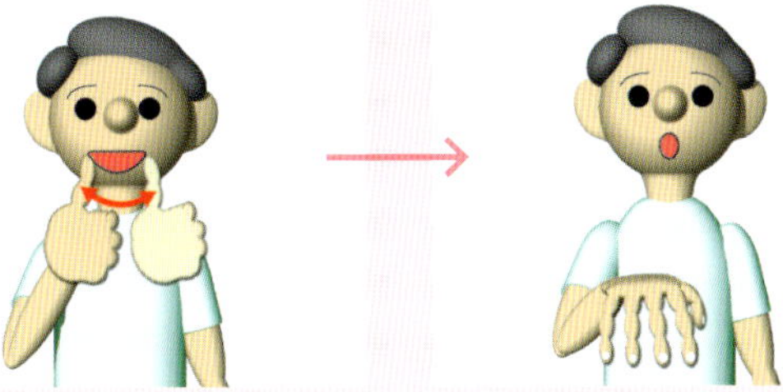

1 案内所

親指を立て、唇の前で左右に動かす（「通訳」の意味も表わす）。

1

手をドーム状にする。（「場所」の意味も表わす）。

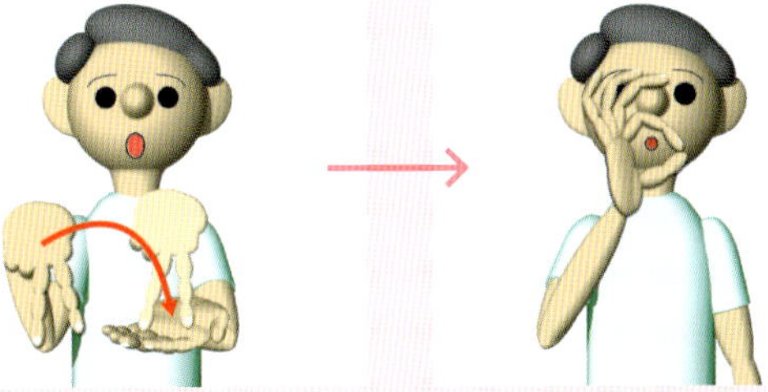

1 搭乗口

右手の人差し指と中指を下に向け（足を表わす）、左手のひらに乗せる。

1

親指と人差し指を閉じて輪をつくり、口にあてる。

来週の日曜日はどう？

1 来週

親指、人差し指、
中指を伸ばして「7」をつくり、
顔の横から前に出す。

2 日曜日

唇を左から右になぞる（「赤」の意味を表わす）。

あなたに任せる

1 任せる

右肩に乗せた手を前に出す。

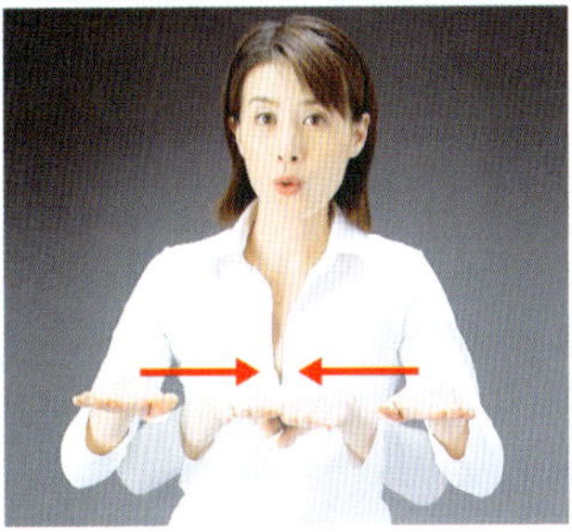

3

両手のひらを下に向け、左右から合わせる（「休み」の意味を表わす）。

4 どう？

人差し指を立て、左右に振る（たずねる表情をする）。

バリエーション

2 土曜日

土をパラッと落とすように指先をこすり合わせる。「土」の意味も表す。

バリエーション

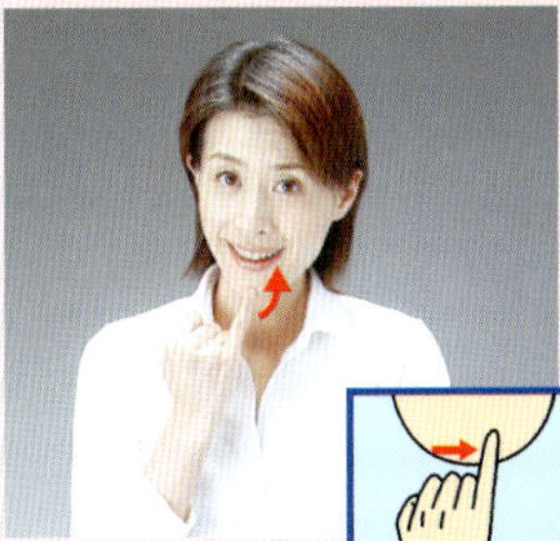

4 どう？

小指を立て、指先をアゴに2回あてる（「かまわない」と同じ形）。

When（いつ）

喫茶店に午後２時にどう？

1 コーヒー

左手でコップをつくり、右手はスプーンでかき混ぜる動作をする。

2 場所

手をドーム状にする（「コーヒー」+「場所」で「喫茶店」の意味を表わす）。

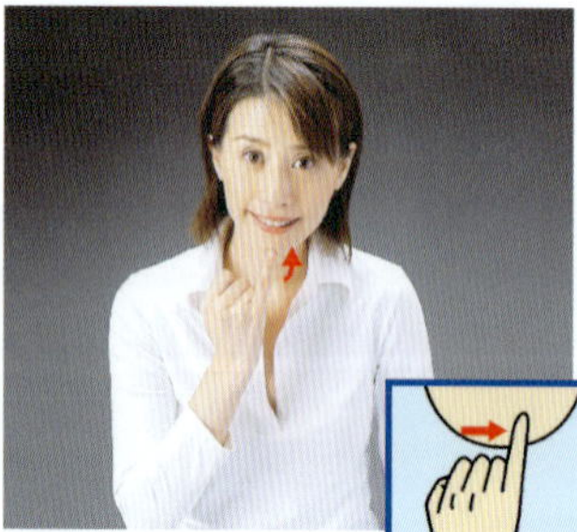

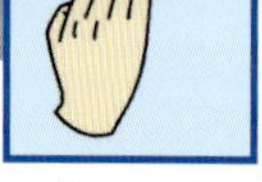

5 2

人差し指と中指を立て、数字の「2」を示す。

6 どう？

小指を立て、指先をアゴに2回あてる。

3 午後

人差し指と中指を立てて顔の前に置き、そのまま左側に倒す。

4 時間

腕時計をイメージして指差す。

バリエーション

3 午前

「正午」の手話を右に倒す（12時より前の意味を表わす）。

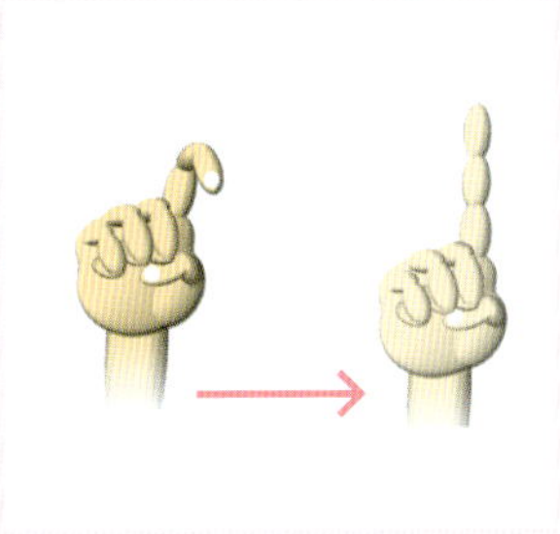

5 11

「10」を表わしながら、「1」をつくる。12~19 の数字も同様で「10」を表わしてから「2～9」をつくればよい。

Where（どこ）／どこに行きたい？

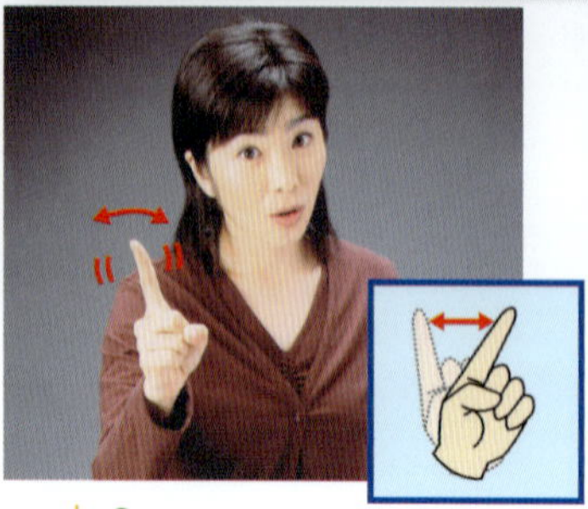

1 どこ

人差し指を立て、左右に振る（「何」と同じ手話）（「場所」+「何」と表わせば、よりはっきり「どこ？」となる）。

2 ～したい？

親指と人差し指を閉じながら下げる（「好き」と同じ手話）。

温泉に行きたい

1 温泉

温泉マークのイメージで、右手の3本の指をゆらす。

2 行く

人差し指を下に向け、前に出す。

3 ～したい

親指と人差し指を閉じながら下げる（「好き」と同じ手話）。

アメリカに行きたい

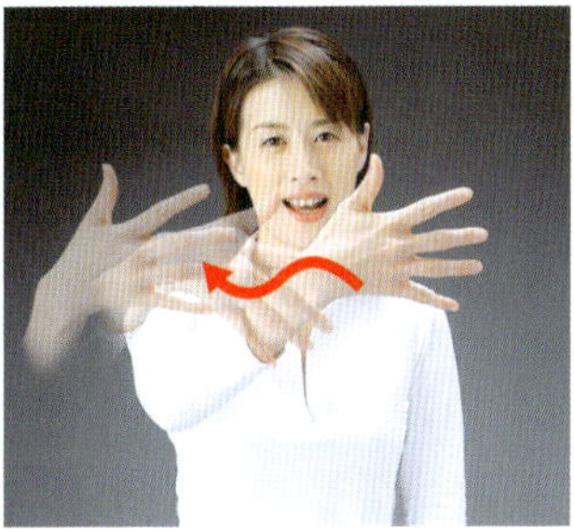

1｜アメリカ

右手の指を開き、上下にうねらせながら右側に移動させる（星条旗のイメージで）。

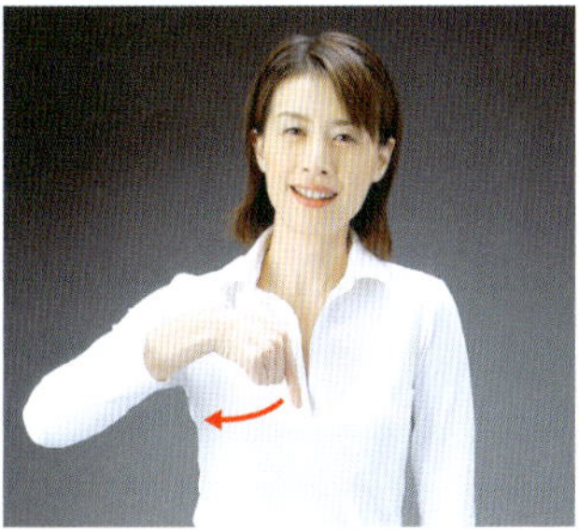

2｜行く

人差し指を下に向け、前に出す。

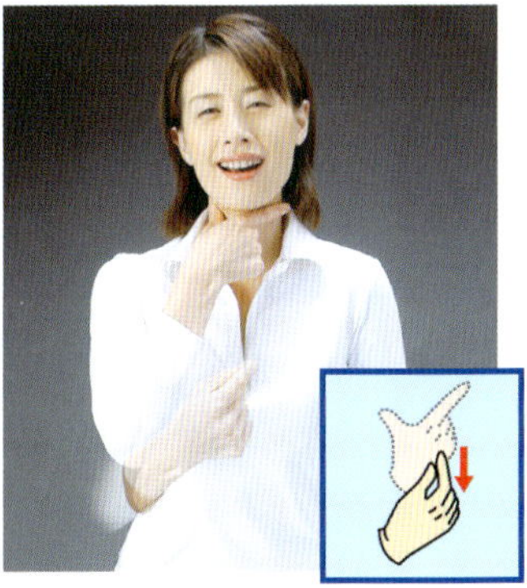

3｜～したい

人差し指と親指を閉じながら下げる（「好き」と同じ手話）。

ONE POINT ADVICE

感情を表わす「好き」の手話で、希望の意味も表現できる

「好き」という手話は、感情を表現する手話ですが、会話の流れにより“希望する”という意味にも使えます。

コーヒーと紅茶のどちらかを選ぶ場合などは、「紅茶」+「好き」で、「紅茶のほうがいい」という希望を表現できます。

Where（どこ）

どこに行くの？

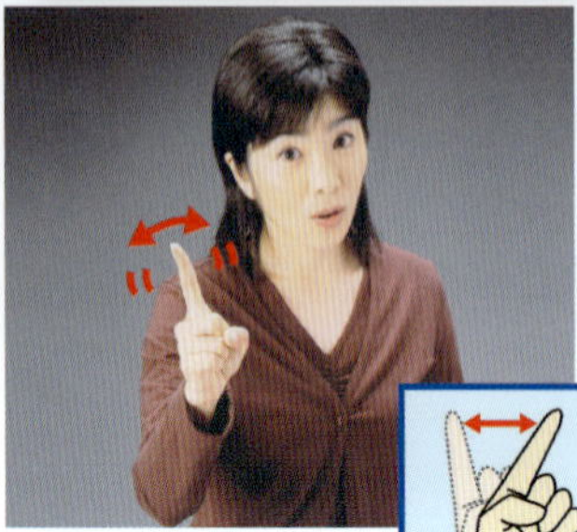

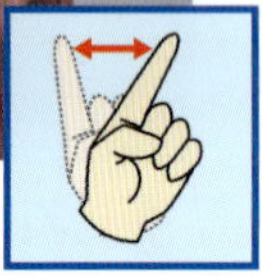

1｜何

人差し指を立て、左右に振る。

2｜行く？

人差し指を下に向け、前に出す。

買い物に行くんだ

1｜買う

右手で「お金」をつくり、前に出しながら、左手を手前に引く。

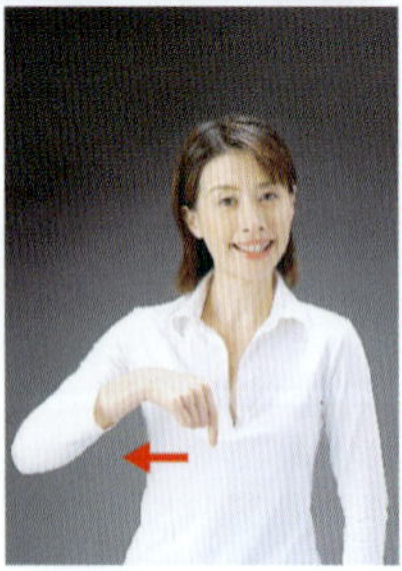

2｜行く

人差し指を下に向け、前に出す。

バリエーション

1｜買い物

親指と人差し指を閉じて輪（お金）をつくり、胸の前で前後させる。

トイレはどこ？

1｜化粧室

両手をこすり合わせ、手を洗う動作をする。

2｜何？

人差し指を立て、左右に振る。

バリエーション

1｜トイレ

親指と人差し指で「C」をつくり、残りの3本の指で「W」を表わす。

あっちだよ

1｜指で差す

トイレのある方向を指す。

1｜手による表現

トイレのある方向を示す。

2階だよ

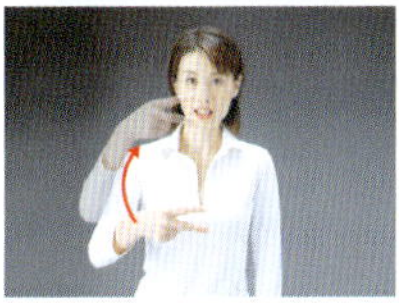

漢数字の「二」を上げる（自分が2階よりも下の階にいる場合）。

漢数字の「二」を下げる（自分が2階よりも上の階にいる場合）。

Who（だれ）／あの人はだれ？

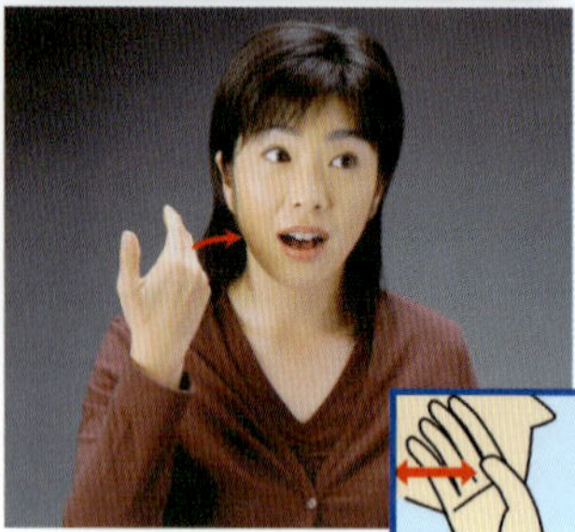

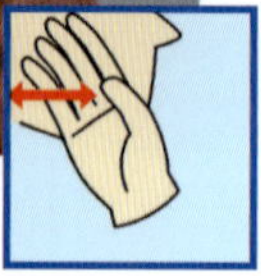

1｜だ れ

右手の甲側で、ほほを軽くたたく。

母です

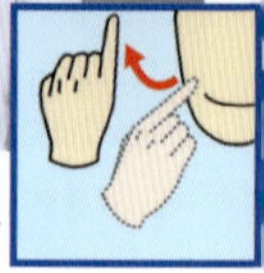

1｜お母さん

人差し指をほほにあて、離しながら小指だけを立てる。

どんな人なの？

1｜どんな

人差し指を立て、左右に振る。

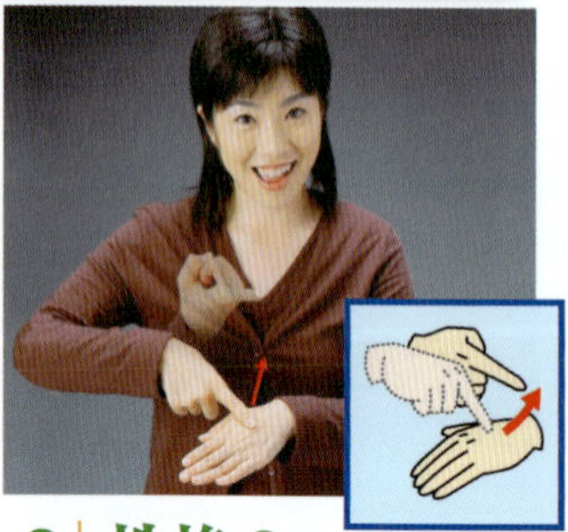

2｜性格？

人差し指で、左手の甲を手前になぞるように上げる。

やさしい人だよ

1 やさしい

両手を胸の前あたりに置き、親指と他の４本の指ではさむように２回ほど閉じる。

2 対象者を指す

この場合、お母さんの方を指す。指差さずに視線を対象者に向けるだけでもよい。

ONE POINT ADVICE

「空書（くうしょ）」とは、人差し指で空中に文字や数字などを書くこと

「空書」は、自分の知らない手話や言葉などを、相手に伝える場合には、筆談（実際に紙などに文字を書く方法)、読話（口話・言葉を口の形や動きから読み取る方法）などとならぶ、大切なコミュニケーションツールの1つです。

相手から見ると、鏡文字になりますが、自分から見た方向で書きます。わざわざ裏返して書く必要はありません。

また、「空書」は年配の方が使うことが多いようです。

Why（どうして）／昨日休んだのはなぜ？

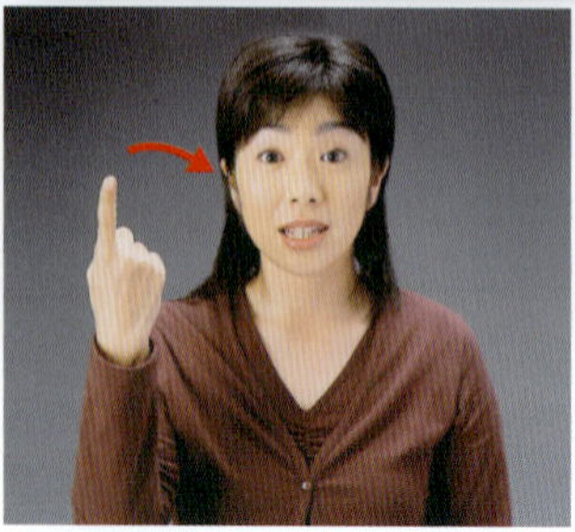

1 昨日

顔の横あたりから、人差し指を後ろに倒す。

2 休む

両手を下に向け、左右から合わせる。

風邪ひいちゃって

1 風邪

口の前で手を握り、軽く前後させる（せきをする動作）。

2 私

人差し指で自分の胸の中心を指差す。

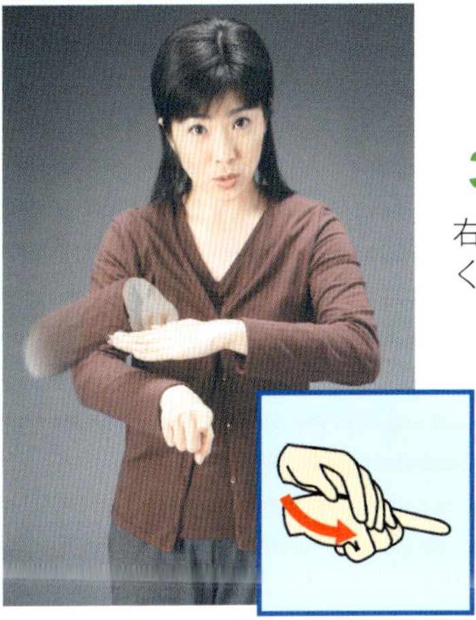

3｜理由？

右手の人差し指を、左手の下にくぐらせる。

バリエーション

1｜頭

人差し指で頭を指す。

2｜痛い

頭の側で、右手を2回ほどつかむように動かす。または痛そうに振る。

Why(どうして)

どうして会社を辞めたの？

1 会 社

両手の人差し指と中指を立てて頭の横に置き、交互に前後させる。

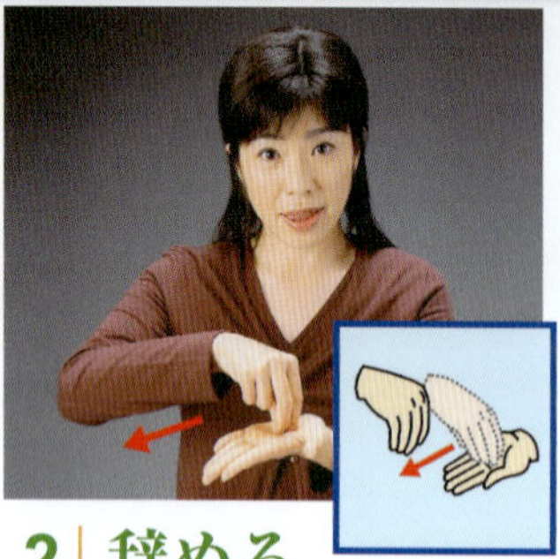

2 辞める

左手のひらに、すぼめた右手を置き、すべらせながら手前に引く。

寿退社です

1 仕 事

両手を中央に向け2回動かす(書類を集めるイメージで)。

2 結 婚

小指と親指を、引き合わせるようにつける。

3 理由？

右手の人差し指を、左手の下にくぐらせる。

3 ～のため

右手の人差し指を、筒状にした左手の指先につける。

4 辞める

左手のひらに、すぼめた右手を置き、すべらせながら手前に引く。

Why（どうして）

どうして遅刻したの？

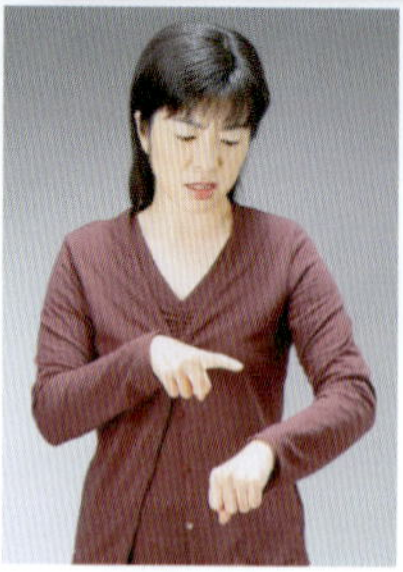

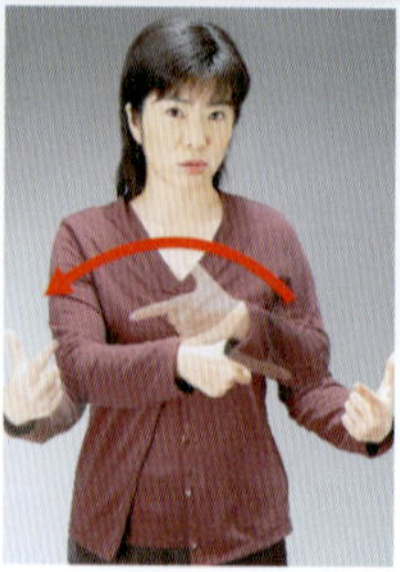

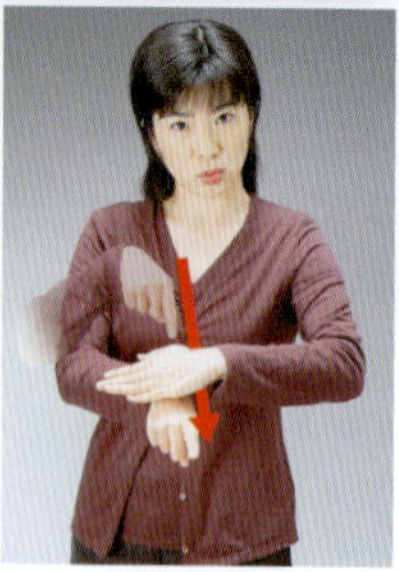

1 時間

腕時計をイメージして指差す。

2 遅れる

人差し指と親指を立て、弧を描くよう左から右に移動させる（「ゆっくり」の意味も表わす）。

3 理由？

右手の人差し指を、左手の下にくぐらせる。

電車が遅れたのよ

1 電車

左手の人差し指と中指の下に、カギ型にした右手の人差し指と中指をつけ、左から右にすべらせるように動かす。

2 遅い

人差し指と親指を立て、弧を描くよう左から右に移動させる（「ゆっくり」の意味も表わす）。

道が混んでいたのよ

1 渋滞

親指と他の4本の指で「コ」の字型(車)をつくり、左手を前、右手を後ろにして体の前に置く。

2

右手だけ手前に引いてくる（手の引き方で、混み具合を表現する)。

会議がのびて

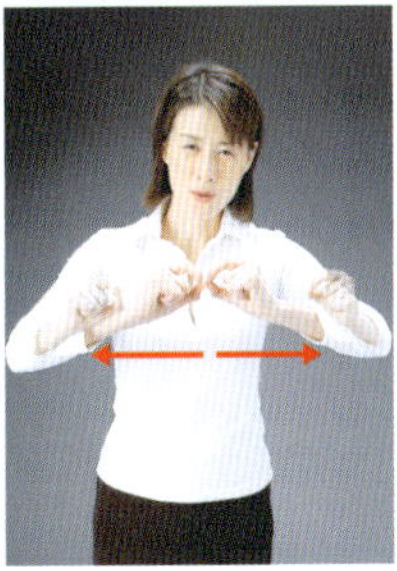

1 会議

親指を立て、こぶしを2回合わせる。

2 長い

輪にした親指と人差し指を、左右に引き離す（時間がのびているイメージで)。

バリエーション

1 会議

親指を立て、こぶしを2回合わせる。

2 時間がずれる

輪にした親指と人差し指を、時計の12時と6時の位置に置き、

3

それぞれを、9時と3時の方向に移動させる。

Which（どちら）／どっちがいい？

1｜どっち

両手の人差し指を、交互に上下させる。

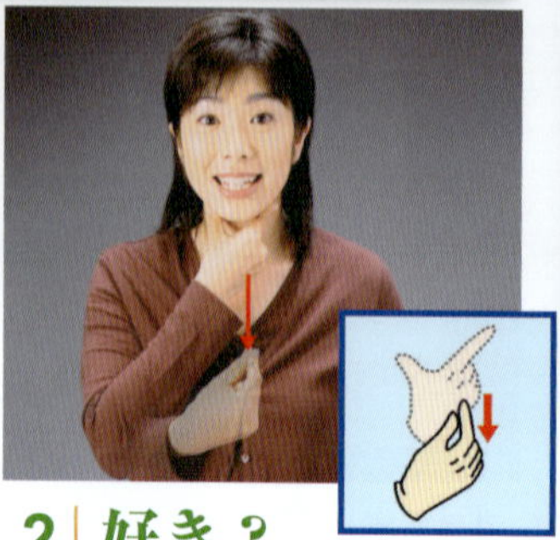

2｜好き？

親指と人差し指を閉じながら下げる（たずねる表情をする）。

どっちでもいいよ

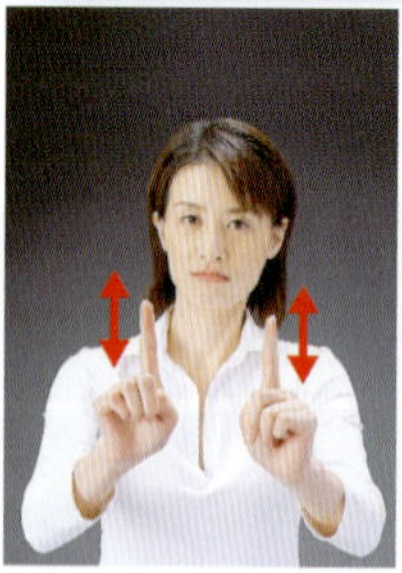

1｜どっち

両手の人差し指を、交互に上下させる。

2｜よい

小指を立て、指先をアゴに2回あてる。

バリエーション

1｜両方

人差し指と中指を立て、左右に振る。

どっちも好き

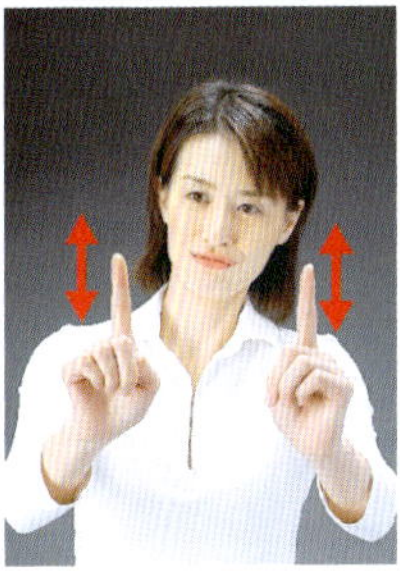

1 比べて

両手の人差し指を、交互に上下させる

2 両 方

人差し指と中指を立て、左右に振る。

3 好 き

親指と人差し指を、閉じながら下げる。

こっちがいいです

1 好きなほうを指す

対象を指差す。

バリエーション

3 好き

左手で好きなほうを指しながら、右手の親指と人差し指を閉じながら下げる。

Which（どちら）

コーヒー、紅茶、どっちにする？

1｜コーヒー

左手でコップをつくり、右手はスプーンでかき混ぜる動作をする。

2｜紅茶

左手でカップをつくり、右手はティーバッグをつまみ上下させる動作をする。

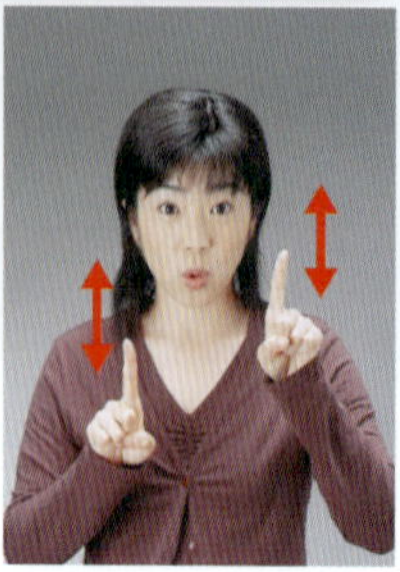

3｜どっち？

両手の人差し指を、交互に上下させる。

コーヒーにする

1｜コーヒー

左手でコップをつくり、右手はスプーンでかき混ぜる動作をする。

2｜希望

親指と人差し指を、閉じながら下げる。

バリエーション

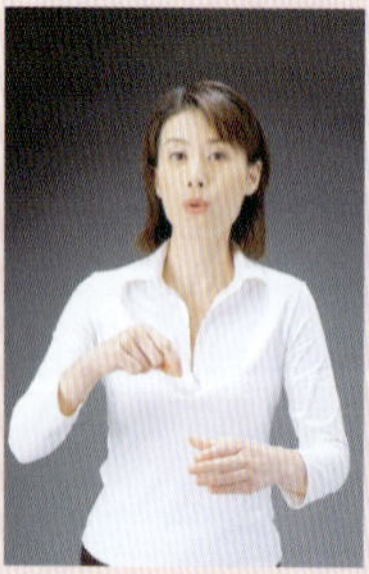

1｜コーヒー

うなずきながら「コーヒー」の表現をする。

迷っています

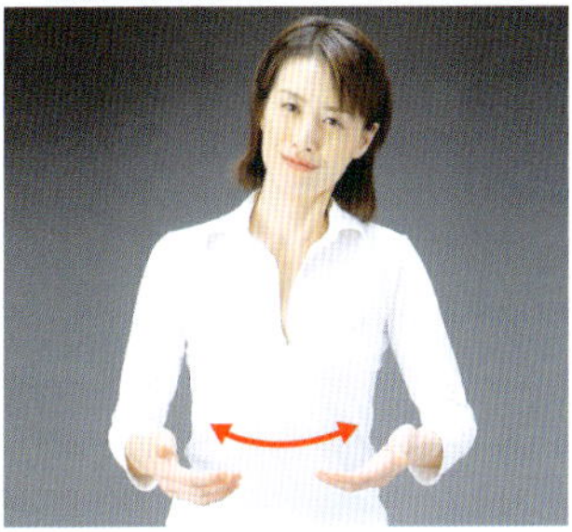

1｜迷う

両手を左右にゆらす。

バリエーション

1｜ジュース

小指でアルファベットの「J」を描く（最後に小指を口に持ってきてもよい）。

1｜コーラ

右手の親指を立て、前に出す（「しかる」の手話。「コラッ」としかることからしゃれで表現する）。

How(いくつ)/これはいくらですか?

1|これ

対象物を指差す。

2|お金

親指と人差し指を閉じて輪(お金)をつくる。

3|いくつ?

親指から順に折り曲げていく。

高いなあ、安くできませんか?

1|高い

「お金」の手話をつくったまま上げる。

2|安い

「お金」の手話をつくったまま下げる。

3|~できない?

親指と人差し指で、ほほを軽くつまみ、お願いする表情をする(「難しい」「無理」と同じ)。

これを買います

1 これ

対象物を指差す。

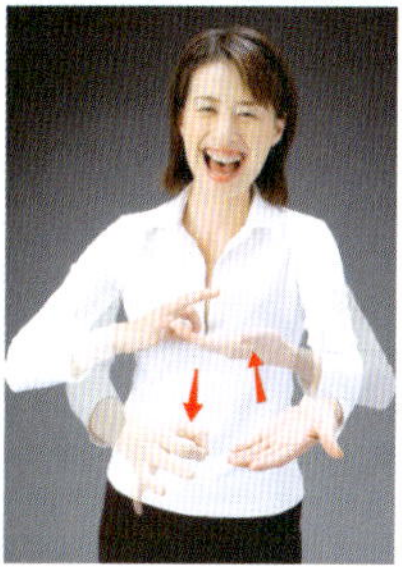

2 買う

右手の親指と人差し指で輪（お金）をつくり、前に出しながら、左手を引く。

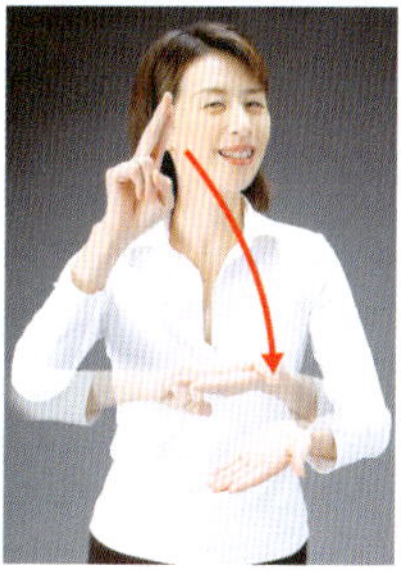

3 決める

人差し指と中指を伸ばし、左手のひらを軽くたたく。

これひとつください

1 これ

対象物を指差す。

2 ひとつ

人差し指を立て、指の腹を相手に向ける。

バリエーション

2 ふたつ

人差し指と中指を立てVサインをつくる。

2 みっつ

人差し指、中指、薬指の3本を立てる。

単語集

午前

「正午」の手話を右に倒す（12時より前の意味を表わす）。

午後

「正午」の手話を左に倒す（12時より先の意味を表わす）。

正午

右手の人差し指と中指を立て、顔の中心に置き、長針と短針が重なる12時を表現する。

夕方

右手を顔の横に置き、弧を描くように下ろす。

休憩

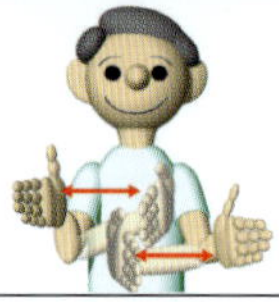

両手を中央に引き寄せて交差させ、元の位置に戻す。

ひま

両手を上に向けながら左右に開く。

退屈

右手の中指を軽く折り曲げ、頭の横を軽くたたく。

1秒

左手の人差し指を立て、数字の「1」をつくる。

右手の人差し指と中指でひっかくように「秒」の記号「"」を描く。

1時間

左手首の上で、数字の「1」をつくり、円を描くように回す（「2」ですると2時間となる）。

両手を体の前に置く（「間・あいだ」の意味を表わす）。

毎日

両手の親指と人差し指を伸ばし、1回転させる（「いつも」の意味も表わす）。

毎週（a）

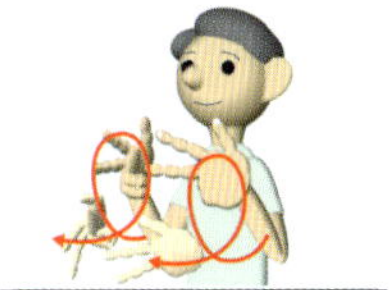

両手で「7」（手の甲は前に）をつくり、1回転させる。

毎週（b）

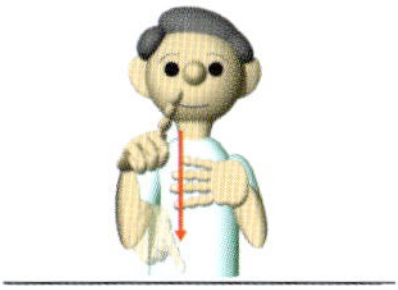

左手を開き、右手の人差し指を前に向け、左の指をかすめながら下げる。

1ヶ月

数字の「1」をつくり、手首をひねりながら前に出す。

1週間

右手の親指、人差し指、薬指を伸ばして「7」をつくり、左から右へ移動させる。

両手を肩幅ぐらいの間隔をあけて体の前に置く（「間・あいだ」の意味を表わす）。

半年（6カ月）

「6」をつくった右手の人差し指をほほにあて、手首をひねりながら前に出す。

10年後

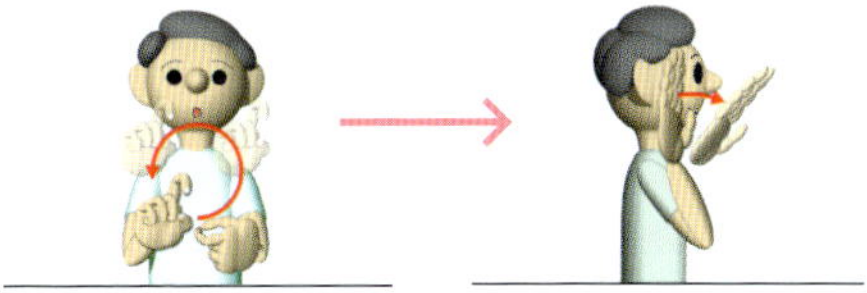

左手を握り、こぶしの上で「10」をつくり、円を描くように回す（「2」ですると2年となる）。

顔の横に置き、前に出す（「未来」という手話）。

現 在

両手のひらを下にし、軽くおさえる（「今」の意味も表わす）。

過 去

顔の横に置き、後ろに倒す。

未 来

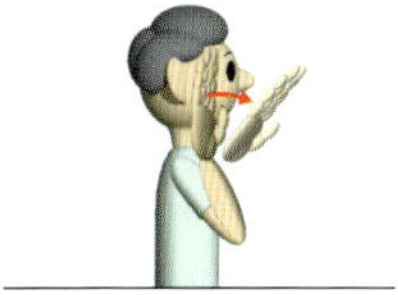

顔の横に置き、前に出す。

札幌

指を開いた両手を重ね、左右に離す（札幌の碁盤の目の街路を表現する）。

仙台

右手の親指と人差し指を閉じ、指先を額に向け、三日月を描く（伊達政宗の兜を表現する）。

東京

両手の親指と人差し指を立ててL字型をつくり、2回上げる（「東」を2回繰り返す）。

横浜

右手の人差し指と中指を、顔に沿って2回前に出す。

名古屋

両手の人差し指をカギ型に折り曲げ、指先を向かい合わせる（シャチホコを表現する）。

大阪

右手の人差し指と中指を、頭に2回つける。

神戸

右手の親指と人差し指を輪にし、指先を額に向け、左から右に移動させる。

広島

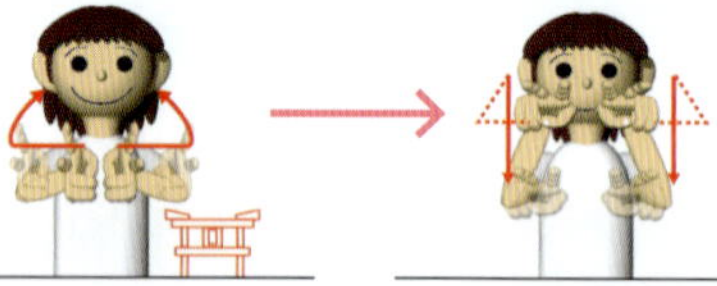

両手の人差し指と中指を伸ばし、左右に引く。

上から下に下げる（「宮島」の鳥居を表現する）。

博多

右手の親指と他の4本の指をお腹につけ、右に移動させ、「博多帯」を表現（「福岡県」の意味も表わす）。

遊園地（「遊ぶ」＋「場所」）

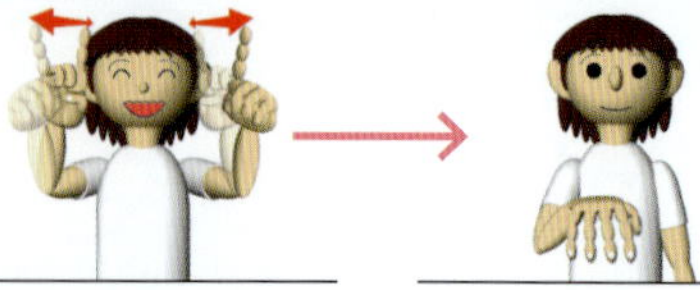

頭の横で両手の人差し指を立て、交互に前後させる。

手をドーム状にする。

動物園（「動物」＋「場所」）

両手の親指、人差し指、中指を獣がツメを立てるように指を折り曲げ、前に出す。

手をドーム状にする。

山

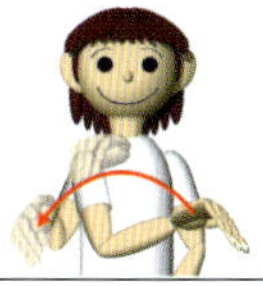

手で、山の形を描く。

ディズニーランド（「ミッキーマウス」＋「遊ぶ」＋「場所」）

両手の人差し指で、ミッキーマウスの耳を描く。

両手の人差し指を立て、交互に前後させる。

手をドーム状にする。

スキー

両手の人差し指を軽く曲げ、前に出す（スキーの板を表わす）。

水族館（「魚」＋「建物」）

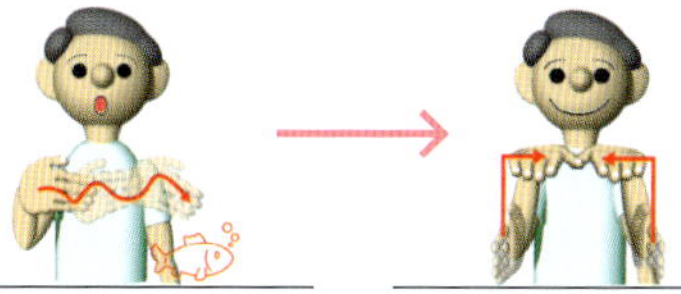

魚が泳ぐように指先を動かしながら、移動させる。

両手で建物の形を表わす。

映画館（「映画」＋「建物」）

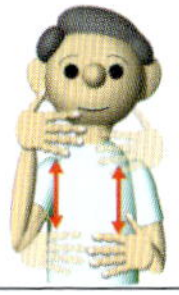

両手を、顔の前で交互に上下させて「映画」の手話を行ない、その後に「建物」の手話をする。

美術館(a)（「美術」＋「建物」）

右手の人差し指と中指を伸ばして額にあて、少し下げ「美術」を表わす。その後に「建物」の手話をする。

美術館(b)（「絵」＋「建物」）

右手の甲で、左手のひらを2回たたき「絵」の手話を表わし、その後に「建物」の手話をする。

デート

右手の親指と小指を伸ばし、前に出す。

会 社

頭の横で両手の人差し指と中指を立て、交互に前後させる。

塾（a）

両手のひらを顔に向け、2回ほど中央で引き合わせる。

塾（b）（「勉強」＋「習う」＋「通う」）

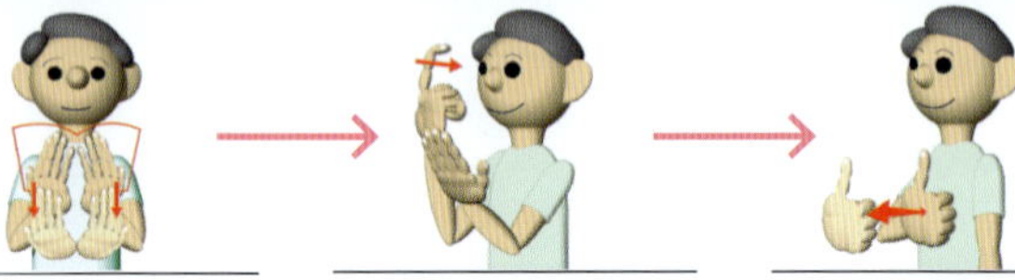

本を読むように、両手を並べて軽く前に2回出す。

右手の人差し指を、右斜め上から2回ほど自分に向かって振る。

右手の親指を立て、前後に動かす。

駐車場（a）

両手を「コ」の字型（「車」を表わす）にし、左右に離す。

駐車場（b「車」＋「場所」）

右手で「車」を表わし、左手に乗せる。

手をドーム状にする。

美容院（「美容院」＋「場所」）

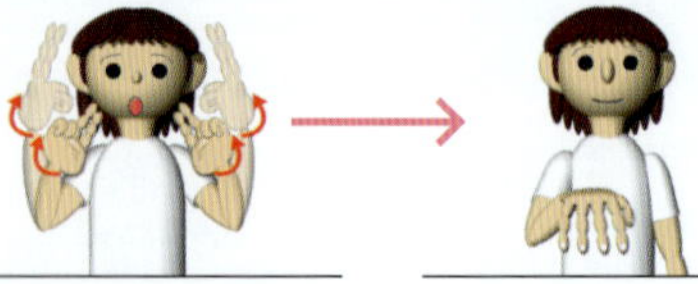

両手の人差し指と中指で、パーマをあてるように、回転させながら上げる。

手をドーム状にする。

床 屋

両手の人差し指と中指を伸ばし、左指に沿って右指を2回上げる。その後、「場所」の手話をする。

富士山

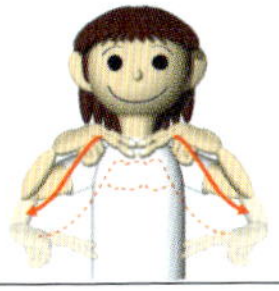

両手の人差し指と中指の指先を合わせ、富士山の形を描く。

川(a)

指先を前に向けて、人差し指、中指、薬指の3本を下げる（漢字の「川」を書く）。

川(b)

右手のひらを上に向け、波打つように移動させる。

浜 辺

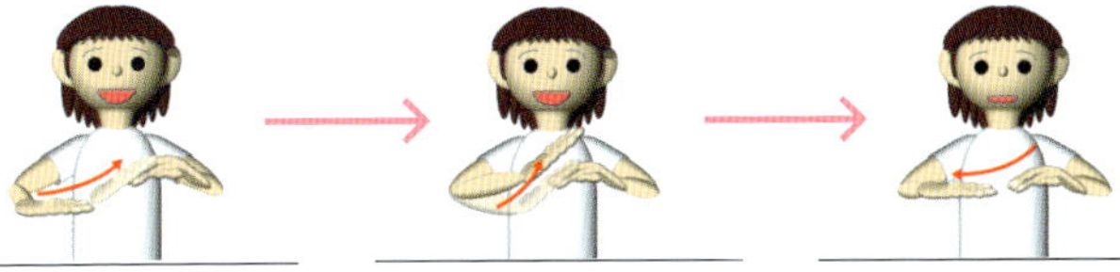

左手をドーム状にして、砂浜を表わす。

右手は、波が打ちよせるように動かす。

右手を波が引くように動かす（「岸」「海岸」の意味も表わす）。

皇 居

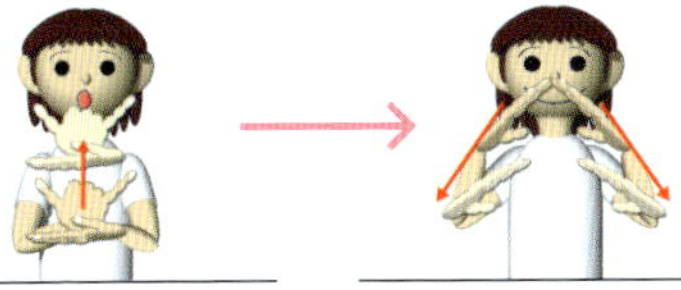

親指と小指を立てた右手を、左手のひらに乗せ、上げる。

両手を合わせて屋根の形をつくり、斜め下に引く。

花

両手のひらを合わせてつぼみをつくり、花が開くように指先を左右に開く。

海

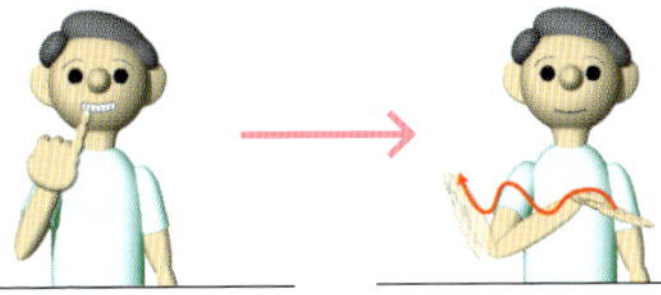

右手の小指を口元にあて、海の塩辛さを表わす（「塩」も表わす）。

右手のひらを上に向け、海が波うつように左から右へ移動させる（手のひらは下でもよい）。

ヨーロッパ

右手の指を軽く曲げ、左から右へ回しながら移動させる（ヨーロッパの「E」を表わす）。

フランス

親指を立てた右手を、肩から弧を描くように下げる。

イタリア

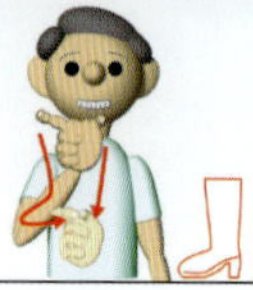

右手の親指と人差し指を、ブーツの形を描くようにして開いて閉じる。

ドイツ

右手の人差し指を立てた手を額にあて（鉄カブトを表わす）、前に出す。

イギリス

右手の人差し指と中指の背で、アゴの輪かくをなぞるように左から右へ移動させる。

ロシア

右手の人差し指を、唇の上にあてて右に引く。

中 国

親指と人差し指を閉じ、矢印の方向に動かす（中国服を表わす）。

韓 国

右手で民族衣装の帽子の形を表わす。

ベトナム

両手ですげ笠の形をつくる。

アジア

指文字の「あ」（「A」の意味も表わす）をつくり、弧を描くように移動させる。

ニューヨーク

親指と小指を伸ばした右手を、左手のひらに乗せ、2回すべらせる。

ハワイ

フラダンスを踊るように、両手をうねらせながら右から左に動かす。

パ リ

両手の人差し指と中指で、エッフェル塔を描くように下から上げ、指先を合わせる。

北京

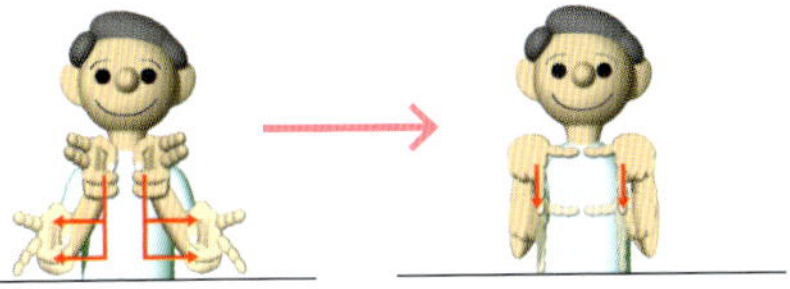

両手の人差し指と中指を、下げてから左右に引く（「北」の意味を表わす）。

親指を横に、人差し指を下にして下げる（「西」の意味を表わす）。

オーストラリア

両手の親指と中指、薬指をつけ、カンガルーが飛びはねるように指先を開きながら前に出す。

父

人差し指をほほにあて、離しながら親指だけを立てる。

母

人差し指をほほにあて、離しながら小指だけを立てる。

兄

甲を前に向けて中指を立て、上げる。

弟

甲を前に向けて中指を立て、下げる。

姉

甲を前に向けて小指を立て、上げる。

妹

甲を前に向けて小指を立て、下げる。

妻

小指を立て、ひねりながら前に出す。

夫

親指を立て、前に出す。

祖父

親指を軽く曲げる。

祖母

小指を軽く曲げる。

息子

親指を立ててお腹の前に置き、そのまま前に出す。

娘

小指を立ててお腹の前に置き、そのまま前に出す。

兄弟

両手の中指を立て、上下に離す。

伯父（「父」＋「兄」）

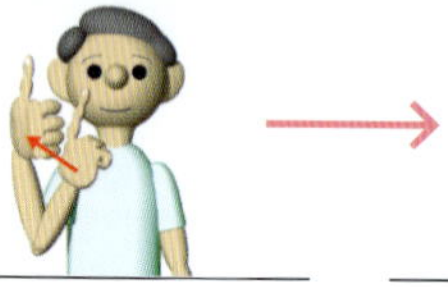

右手の人差し指をほほにあて、離しながら親指だけを立てる。

「父」をつくったまま、もう一方の手で「兄」の手話をする。

姉妹

両手の小指を立て、上下に離す。

叔父（「母」＋「弟」）

右手の人差し指をほほにあて、離しながら小指だけを立てる。

「母」をつくったまま、もう一方の手で「弟」の手話をする。

伯母（「父」＋「姉」）

「父」をつくったまま、もう一方の手で「姉」の手話をする。

叔母（「母」＋「妹」）

「母」をつくったまま、もう一方の手で「妹」の手話をする。

子供

右手のひらを下にして、左から2回置くように移動する。

赤ちゃん (a)

赤ちゃんを両手で抱えるようにする。

赤ちゃん (b)

赤ちゃんをあやすように、両手を左右にゆらす。

大 人

肩から両手を引き上げる。

恋人 (a)

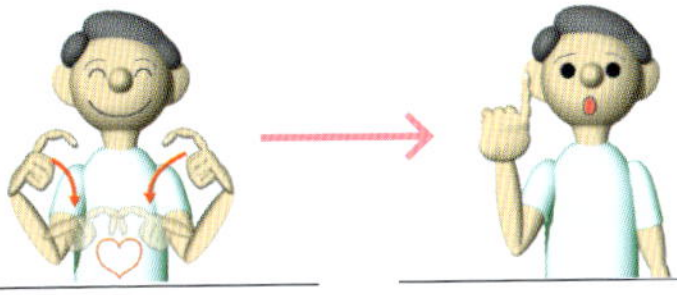

ハートをつくるように、胸の前で両手の人差し指を交差させる。

小指を立てる（「女」の意味を表わす）。

恋人 (b)

「恋人」の手話の後に親指を立て「男」の手話をする。

高齢者（「高齢」＋「人々」）

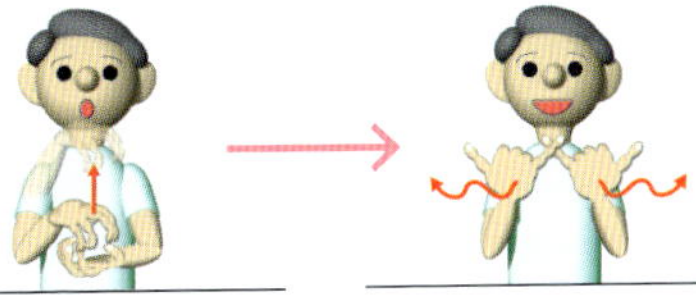

軽く曲げた両手を向かい合わせ、上下に離す。

両手の親指と小指を伸ばし、ゆらしながら左右に離す（「人々」の手話をする）。

夫 婦

親指と小指を伸ばした手を、軽く振る。

友だち

両手を握手するように合わせて、軽く振る。

ろう者（a「ろう」＋「人々」）

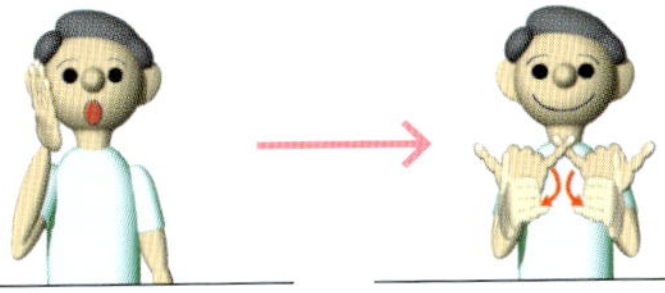

右手のひらを右耳にあてる（「ろう」を表わす）。
※「ろう」だけでもよい。

親指と小指を伸ばし、小指の先をつけ、手首を回しながら左右に引く。

ろう者（b）

右手のひらを耳にあてた後に、口にあてる。

親指と小指を伸ばし、手首を返す（「人々」の手話をする。両手でもよい）。

幼なじみ

両手をそろえて、そのまま引き上げる。

中途失聴者

肩から両手を引き上げる（「大人」「成長」の意味を表わす）。

手のひらで、耳をふさぐ（「失聴」の意味を表わす）。

両手を左右に離し、「人々」の手話をする。

聴者

人差し指を耳と口にあて、同時に前に出す。

両手を左右に離し、「人々」の手話をする。

髪の長い

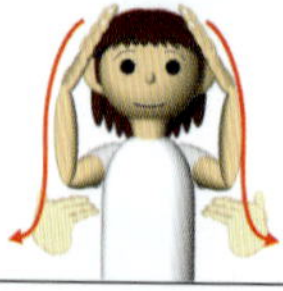

両手で髪をなで下ろすように下げる。

難聴者

手を顔の前に置き。下げる（「難聴」の意味を表わす）。

両手を左右に離し、「人々」の手話をする。

髪の短い

両手を肩のラインに置き、そのまま耳の下まで引き上げる（短さにより動かす長さを変える）。

背の高い

手を頭に乗せて上げる。

背の低い

手を頭の位置から下げる。

ヒゲを生やした

指を軽く曲げ、指先をアゴにあて、輪かくをなぞるように移動させる。

太った (a)

両手のひらを向かい合わせ、お腹のあたりに置き、左右に広げる。

太った (b)

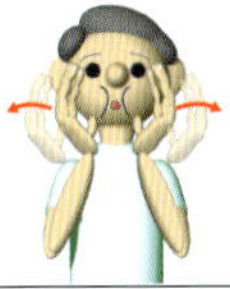

手のひらをほほに向け、顔がふくらむように両手を広げる。

メガネをかけた

親指と人差し指で輪（メガネ）をつくり、両目にあてる。

やせた (a)

両手のひらを向かい合わせ、やせ細るように間隔をせばめながら下げる。

やせた (b)

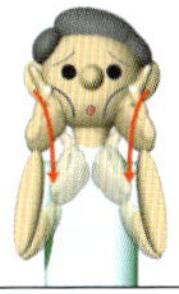

両手の甲をほほにあて、やせ細るように顔の輪かくをなぞりながら下げる。

楽しい

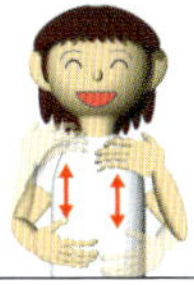

両手を胸の前で交互に上下させる。

明るい (a)

右手の親指と人差し指を閉じて眉間にあて、前に出しながら開く（表情がほぐれるようすを表わす）。

明るい (b)

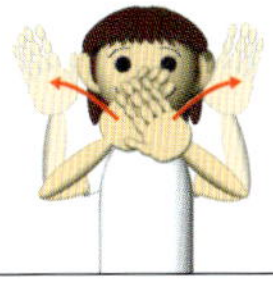

重ねた両手のひらを前に向け、弧を描くように開く。「晴れ」の意味も表す。

きびしい

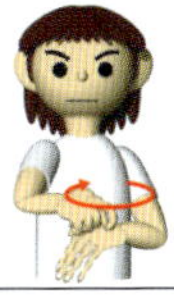

左手の甲を右手の親指と人差し指でつねるようにする。

つまらない

指を軽く曲げ、自分の顔をひっかくようにする（相手に向けると相手がつまらないことを表わす）。

きれい

両手のひらを合わせ、右手をすべらせるように前に出す。

正直

輪をつくった両手の親指と人差し指を、上下に引き離す（「まじめ」の意味も表わす）。

かっこいい

指を軽く曲げ、手のひらを相手の方から自分にすばやく向ける。

かわいい

左手の小指を、右手でなでるように回す。

病気

手を握り、つらそうな表情で、額に２回あてる。

リストラ

左手の親指を立て、右手で首を切るように親指にあてる。

就職（「会社」＋「入る」）

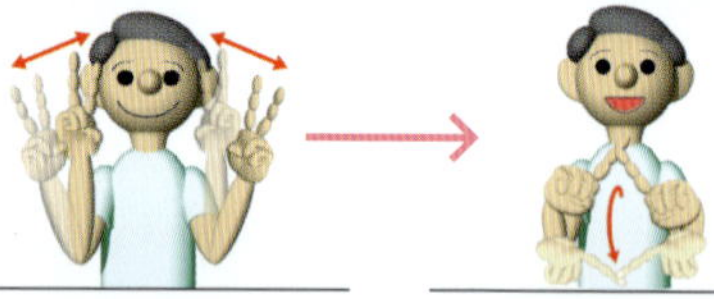

両手の人差し指と中指を立てて頭の横に置き、交互に前後させる。

人差し指で、自分から見て漢字の「入」をつくり、前に倒す。

離婚

合わせた親指と小指を、左右に引き離す。

残業（「仕事」＋「（時間）が過ぎる」）

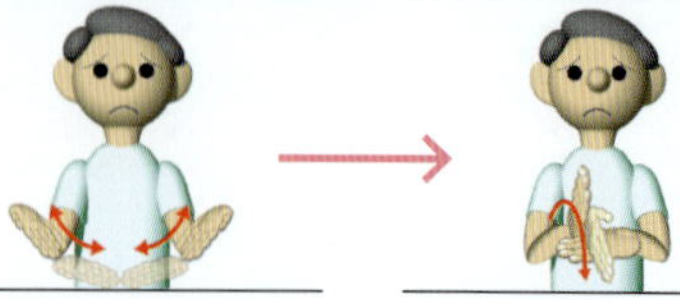

両手を、中央に向けて２回動かす。

右手の小指側を左手の甲の上に置き、乗り越えるように右手を前に出す。

転職（「仕事」＋「変える」）

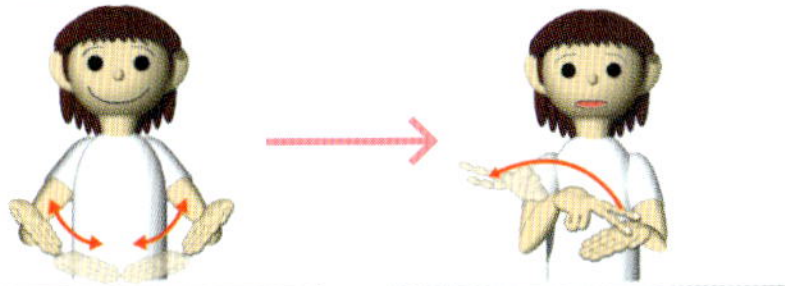

両手を中央に向け、2回動かす（書類を集めるイメージで）。

左手のひらに、右手の人差し指と中指をあて、手首をひねりながらひっくり返す。

出産

両手をお腹の前に置き、甲側から開きながら前に出す。

失業（「クビ」＋「ぶらぶら」）

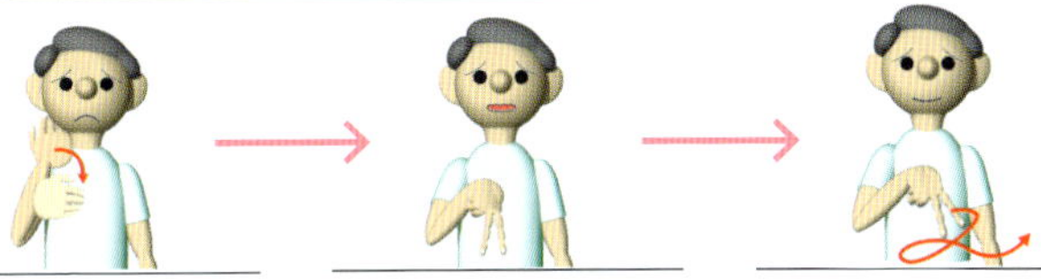

手で首を切るようにする（「失業」「解雇」の意味も表わす）。

人差し指と中指で足を表わす。

ぶらぶらと歩くように動かす。

家の用事(a)（「家」＋「都合」）

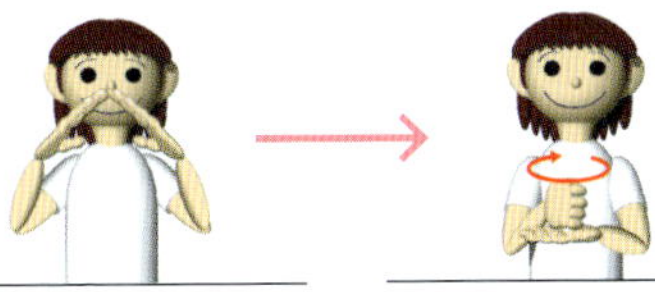

両手で屋根の形をつくる。

左手のひらで、右手のこぶしをすり合わせるように回す。

家の用事(b)

「家」の手話をした後で、両手のひらを自分に向け、引き寄せる（「必要」と同じ手話）。

さぼる

両手を軽く握り、上下に置き、後ろにサッと引き上げる。

ずる休み

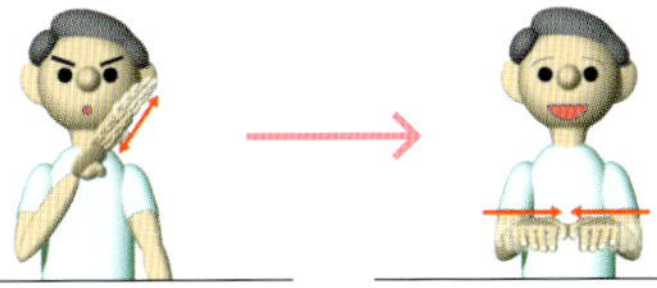

右手の指の背で左ほほを上下にさする（「ずるい」という手話）。

両手のひらを下に向け、左右から引き合わせる（「休む」という手話）。

亭主関白

親指を立て、そのヒジの下に小指をそえる。

景気が下がる

左手で指文字の「け」をつくり、右手で「お金」をつくって回す「景気」。

斜め前に下げる。

かかあ天下

小指を立て、そのヒジの下に親指をそえる。

景気が上がる

左手で指文字の「け」をつくり、右手で「お金」をつくって回す「景気」。

斜め前に上げる。

ジュース

小指でアルファベットの「J」を描く（最後に小指を口に持ってきてもよい）。

ウーロン茶（a）

龍のヒゲをイメージして、両手の親指と人差し指を閉じ、前に出す。

右手は湯飲み（コップ）を表わし、左手をそえてお茶を飲むように上げる（左手はなくてもよい）。

ウーロン茶（b）

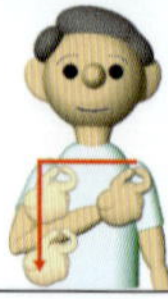

親指と人差し指を閉じ、矢印の方向に動かす（「中国」という手話）。

右手は湯飲みを持つようにし、左手のひらにの乗せ、お茶を飲むように両手を上げる（左手はなくてもよい）。

ウーロン茶（c）

薬指を折り曲げ、手のひらを前に向けて左右に振る。

コーラ (a)

親指は立て、他の4本指を直角に曲げ「コ」を表現。人差し指を伸ばし、上から下に下ろし「ー」を表現。

人差し指と中指をからませるように重ねる「ラ」を表現。指文字で「コーラ」を表現する。

コーラ (b)

右手の親指を立て、前に出す（「しかる」の手話。「コラッ」としかることからしゃれで表現する）。

コーラ (c)

注射を打つようにする（アメリカの手話）。

日本茶 (a)

右手は湯飲みを持つようにし、左手のひらにのせ、お茶を飲むように両手を上げる。

日本茶 (b)

親指と小指を伸ばし、急須でお茶を注ぐように手を傾ける。

赤ワイン（「赤」＋「ワイン (a)」）

右手の人差し指で唇を左から右になぞる（「赤」＋「ワイン」で赤ワインを表わす）。

左手のひらを下に向け、左手のひらに右手の指先をつけ、閉じながら下げる。

ワイングラスの足を持つようにして回す（「ブドウ」＋「グラス」でワインを表わす）。

白ワイン（「白」＋「ワイン (b)」）

人差し指で歯を指す。

人差し指、中指、薬指を立て、アルファベットの「W」をつくり、回す。

ウィスキー

人差し指、中指、薬指を立てアルファベットの「W」をつくり、口元に2回つける。

カクテル

両手でシェーカーを振るようにする。

ホット（a）

両手を手前にすくい上げるように引き上げる（「暖かい」「春」の意味も表わす）。

ホット（b）

左手の甲を、右手の指先で、軽くたたく（「湯」の意味も表わす）。

アイス

両手を握り、小刻みにゆらす（「寒い」「冬」の意味も表わす）。

Lesson 5

状況別

お名前は何ですか？

1 あなた

相手をやさしく指差す（手話では相手を指差しても失礼にはならない）。

2 名 前

右手の親指の腹を、左手のひらに拇印（ぼいん）を押すようにあてる。

私の名前は矢野です

1 私

人差し指で自分の胸の中心を指差す。

2 名 前

右手の親指の腹を、左手のひらに拇印（ぼいん）を押すようにあてる。

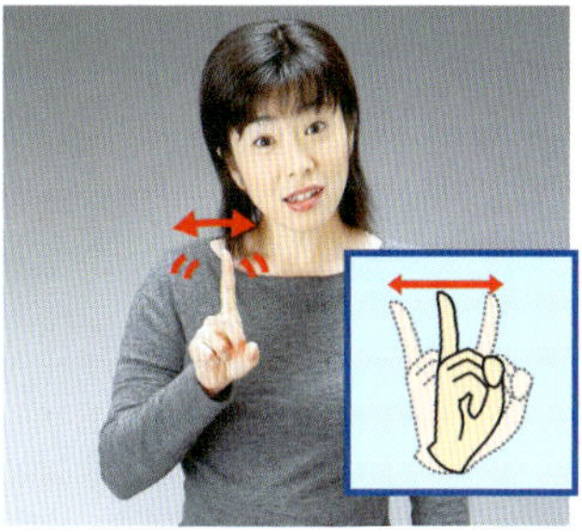

3 何？

人差し指を立て、左右に振る（たずねる表情をする）。

3 矢

親指と小指を立て、指文字の「や」を表わす。

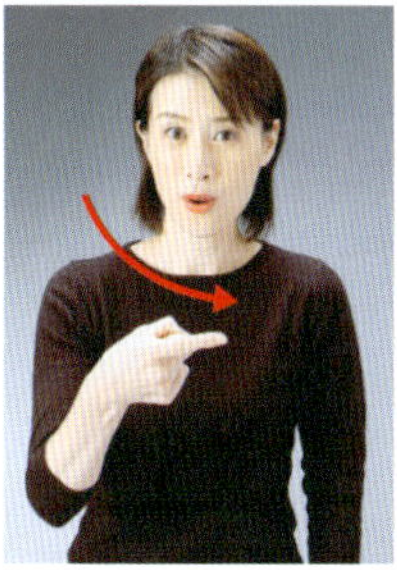

4 野

人差し指でカタカナの「ノ」を空書し、指文字の「の」を表わす。

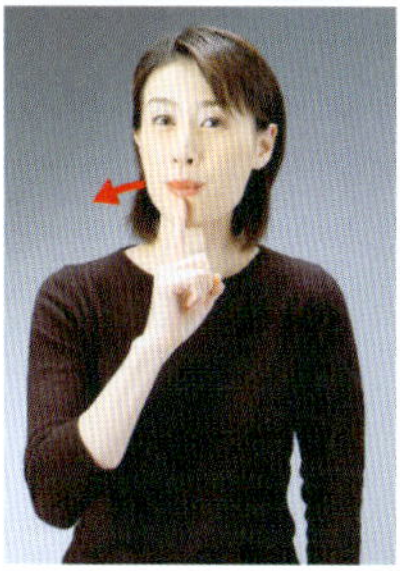

5 言う

人差し指を口にあて前に出す。

よろしくお願いします

1｜よろしく

握った手を鼻にあて軽く前に出す（「よい」という手話）。

2｜お願いします

手を開き、頼むようにして前に出す（「頼む」という手話）。

おいくつですか？

1｜年

アゴの下で、親指から順に折り曲げる。

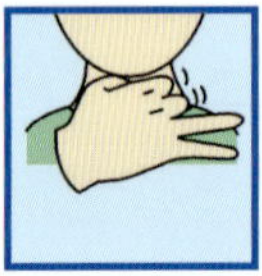

2｜いくつ？

親指から順に折り曲げていく。

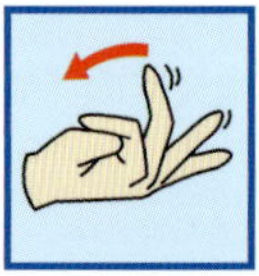

20歳です

1｜私

人差し指で自分の胸の中心を指差す。

2｜年

アゴの下で、親指から順に折り曲げる。

3｜20

人差し指と中指を折り曲げる（年齢を聞かれているので「年」はなくてもよい）。

60歳です

1｜私

人差し指で自分の胸の中心を指差す。

2｜60

親指と人差し指を曲げる（年齢を聞かれているので「年」はなくてもよい）。

どこの出身ですか？

1 生まれる

両手をお腹の前に置き、甲側から開きながら前に出す。

2 場 所

手をドーム状にする。

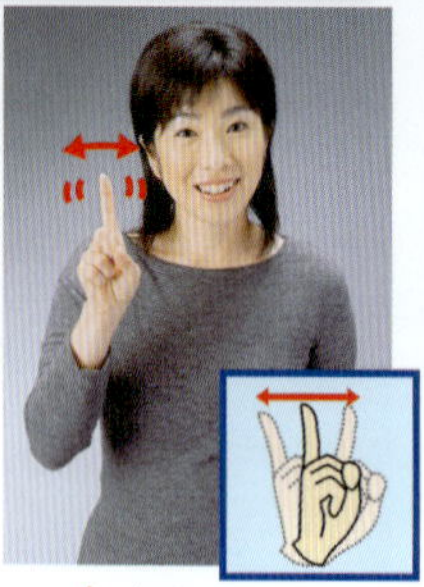

3 何？

人差し指を立て、左右に振る（たずねる表情をする）。

北海道です

1 北海道

両手の人差し指と中指をそろえて前に置き、ひし形を描く。

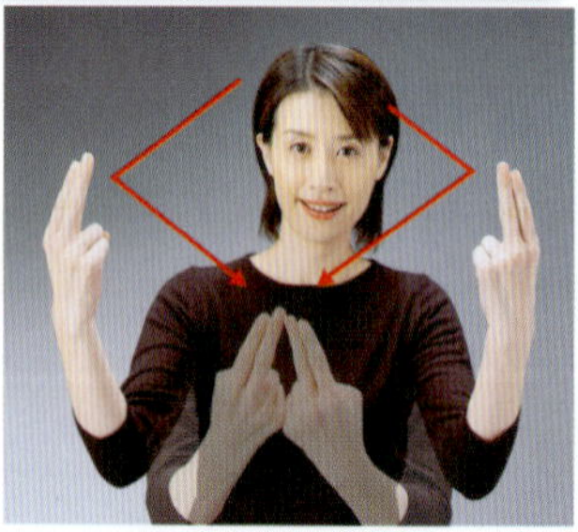

2

（北海道の形を表現）。

干支は何ですか？

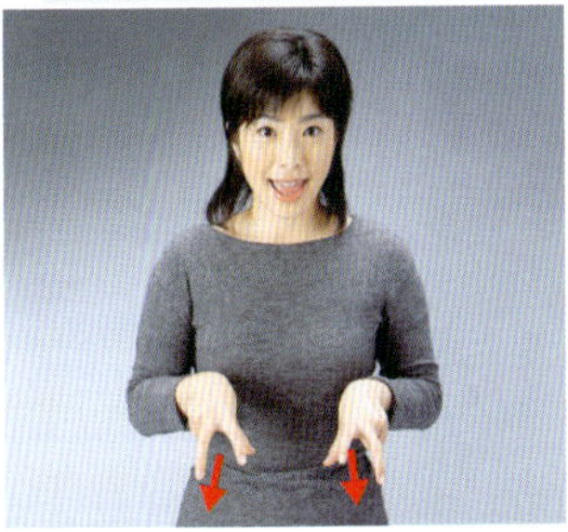

1 | 動 物

両手の親指、人差し指、中指を下に向けて伸ばし、そのまま前に出す。

2 | 何？

人差し指を立て、左右に振る。

バリエーション

1 | 愛知

左手の親指を立て、右手のひらでなでるように回す。

1 | 東京

両手の親指と人差し指を立て、2回上げる「東」という手話を2回する。

1 | 沖縄（a）

両手の人差し指と中指を、頭の横でひねりながら上下に離す（沖縄の髪飾りをイメージ）。

1 | 沖縄（b）

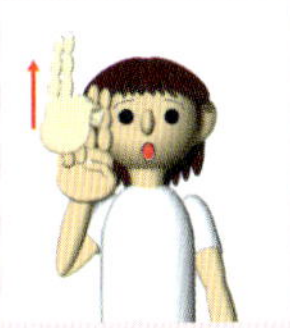

右手の人差し指と中指を頭の横で立て、ねじり上げる。

誕生日はいつですか？

1｜生まれる

両手をお腹の前に置き甲側から開きながら前に出す。

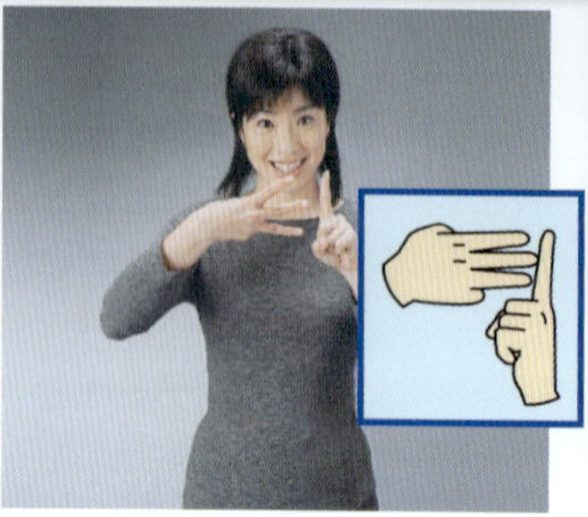

2｜日

左手の人差し指を立て、右手の3本の指を合わせ、漢字の「日」をつくる。

昭和50年9月4日です

1｜昭和

親指と人差し指を首にあてる。

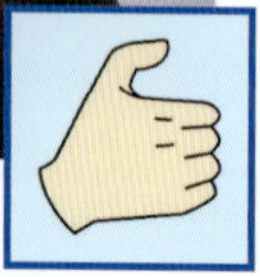

2｜50

親指を折り曲げる。

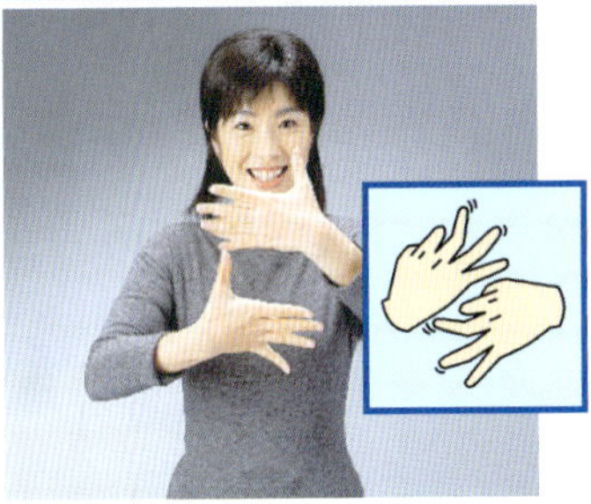

3 | いつ？

親指から順に折り曲げていく。

3 | 9

親指は立て、それ以外の指はそろえる。

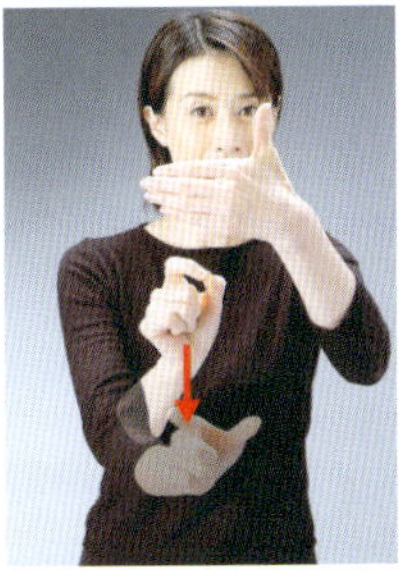

4 | 月

右手の親指と人差し指をつけ、9の下から三日月を描くように下げる。

5 | 4

左手の9はそのままで、右手で4を表し9月4日となる。「日」はなくてよい。

血液型は何ですか？

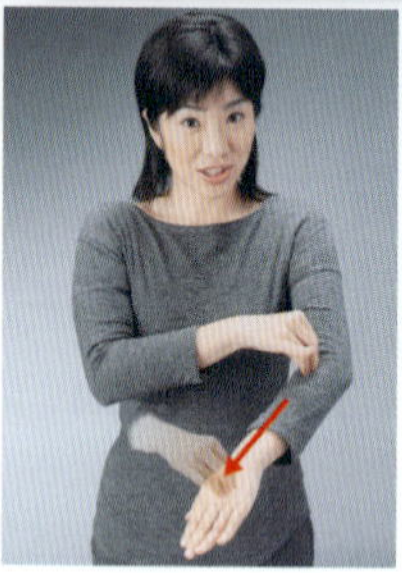

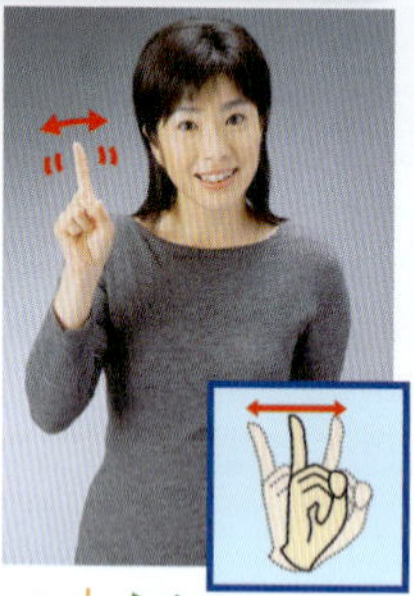

1｜血

指文字の「ち」をつくり、左腕の関節あたりから甲までスッとなぞる。

2｜何？

人差し指を立て、左右に振る（たずねる表情をする）。

バリエーション

1｜血

人差し指で左腕をなぞる（血が流れているイメージで）。

A（B、O）型です

1｜A

左手の人差し指に、右手の親指と人差し指をつけ、「A」の形をつくる。

※AB型はA＋Bにする。

1｜B

左手の人差し指に、右手の人差し指、中指、薬指をつけ「B」の形をつくる。

1｜O

手を筒状にして、「O」の形をつくる。

あなたの職業は何ですか？

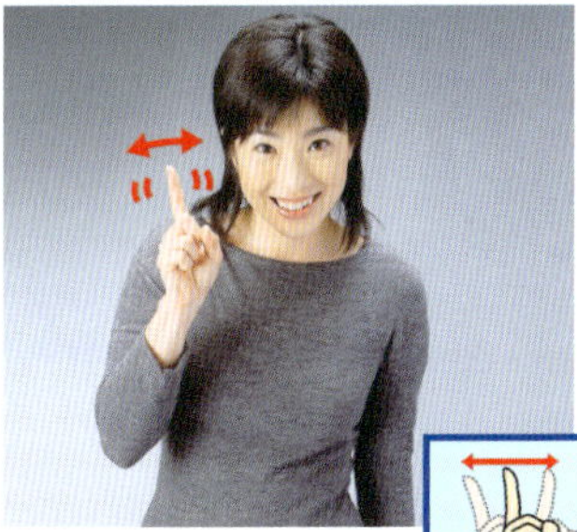

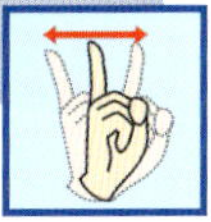

1 仕 事

両手を中央に向け2回動かす（書類を集めるイメージで）。

2 何？

人差し指を立て、左右に振る（たずねる表情をする）。

小学校の先生です

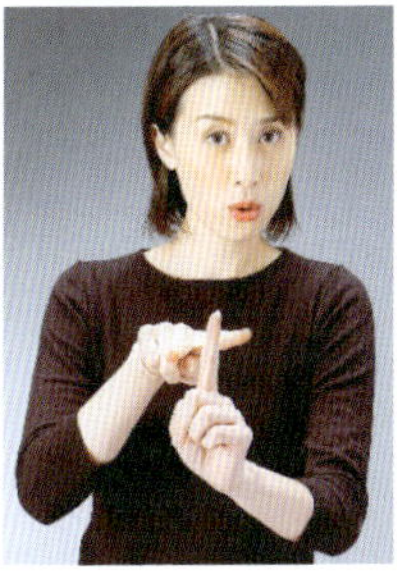

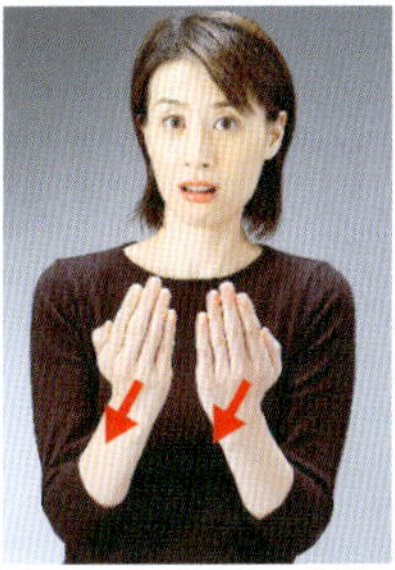

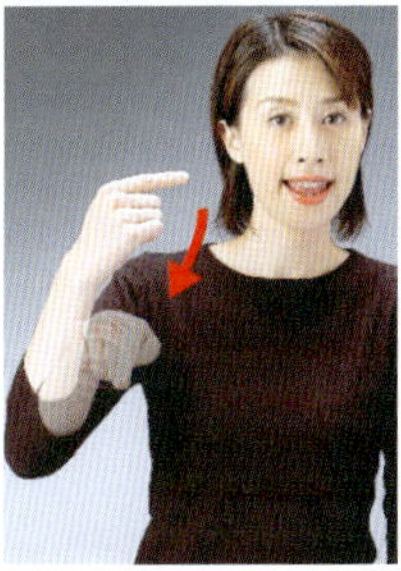

1 小

左手の人差し指を、右手の人差し指と中指ではさみ、漢字の「小」をつくる。

2 学 校

両手のひらを自分に向け、前に軽く出す（「学校」＝「勉強」を表現する）。

3 教える

人差し指を、相手に向けて2回振る。

何人家族ですか？

1｜家

屋根の形をつくる。

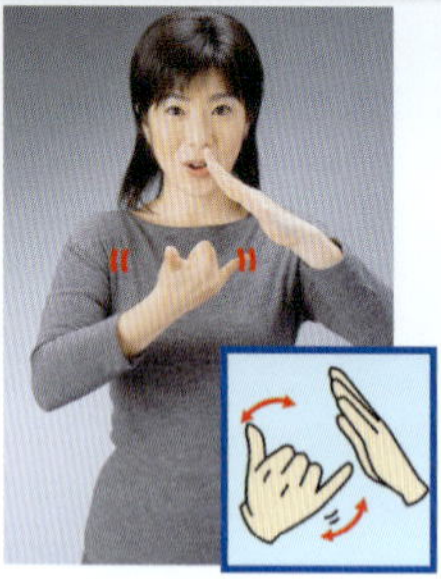

2｜家 族

左手の屋根を残し、その下で右手の親指と小指を立てて振る（「人々」の意味を表わす）。

3｜いくつ？

親指から順に折り曲げていく（たずねる表情をする）。

4 人家族です

1｜4 人

左手の親指以外の指を立てて「4」を表わし、右手の人差し指で、「人」の文字を空書する。

バリエーション

1｜4 人

右手の親指以外の指を立てて「4」を表わし、右手の「4」で「人」の文字を描く。

父は会社員です

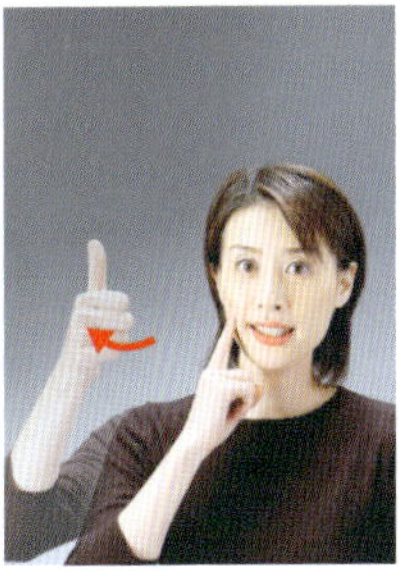

1 父

人差し指をほほにあて、離しながら親指だけを立てる。

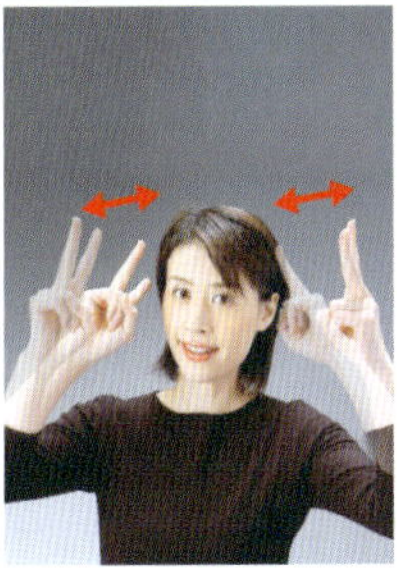

2 会社

両手の人差し指と中指を立てて頭の横に置き、交互に前後させる。

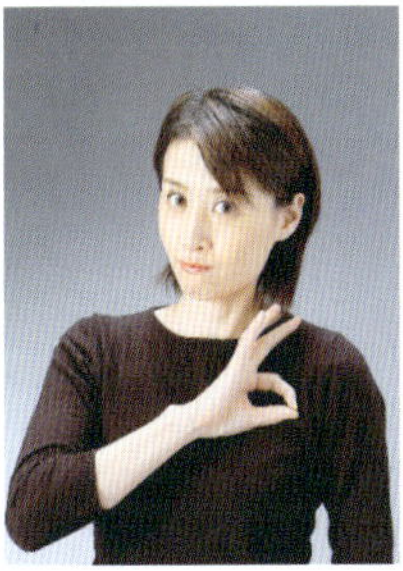

3 員

親指と人差し指を閉じ、左の胸元にあてる（襟元のバッジを表現する）。

弟は中学２年生です

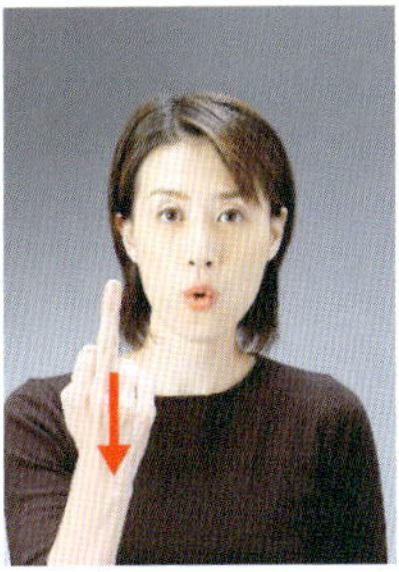

1 弟

中指を下げる。

2 中

左の親指と人差し指を横にし、右手の人差し指を後ろからあて、「中」をつくる。

3 2

人差し指と中指を横に出す。

私は大学３年です

1｜私

人差し指で自分の胸の中心を指差す。

2｜大学

帽子のつばをつまむように、両手の親指と人差し指を、前後、左右とつまむ。

3｜3

人差し指、中指、薬指を横に出す。

バリエーション

OLです

1｜（O）

手を筒状にして「O」の形をつくる。

2｜（L）

親指と人差し指で、「L」の形をつくる。

単語集

鈴木（「鈴」＋「木」）

親指と人差し指を閉じて輪をつくり、軽く振る。

両手の親指と人差し指で、木の形をなぞるように、上に動かす。

田中（「田」＋「中」）

両手の人差し指、中指、薬指を立て、重ね合わせて漢字の「田」をつくる。

左手の親指と人差し指を横にし、右手の人差し指をあて、「中」をつくる。

佐藤

右手のひらを口元にあてる。

口のまわりをグルグルと回す（佐藤と砂糖で「甘い」の手話で表現）。

山本（「山」＋「本」）

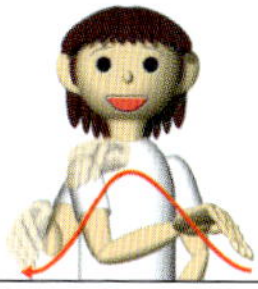

手で山の形を描く。

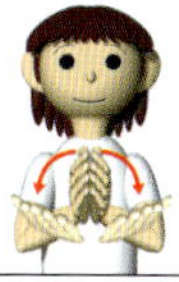

両手のひらを合わせ、本を開くように両手を左右に開く。

高橋（「高い」＋「橋」）

手のひらを直角に曲げて上げる。

両手の人差し指と中指を伸ばし、橋のアーチを描くように手前に引く。

渡辺（「やわらかい」＋「鍋」）

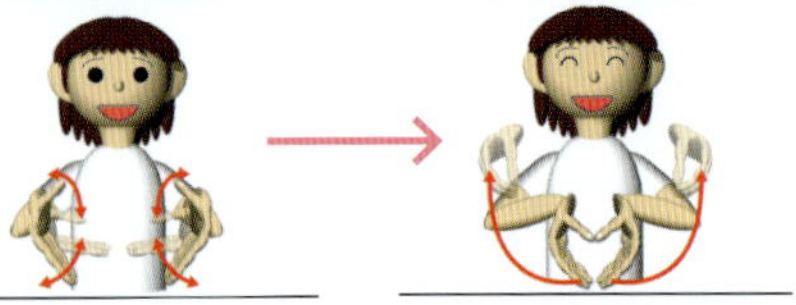

両手を胸の前あたりで、親指と他の4本ではさむように2回ほど閉じる。

両手の指先同士を合わせ、斜め上に引き上げながら指を閉じる。

三浦（「三」＋「裏」）

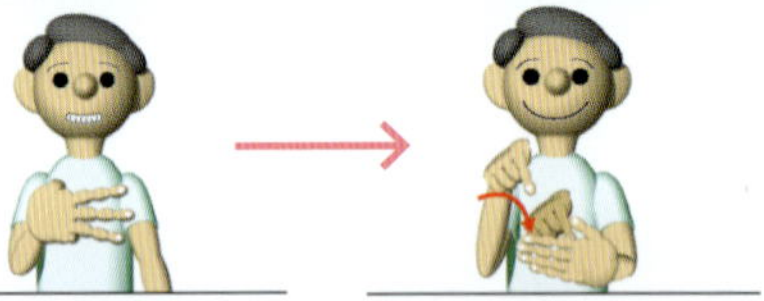

漢数字の「三」をつくる。

右手の人差し指で、左手のひらを軽く突く。

小林（「小」＋「林」）

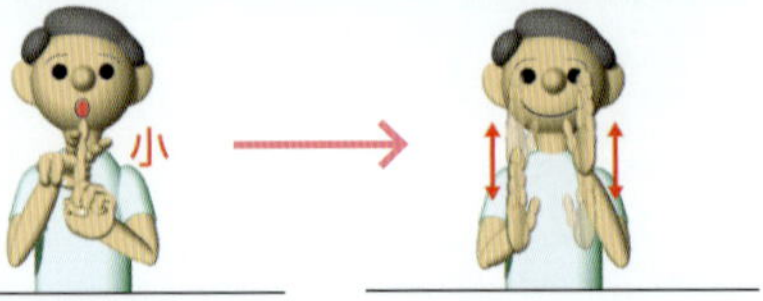

左手の人差し指を、右手の人差し指と中指ではさみ、「小」をつくる。

手のひらを向かい合わせて交互に上下させる。

青森

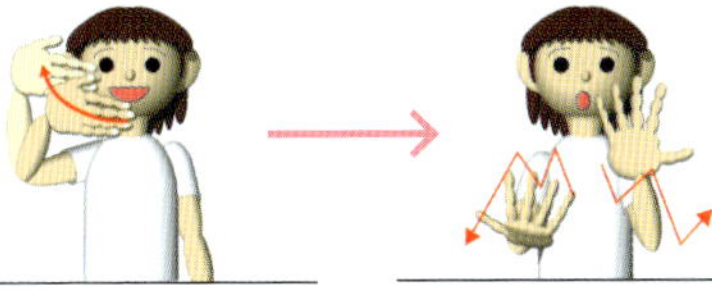

指先で、ほほをなでるように引く「青」という手話。

両手のひらを自分に向けて開き、交互に上下させる「森」という手話。

秋田

左手のひらを上に向け、右手の親指を左手首につける（名産のふきを表わす）。

岩手

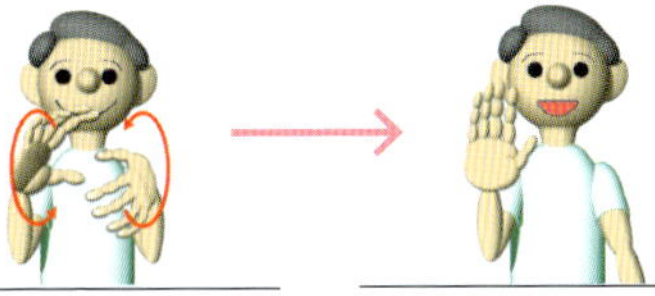

指を折り曲げた両手を向かい合わせ、前後にひねる。「岩」という手話。

手のひらを相手に向ける指文字の「て」。

山形

左手の親指と人差し指で輪をつくり、その輪に右手の人差し指をつける（名産のさくらんぼを表わす）。

宮城

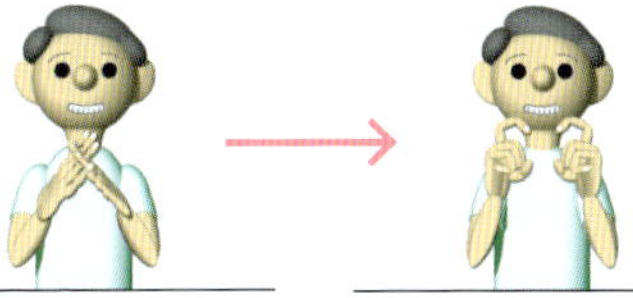

両手の指を組み、屋根の形をつくる。「宮」という手話。

カギ型に折り曲げた両手の人差し指を、向かい合わせる「城」という手話。

栃木

左手を開き、右手の人差し指で葉をふちどるように動かす（栃の葉を表わす）。

福島

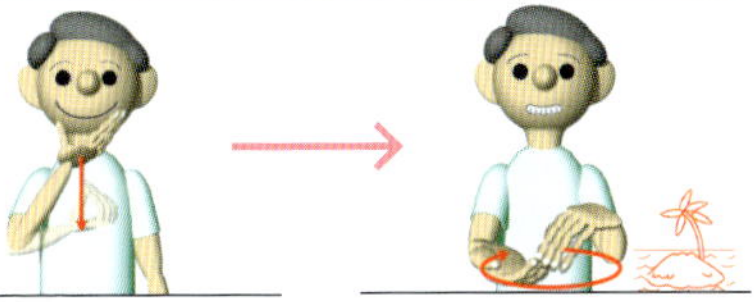

アゴをさわりながら、指を閉じる「幸福」「幸せ」という手話。

左手をドーム状にし、そのまわりで手のひらを上にした右手を回す「島」という手話。

茨城

両手を交差させ、腕をさするように上下させる。

群馬

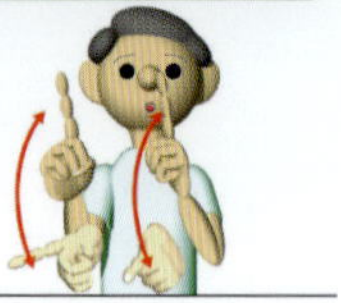

両手の人差し指を、馬の手綱を引くイメージで2回振る「馬」という手話。

埼玉

両手を軽く曲げ、手の中で玉を転がすように回す。

千葉

左手の親指と人差し指に、右手の人差し指をあて、漢字の「千」をつくる。

東京

両手の親指と人差し指を立て、2回上げる。(「東」という手話を2回する。)

神奈川

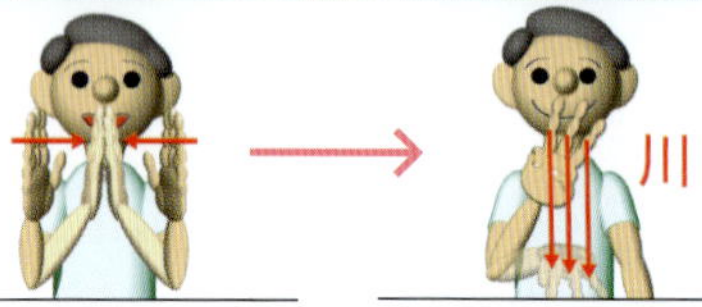

お参りするように両手を合わせる「神」という手話。

指先を前に向けて、人差し指、中指、薬指を下げる(漢字の「川」を書く)。

山梨

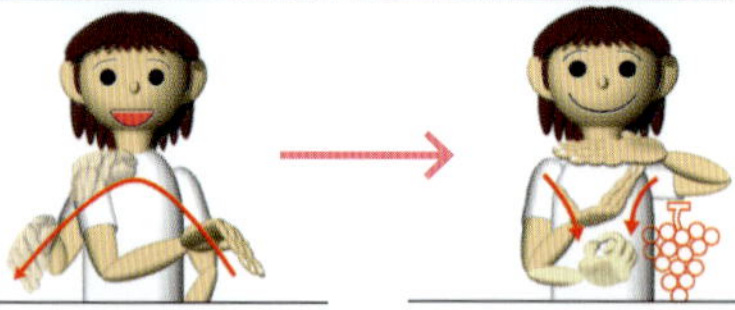

手で山の形を描く「山」という手話。

左手のひらを下に向け、左手のひらに右手の指先をつけ、閉じながら下げる「ぶどう」という手話。

新潟

両手のひらを上に向け、交互に前後させる。

長野

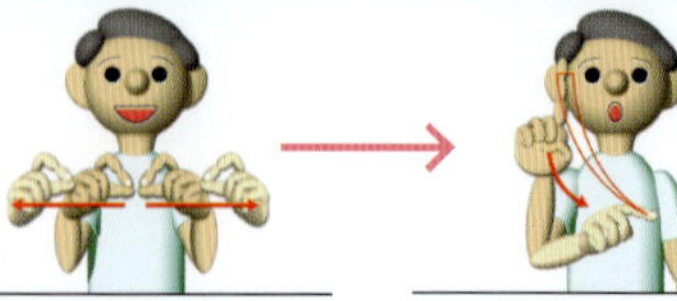

輪にした親指と人差し指同士をつけ、左右に引き離す「長い」という手話。

右手の人差し指で、「ノ」を書く(指文字の「の」を表わす)。

愛知

左手の親指を立て、右手のひらでなでるように回す。

岐阜

右手の親指、人差し指、中指を伸ばし、口の前で鵜（う）のクチバシのように閉じたり開いたりする。

富山

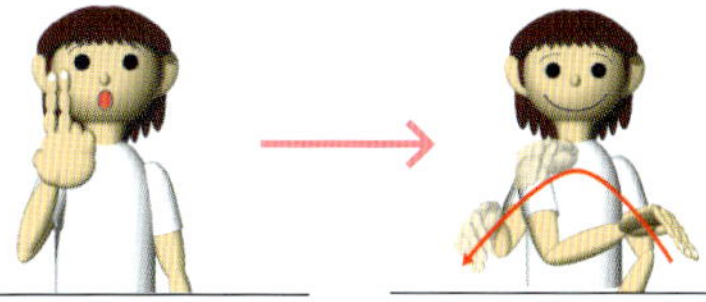

人差し指と中指を立て、指文字の「と」をつくる。

手で山の形を描く「山」という手話。

石川

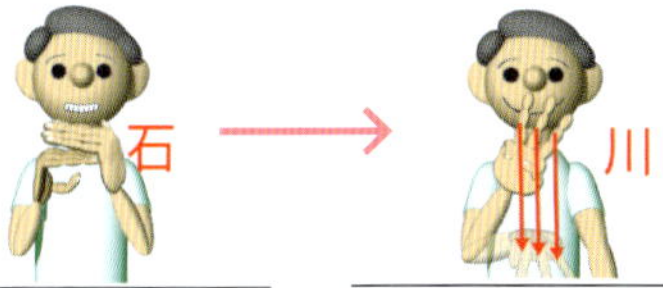

左手と右手で、漢字の「石」をつくる。

指先を前に向けて、人差し指、中指、薬指を下げる（漢字の「川」を書く）。

滋賀

左手を握り、右手の親指と人差し指を閉じ、楽器の琵琶を弾く動作をする。

福井

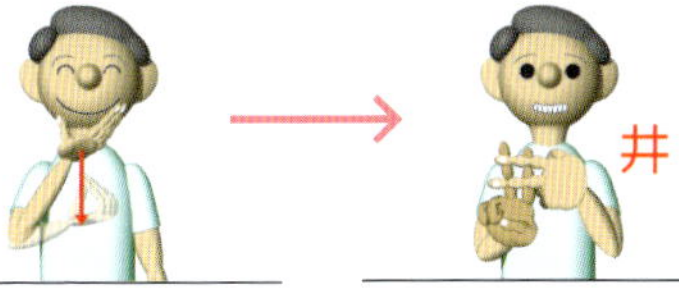

アゴをさわりながら、指を閉じる「幸福」「幸せ」という手話。

両手の人差し指と中指を伸ばし、交差させて漢字の「井」をつくる。

和歌山

右手を叫ぶように口元にあてる。

静岡

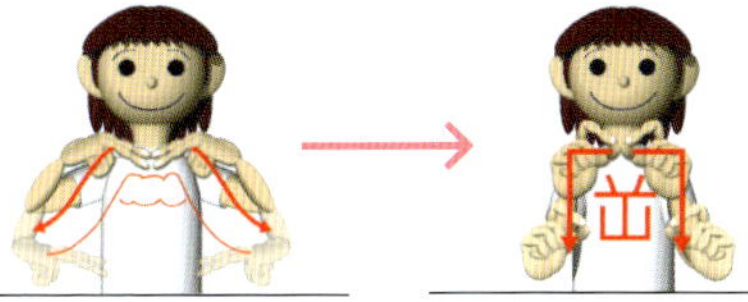

両手の人差し指と中指の指先を合わせ、「富士山」を表わす。

両手の親指と人差し指を閉じて、漢字の「岡」のかまえを描く。

奈良

大仏のポーズをする。

三重

人差し指、中指、薬指を横に伸ばし、漢数字の「三」をつくる。

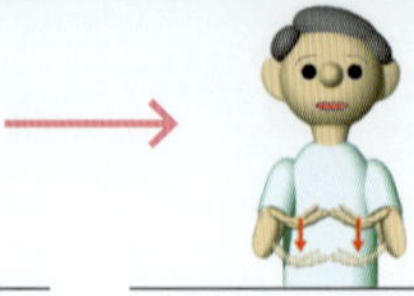

両手のひらで重いものを持つように下げる「重い」という手話。

大阪

右手の人差し指と中指を、頭に2回つける。

鳥取

右手の親指、人差し指を伸ばし、口の前で鳥のクチバシのように閉じたり開いたりする「鳥」という手話。

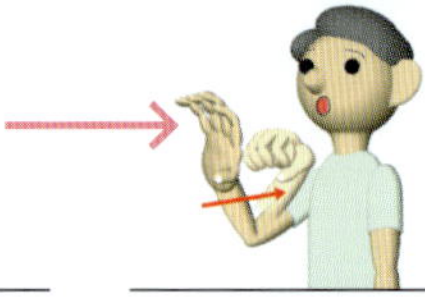

前から物をつかみ取るように手前に引く。

京都

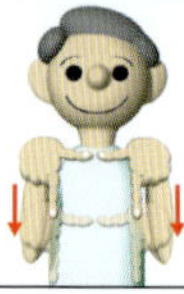

両手の親指と人差し指を伸ばし、2回下げる（「西」という手話を2回する）。

兵庫

銃をかかえる兵士のように両手のこぶしを上下にし、右脇にあてる。

広島

両手の人差し指と中指を伸ばし、左右に引く。

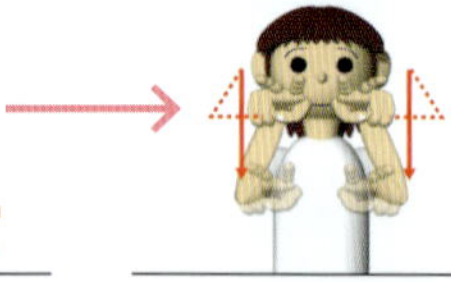

上から下に下げる（「宮島」の鳥居を表現する）。

岡山

両手の指先をすぼめ、腕を交差させ、2回外に開く。

島根（a）

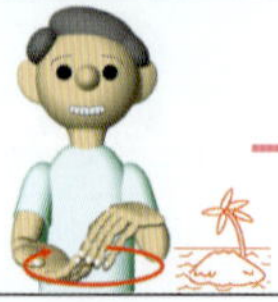

左手をドーム状にし、そのまわりで手のひらを上にした右手を回す。

左ヒジを立て、ヒジの下に右手首をあて開く「根」「基本」を表わす手話。

島根 (b)

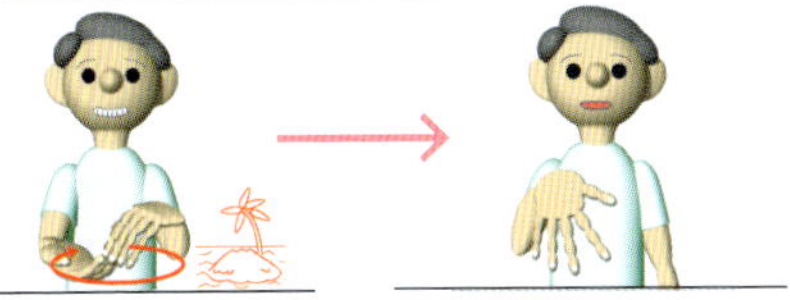

左手をドーム状にし、そのまわりで手のひらを上にした右手を回す。

指先を下に向けて開き、指文字の「ね」を表わす。

山口 (a)

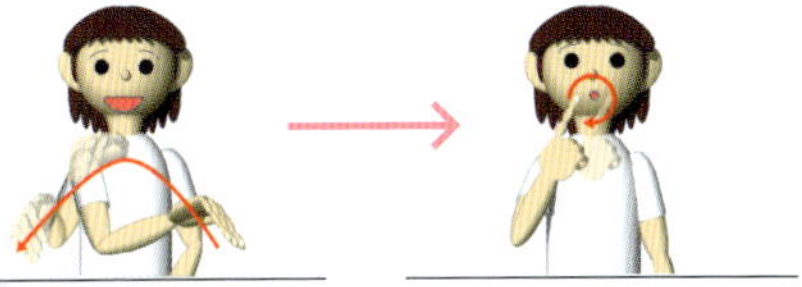

手で山の形を描く「山」という手話。

人差し指で口のまわりをグルッとなぞる「口」という手話。

山口 (b)

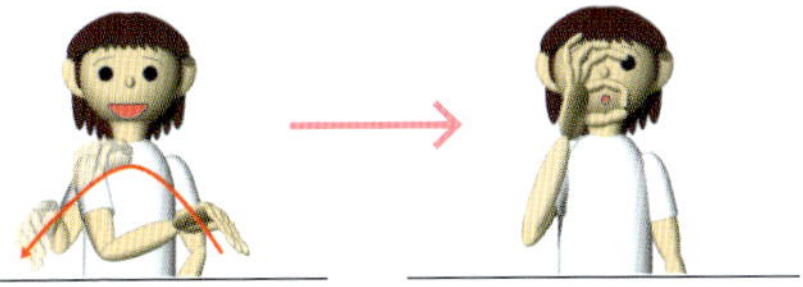

手で山の形を描く「山」という手話。

親指と人差し指で輪をつくり、口にあてる「口」という手話。

徳 島

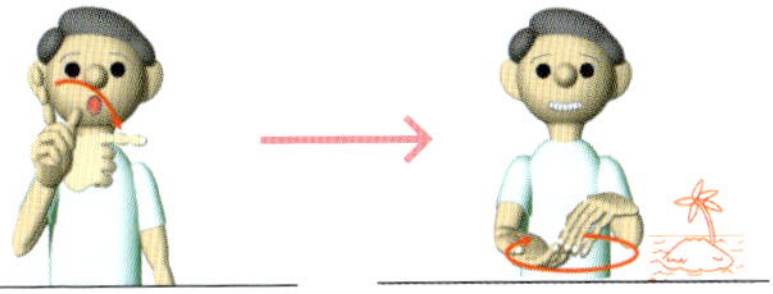

親指をアゴ先につけ、人差し指を立て、親指をアゴにつけたまま人差し指を左に倒す。

左手をドーム状にし、そのまわりで手のひらを上にした右手を回す「島」という手話。

愛 媛

左手の小指を立て、小指をなでるように右手を回す。

香川

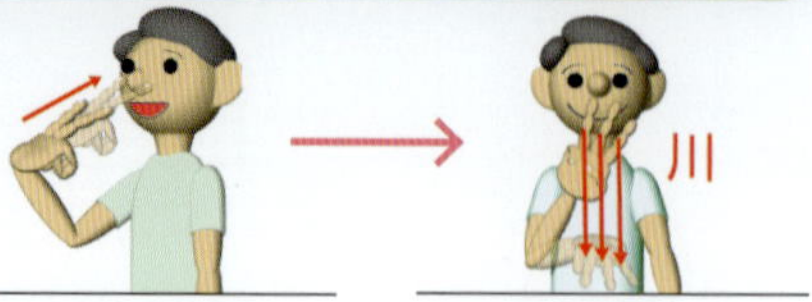

人差し指と中指を立て、指先を鼻に近づける「香り」という手話。

指先を前に向けて、人差し指、中指、薬指を下げる（漢字の「川」を書く）。

福岡

右手の親指と他の4本の指をお腹につけ、右に移動させ「博多帯」を表現（「博多」の意味も表わす）。

高知

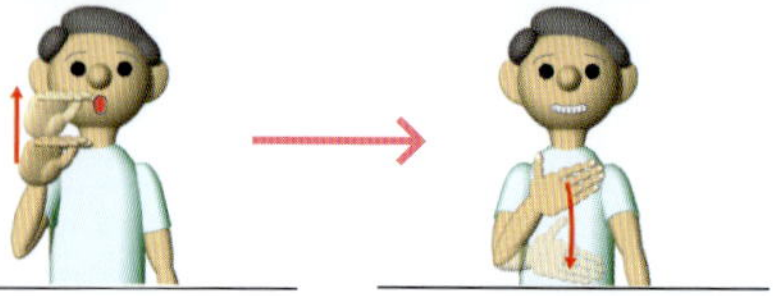

手のひらを直角に曲げて引き上げる「高い」という手話。

手を胸にあててなで下ろす「知る」「わかる」という手話。

佐賀

人差し指でこめかみを差し、残りの指を下に向けてパッと開く。

長崎

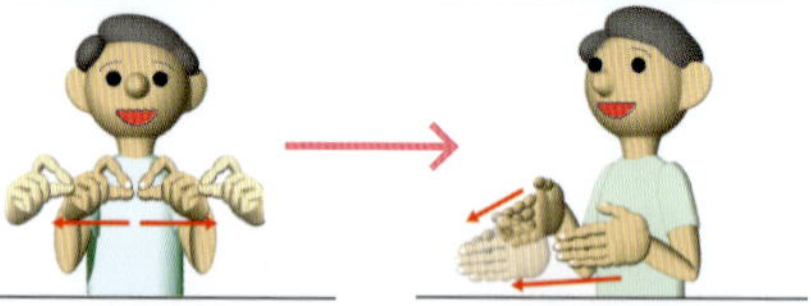

両手の親指と人差し指を閉じて、左右に引き離す「長い」という手話。

両手の指先を前に出しながら合わせる「崎」という手話。

熊本

両手の親指と人差し指を伸ばし、人差し指を下にし、お腹にあてる（加藤清正の鎧の印を表現する）。

宮崎

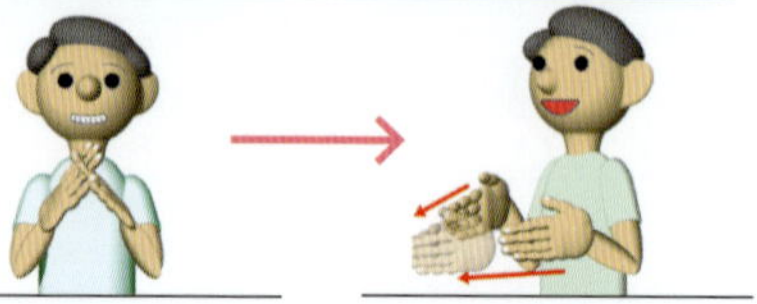

両手の指を組み、屋根の形をつくる「宮」という手話。

両手の指先を前に出しながら合わせる「崎」という手話。

大分

右手の親指と人差し指を閉じて輪をつくり、左手の甲の親指のつけねにのせる（大分の位置を表現）。

鹿児島

頭の横で右手の人差し指、中指、薬指を立て、鹿のつののようにねじり上げる「鹿」という手話。

沖縄 (a)

両手の人差し指と中指を、頭の横でひねりながら上下に離す（沖縄の髪飾りをイメージ）。

沖縄 (b)

右手の人差し指と中指を頭の横で立て、ねじり上げる。

日 本

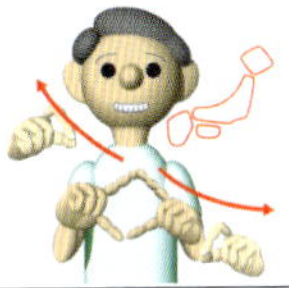

両手の親指と人差し指で、日本列島を描くように引き離す。

東

両手の親指と人差し指を立てて上げる。

西

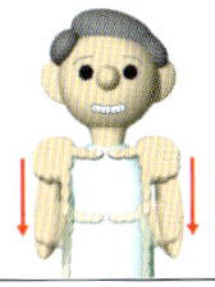

両手の親指と人差し指を、伸ばして下げる。

南

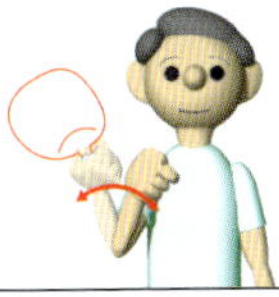

うちわであおぐように動かす。

北

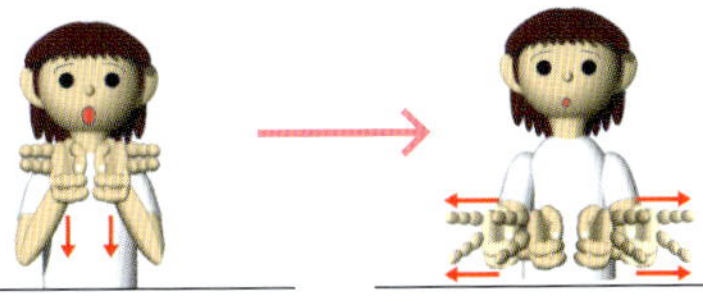

両手の人差し指と中指を下げる。

下げた両手を左右に引く。

東 北

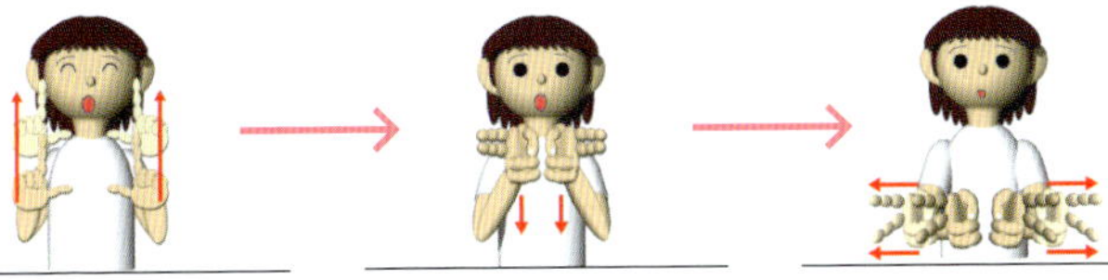

両手の親指と人差し指を立てて上げる「東」という手話。

両手の人差し指と中指を下げる「北」という手話。

下げた両手を左右に引く。

北陸

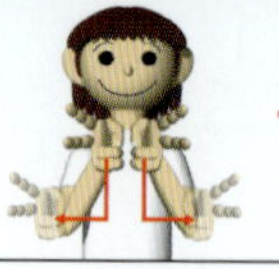

両手の人差し指と中指を、下げてから左右に引く「北」という手話。

人差し指と中指で指文字の「り」を表わす。

手を軽く曲げ、指文字の「く」を表わす。

関東

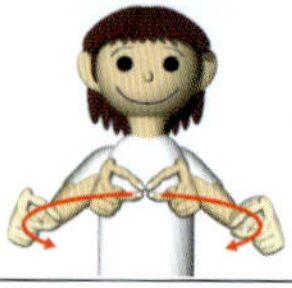

両手の親指と人差し指で輪をつくる。

手前から円を描く。

甲信越

左手の人差し指、中指、薬指を横に伸ばし、右手の人差し指を重ね、漢字の「甲」をつくる。

右手をつかむように握る「信じる」という手話。

左手の甲の上に右手の小指側を置き乗り越えるように前に出す（「過ぎる」「越える」という手話）。

近畿

左手のひらを前に向け、親指を伸ばし、右手を合わせる。

左手の親指に沿って右手をすべらせる（大阪湾をイメージ）。

四国

右手の親指以外の指を伸ばし、左手の甲の上をすべらせるように手前に引く。

中国

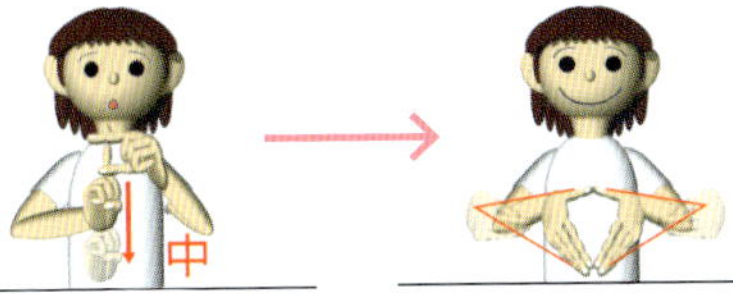

左手の親指と人差し指を横に伸ばし、右手の人差し指を手前につけ、漢字の「中」をつくる。

両手の指先を合わせ、左右に引きながら閉じる「国」という手話。

地域（地方）

左手のひらの上で右手の親指を支点に、人差し指をコンパスのように回す。

九州

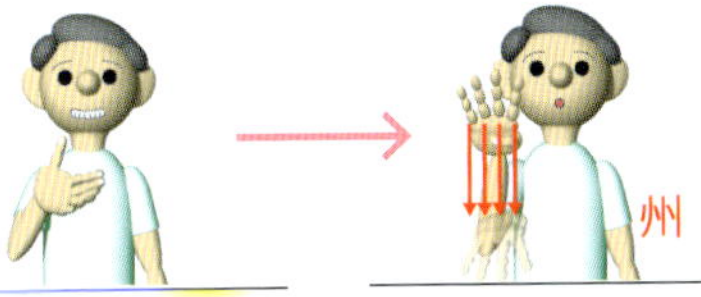

数字の「9」をつくる。

親指以外の4本の指を開いて、手首から前に倒す。

平成

手のひらを下に向け、左から右に移動させる。

大正

親指と人差し指で、ヒゲを書くように指を閉じながら上げる。

明治

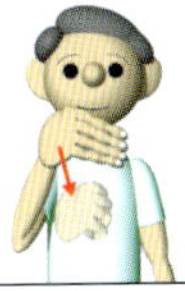

アゴにあてた手を、ヒゲをなで下ろすように下げながら握る。

1999

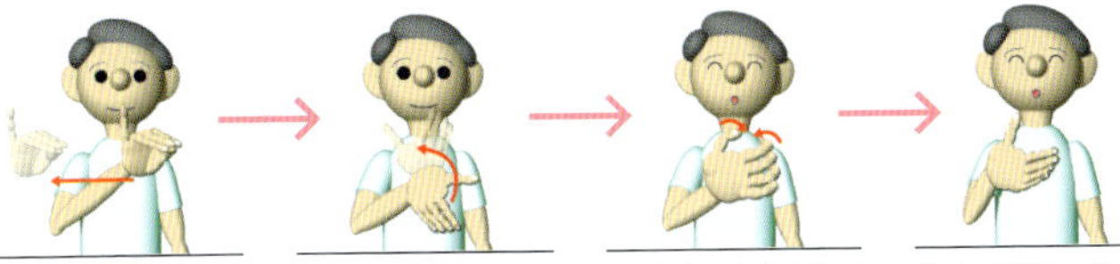

小指を立て、他の指先を閉じ、左から右に動かして「1000」を表わす。

指先をはね上げ、「900」を表わす。

指を折り曲げて「90」を表わす。

「9」を表わす。

2001年（a）

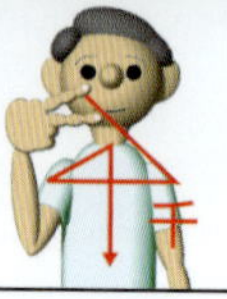

人差し指と中指を伸ばして「2」をつくり、自分から見えるように漢字の「千」を描く。

人差し指を立てて「1」をつくる。

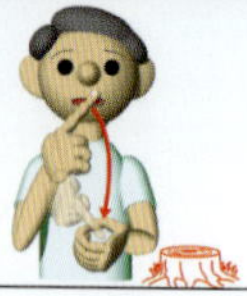

左手で筒をつくり右手の人差し指を左手の親指のあたりにあてる（木の年輪を表わして「年」となる）。

2001年（b）

左手で数字の「2」をつくり、その横に右手で、「0」をポンポンと2つつくる。

右手の人差し指を立てて数字の「1」をつくる。

子（ね）

人差し指と中指を口の前に置き、ネズミの歯を表わす。

丑（うし）

親指と人差し指で、牛のつのを表わす。

寅（とら）

両手を開き、顔にそわせる（トラのシマ模様をイメージ）。

卯（う）

両手を後ろに向ける（ウサギの耳をイメージ）。

辰（たつ）

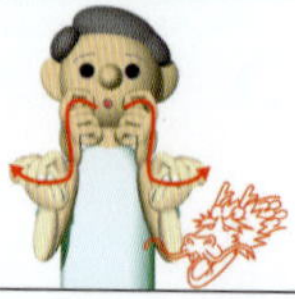

龍のヒゲをイメージして、両手の親指と人差し指を閉じ、前に出す。

巳（み）

親指はヘビの頭をイメージし、くねらせながら前に出す。

午（うま）

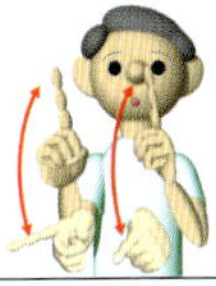

両手の人差し指を、馬の手綱を引くイメージで２回振る。

未（ひつじ）

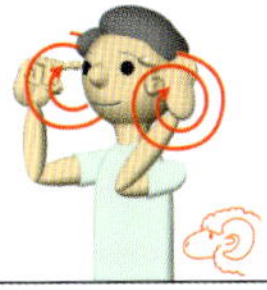

人差し指を立て頭の両脇でうずを巻くように回す（羊のつのをイメージ）。

申（さる）

サルが毛づくろいをするように、左手の甲を右手でかく。

酉（とり）

鳥の口ばしのように、親指と人差し指をつける。

戌（いぬ）

両手を頭の上に置き、指を前に倒す（耳がたれたイヌをイメージ）。

亥（い）

人差し指で猪のキバをつくり、口元に置く。

A

手を握り、親指を外に出す（指文字の「あ」と同じ手話）。

B

手のひらを相手に向けて、親指を内側に曲げる。

C

親指と他の４本の指を軽く曲げ、相手から「C」に見えるようにする。

D

指先を閉じて輪をつくり、人差し指を立てて「d」をつくる。

E

4本の指を第2関節で折り、親指も内側に折り曲げる（指文字の「え」と同じ手話）。

F

親指と人差し指で輪をつくり、他の3本の指を開く（指文字の「め」と同じ形）。

G

手を握り、人差し指を伸ばして相手に向ける（親指は外に）。

H

手を握り、人差し指と中指を伸ばして相手に向ける（指文字の「は」と同じ手話）。

I

手を握り、小指を立てる（指文字の「い」と同じ手話）。

J

手を握り、小指を立て、指先で「J」を空書する。

K

人差し指を立て、親指を中指の第2関節につける（指文字「か」と同じ）。

L

親指と人差し指を伸ばし、相手から「L」に見えるようにする。

M

手を握り、親指を薬指と小指の間から出す。

N

手を握り、親指を中指と薬指の間から出す。

O

丸めた手で「O」をつくる（指文字の「お」と同じ手話）。

P

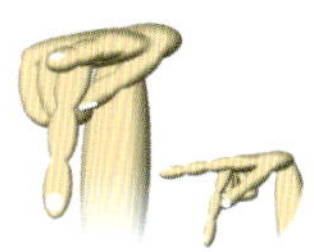

「K」を下に向ける。親指は中指の第 1 関節につける。

Q

「L」を下に向ける。

R

人差し指に中指をからませ、「r」をつくる（指文字の「ら」と同じ手話）。

S

手を握る。親指は外に（指文字の「さ」と同じ手話）。

T

手を握り、親指を人差し指と中指の間から出す。

U

人差し指と中指をそろえて立てる（指文字の「う」と同じ手話）。

V

人差し指と中指で V サインをつくる。

W

人差し指、中指、薬指を開いて立て「W」をつくる（指文字の「わ」と同じ）。

X

手を握り、人差し指をカギ型に曲げる（指文字の「ぬ」と同じ形）。

Y

親指と小指を伸ばし、「Y」をつくる（指文字の「や」と同じ手話）。

Z

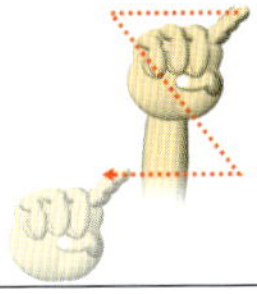

人差し指で、自分から見えるように「Z」を空書する。

保育園

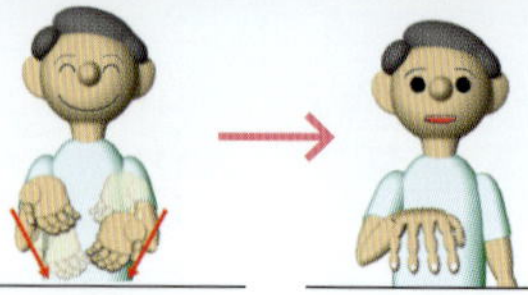

両手を体の前で交互に前後させる(「世話」と同じ手話)。

手をドーム状にする。(「場所」の意味を表わす)。

幼稚園

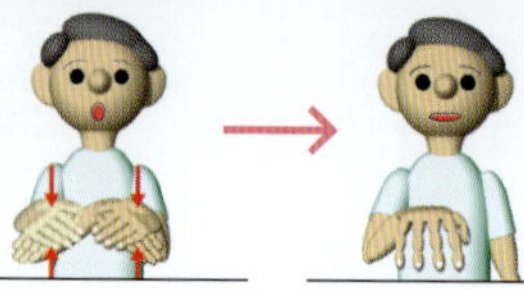

両手のひらを左右でたたく。

手をドーム状にする(「場所」の意味を表わす)。

小学校(「小」+「学校」)

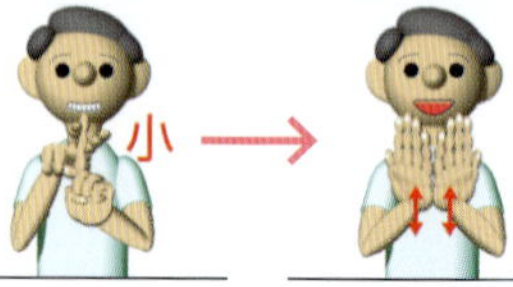

左手の人差し指を右手の人差し指と中指ではさみ、「小」をつくる。

両手のひらを自分に向け、前に軽く出して「学校」の手話をする。

高 校

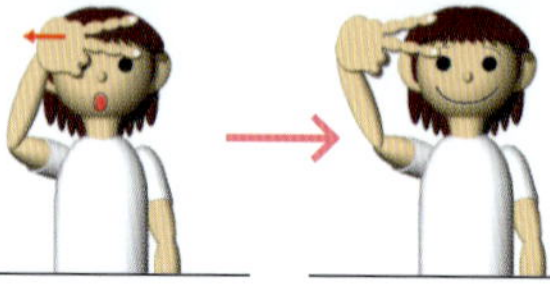

右手の人差し指と中指を伸ばし、額にあてる。

左から右に動かす。

専門学校(「専門」+「学校」)

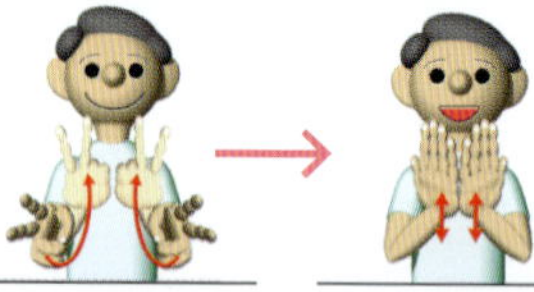

両手の人差し指と中指を伸ばし、手首を内側にひねり上げる。

両手のひらを自分に向け、前に軽く出して「学校」の手話をする。

短大(「短い」+「大学(b)」)

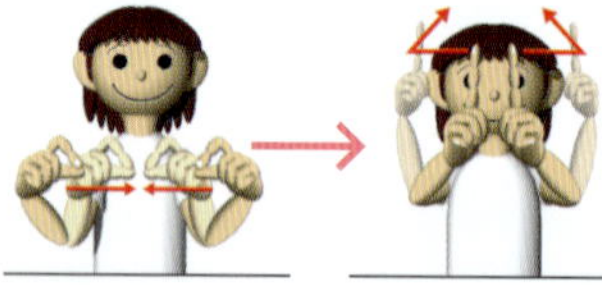

両手の親指と人差し指を閉じ、中央に引き寄せる。

人差し指で、角帽をふちどるようにする。

大学(a)

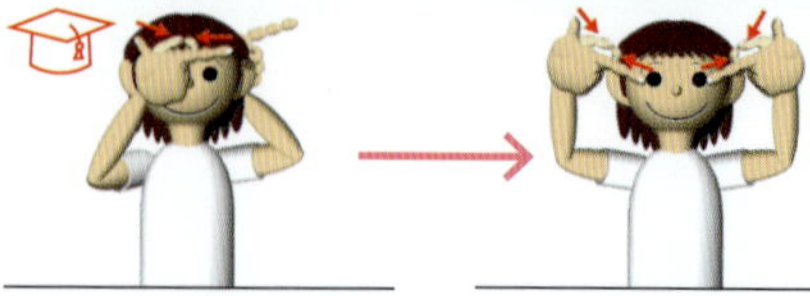

角帽のつばをつまむように、両手の親指と人差し指で、対角線の前後をつまむ。

反対側の前後をつまむ。

大学(b)

人差し指で、角帽をふちどるようにする。

入学

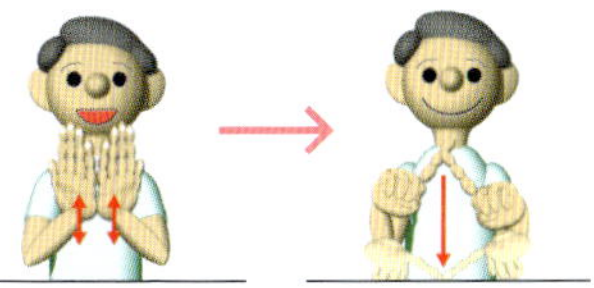

両手のひらを自分に向け、前に軽く出して「学校」の手話をする。

人差し指を伸ばし、自分から見て漢字の「入」をつくり前に倒す。

卒業

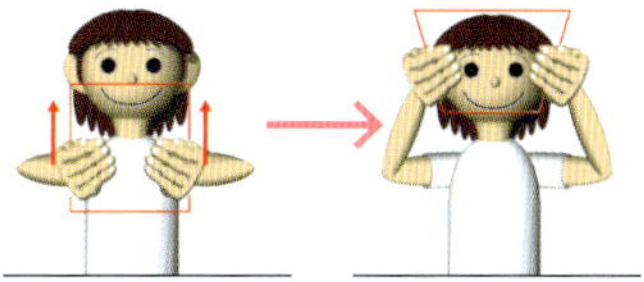

両手で卒業証書を受け取るようにする。

両手を少し上げる。

学生

両手を軽く曲げ、それぞれ握りながら、上下させる。

中退

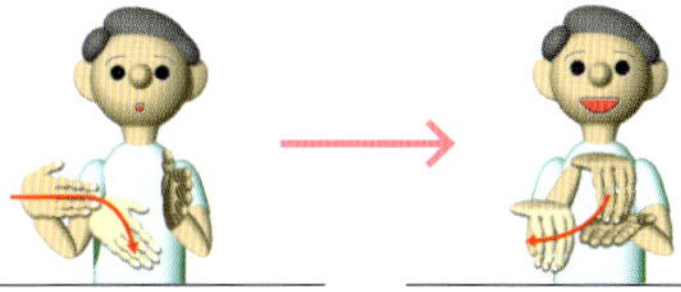

左手のひらに向けて、右手を近づけ、途中で下に落とす（「途中」の意味を表わす）。

右手の指先をすぼめ、左手の上に乗せ、左手から右手を落とす「辞める」という手話。

合格

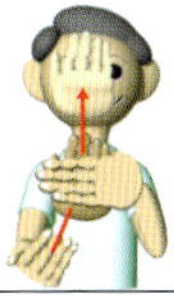

左手を体の前に置き、右手が左手を突きぬけるように下から上に上げる。

不合格

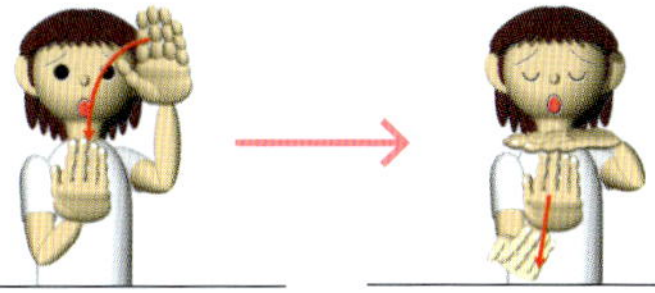

下から上がってくる右手を、左手のひらでたたき落とすようにする。

右手は、たたき落とされたように下げる。

予定

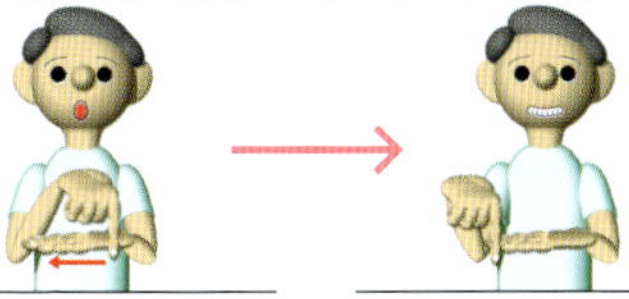

左手のひらを下に向け、小指側に右手の人差し指をあてる。

あてた人差し指で線を引くように移動する。

医者（男、女）

脈を取るように右手を左手首にあてる。

親指を立てると男の医者を表わす。

小指を立てると女医を表わす（他の職業でも男女の区別は同じ）。

バス運転手

両手の親指と人差し指を、伸ばして前に出す（バスの前面を表現）。

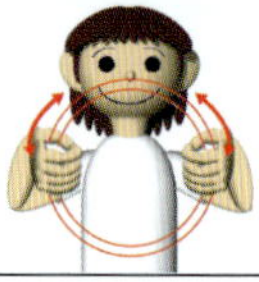

両手でハンドルを動かす動作をする（「運転」の意味を表わす）。

警察官

親指と人差し指を折り曲げ、額にあてる（帽子の記章を表現する）。

右手の親指を立てる（婦人警官の場合、小指を立てる）。

パイロット

親指と小指を伸ばして「飛行機」の手話をする。

両手で操縦かんを握る動作をする（「運転」の意味を表わす）。

親指を立てる。

客室乗務員

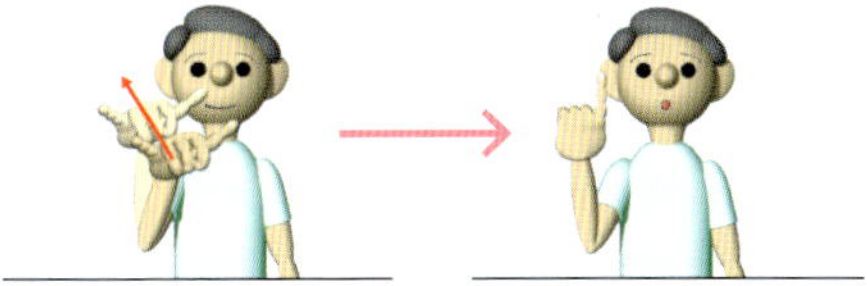

親指と人差し指を伸ばして「飛行機」の手話をする。

小指を立てる。

消防士

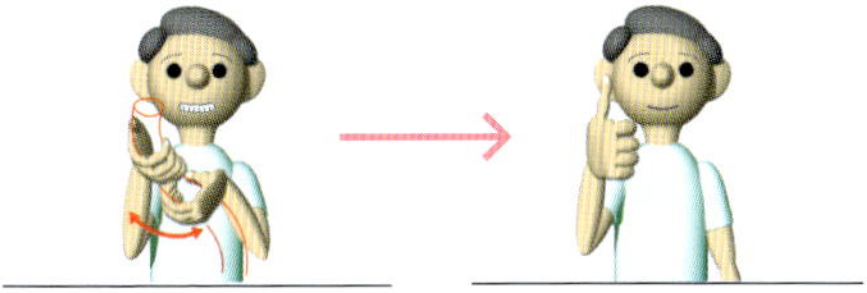

両手でホースを持つようにかまえ、左右に振る（放水するようすを表わす）。

親指を立てる。

看護士

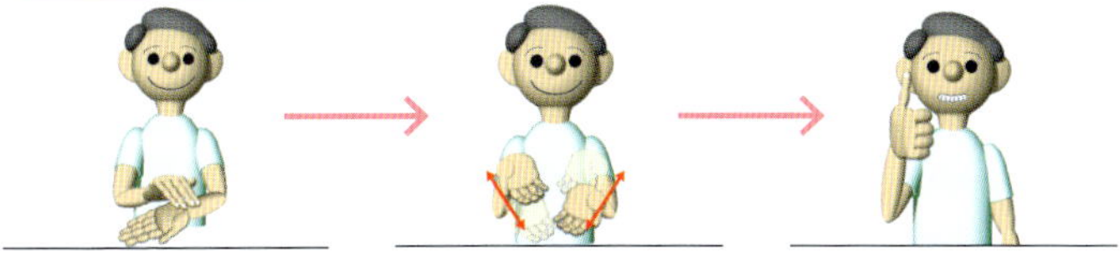

脈を取るように右手を左手首にあてる。

両手を体の前で交互に前後させる（「世話」の意味を表わす）。

親指を立てる。

弁護士（a）

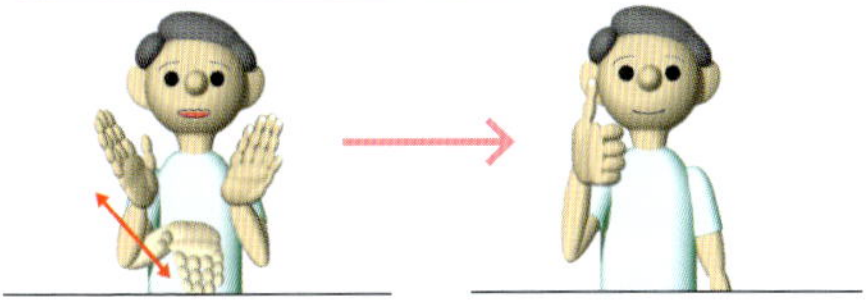

左手のひらを自分に向けて体の前に置き、右手を斜め前に2回振る。

親指を立てる。

弁護士（b）

親指を立て、口の前で左右に振る（「通訳」「紹介」の意味も表わす）。

親指を立てる。

調理師

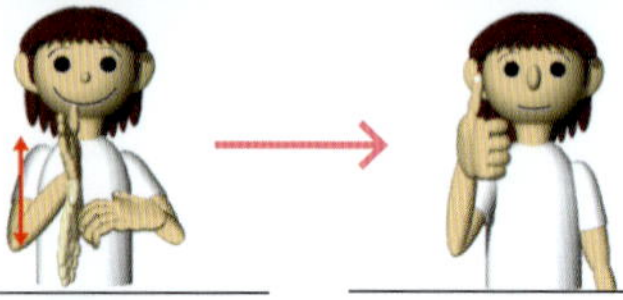

左手の指を軽く曲げ、右手を包丁に見立て、トントンと切るように動かす。

親指を立てる。

コック

両手の親指と人差し指を伸ばして頭の上に置く。そのまま上げる（調理師の帽子を表わす）。

社長（「会社」＋「長」）

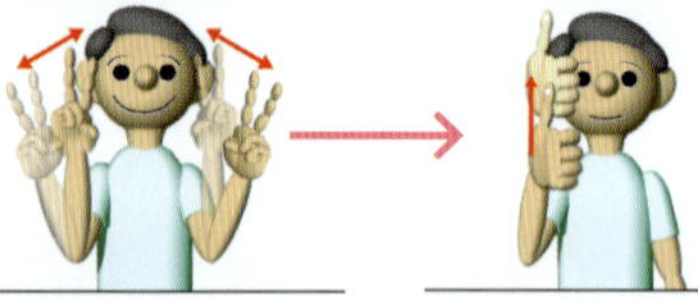

頭の横で両手の人差し指と中指を立て、交互に前後させる。

親指を立てて、そのまま上げる。

アルバイト（「仮の」＋「仕事」）

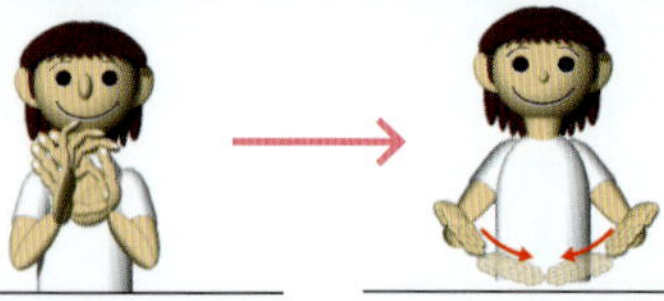

右手の親指と人差し指で輪をつくり、左手の甲にあてる。

両手を、中央に向けて2回動かす「仕事」という手話。

フリーター

両手を体の横に置き、交互にブラブラと前後させる。

パート（「時間」＋「仕事」）

左手のひらに右手の親指をつけ、親指を軸に人差し指を下に回す。

両手を、中央に向けて2回動かす。

自営業（「自分」＋「経営」）

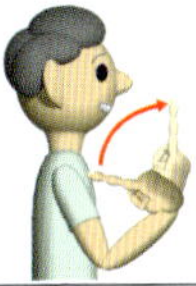

人差し指を胸の中央にあて、指先を上にはね上げる（「自分」の意味を表わす）。

両手の親指と人差し指で輪（お金）をつくる。

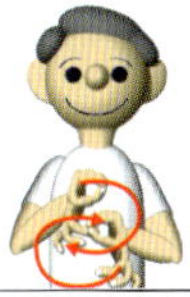

輪（お金）を互い違いに回す（「経済」「運営する」という意味も表わす）。

漁 業

手をひらひら動かしながら、指先側から移動させる（「魚」を表わす）。

あみをつかみ、交互に引き上げるようにする。

酪 農

牛の乳をしぼるように握る。

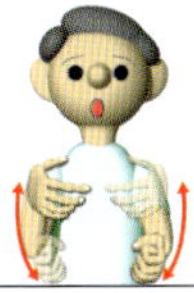

両手で交互にしぼる。

農業

両手でクワを持つように握る。

耕すように両手を振り下ろし、手前に引く。

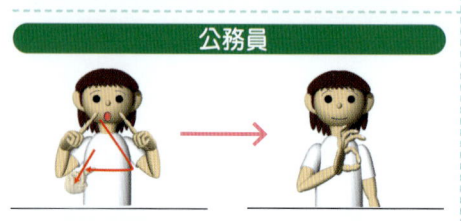

公務員

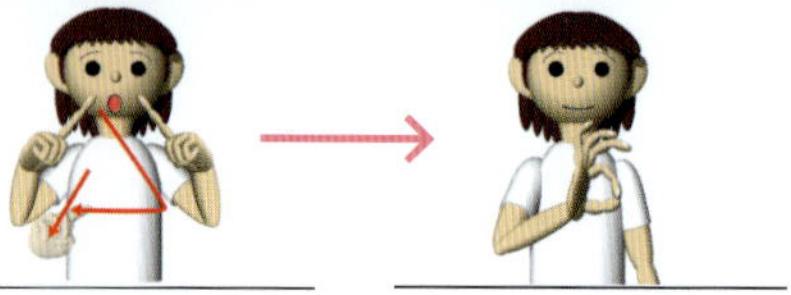

人差し指で「ハ」をつくり、その下に「ム」を空書する「公」という手話。

親指と人差し指で輪をつくり、胸元にあてる。

COLUMN コラム　まずは、トライしてみよう……⑤

食べ物

食べる

食べる仕草をする。

飲　む

飲む仕草をする。

バナナ

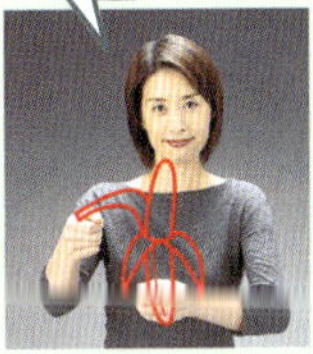

バナナの皮をむく仕草をする。

ラーメン

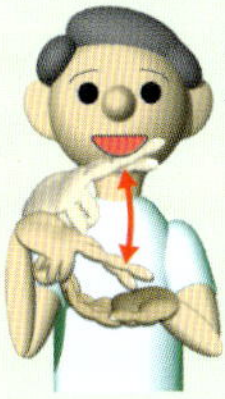

右手で指文字の「ら」をつくり、ラーメンを食べるように動かす。

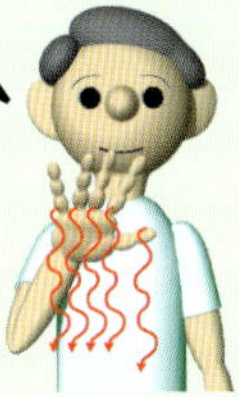

右手の指を開いて下げ、ちぢれた麺を表わす。

ケーキ

ケーキに包丁を入れるように、右手を左手のひらに縦に下ろす。

さらに横に包丁を入れるように右手を下ろす（十文字に切る）。

今日はよい天気だね

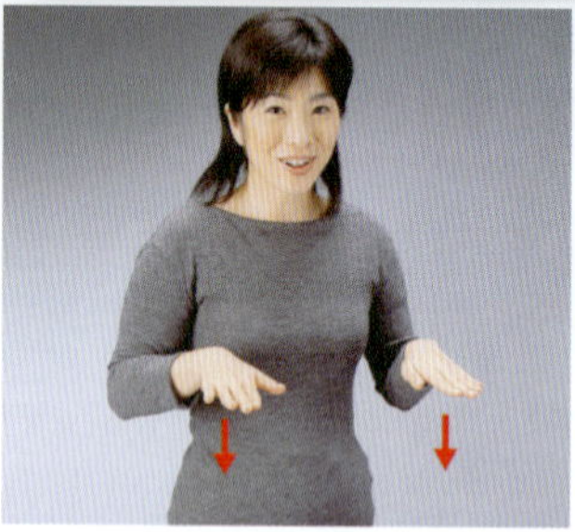

1 今

両手のひらを下にし、軽くおさえる（「現在」の意味も表わす）。

2 よい

手を握り、鼻先にあて前に出す。

でも、夕方から雨が降るらしいよ

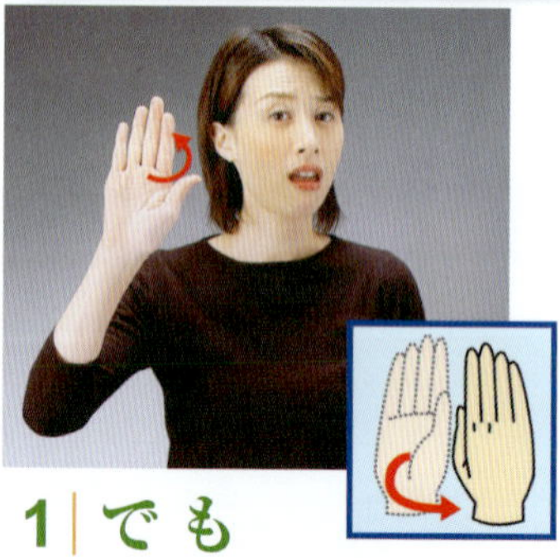

1 でも

手のひらを相手に向け、手首を返す（「しかし」という意味も表わす）。

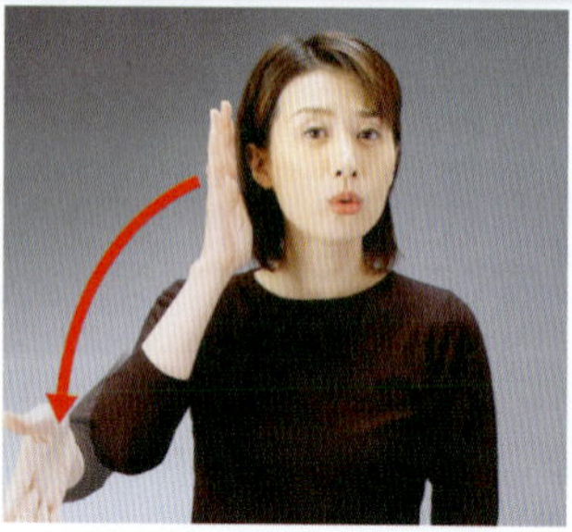

2 夕方

手を顔の横に置き、前に倒す。

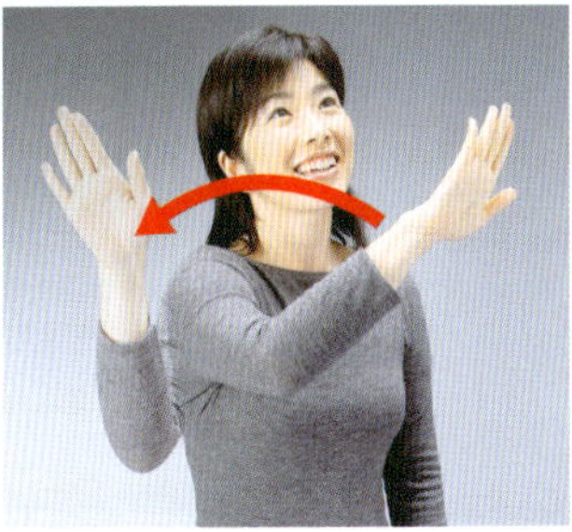

3 | 天気

顔は空を見上げ、手で空をあおぐように移動させる。

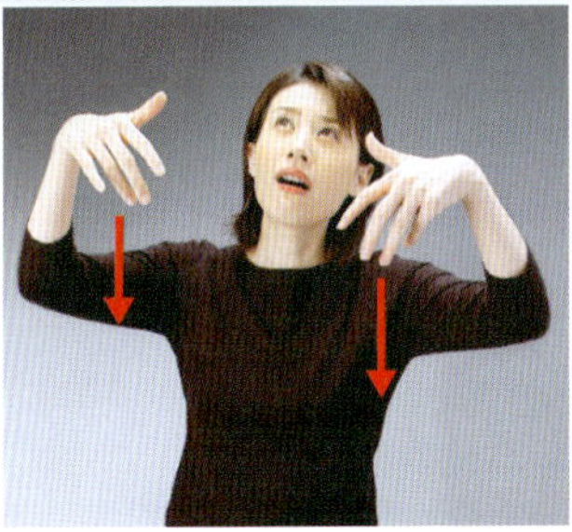

3 | 雨

両手の指をだらりと下に向け、2~3 回上下させる（雨が降っているイメージで）。

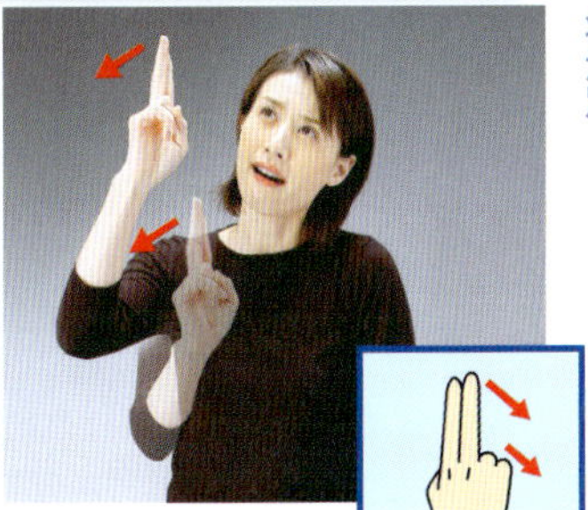

4 | らしい

人差し指と中指を立て、チョン、チョンと下げる。

今日は寒いね

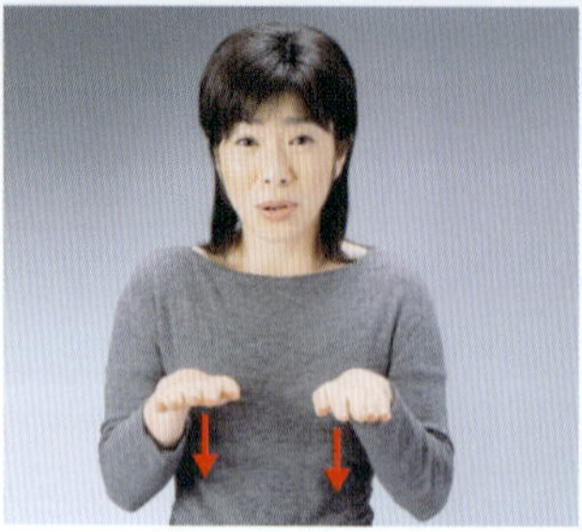

1｜今日

手のひらを下にし、軽くおさえる（「現在」の意味も表わす）。

2｜寒い

両手を握り、寒さに震えるように小刻みに動かす（「冬」「冷たい」の意味も表わす）。

早く春になってほしいね

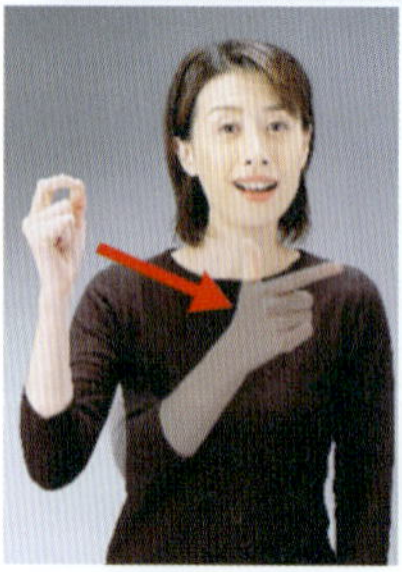

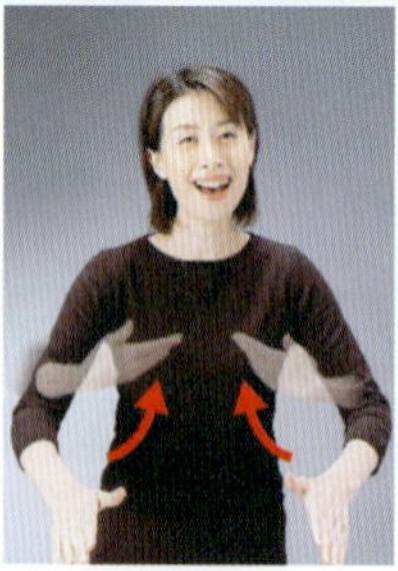

1｜早く

右手の親指と人差し指をつけ、左側にパッと開く。

2｜春

両手を手前にすくい上げる（「暖かい」の意味も表わす）。

3｜～ほしい

親指と人差し指を、閉じながら下げる（「希望」の意味も表わす）。

どの季節が好きですか？

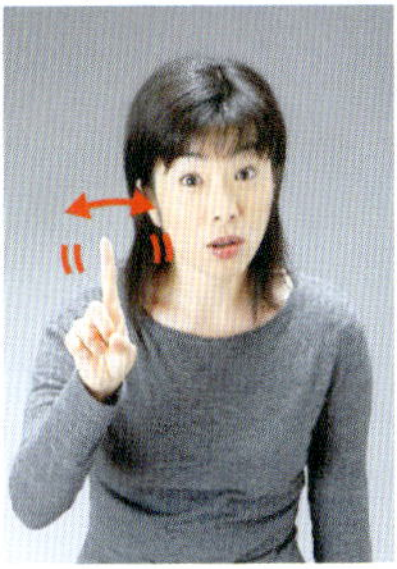

1 どれ

人差し指を左右に振る（「何」と同じ手話）。

2 季節

「四」を出した左手の横で、右手の人差し指と中指を、反転させながら下げる。

3 好き？

親指と人差し指を、閉じながら下げる。

秋が好き

1 秋

手のひらを自分に向けて、顔をあおぐようにする（「秋」＝「涼しい」の意味も表わす）。

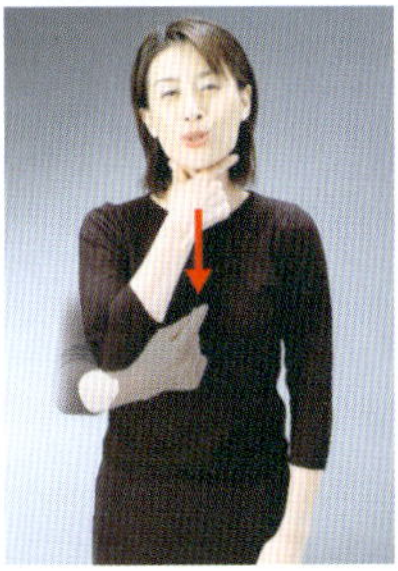

2 好き

親指と人差し指を、閉じながら下げる。

バリエーション

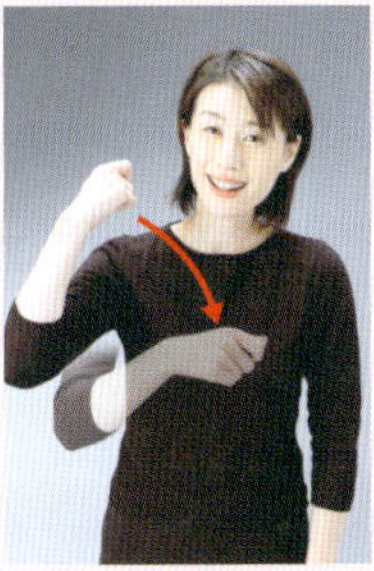

1 夏

うちわを持って、あおぐように動かす（「暑い」の意味も表わす）。

単語集

晴れ

交差させた両手を左右に開く（「明るい」という意味も表す）。

雲

モコモコした雲を描くように、両手を左右に広げる。

曇り

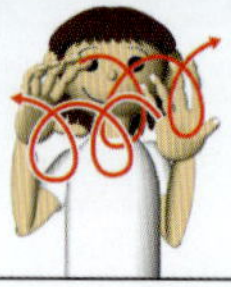

軽く曲げた両手を向かい合わせ、それぞれ逆方向に回転させる。

雨

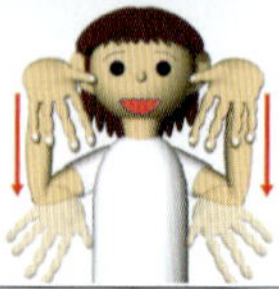

両手を肩の前あたりで垂らし、2回上下させる。

小雨

両手を肩の前あたりから、ゆっくり下ろす。指は、小雨がパラパラと落ちるように動かす。

雷

両手の親指と人差し指を閉じ、稲妻を描くように指先を閉じたり開いたりしながら下げる。

台風

両手を大きく上下させ「雨」の手話をする。

両手を風が吹き下ろすように回転させながら移動させる。

風(a)

両手を風が吹き下ろすように移動させる。

雪

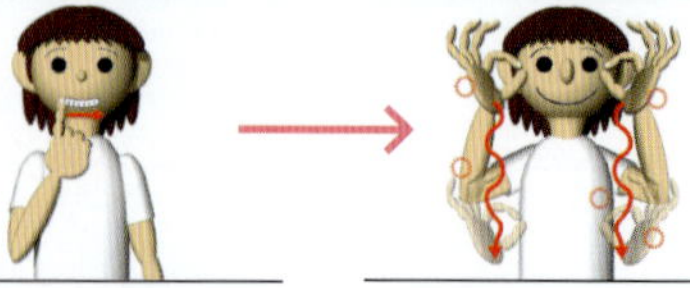

右手の人差し指で歯を左になでる「白」という手話。

両手の親指と人差し指で輪をつくり、雪が降るように両手を下げる。

風(b)(自分に吹く)

両手のひらを顔に向け、風に吹きつけられるように、両手を後ろに持っていく。

強風

「風」の手話の動作を大きく力をこめて行なうことで、風の強さを表現する。

冷房（a）

左手のひらを直角に曲げ、右手は寒さに震えるようにこぶしをゆらす（片手で「寒い」を表現）。

冷房（b）

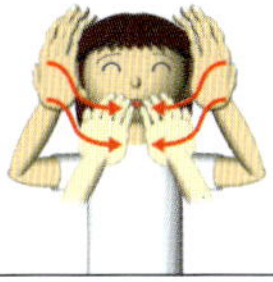

両手を顔より少し高い位置に置き、クーラーの風が吹きかかるように両手を顔に近づける。

うちわ

うちわであおぐように動かす（「暑い」「夏」の意味も表わす）。

暖房（a）

左手のひらを直角に曲げ、右手は下からあおぐようにする（片手で「暖かい」の手話をする）。

暖房（b）

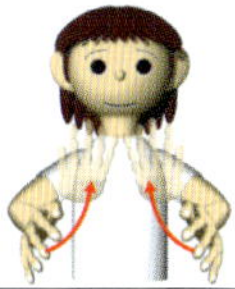

両手を体の前に置き、暖かい空気がかかるように、手を体に近づける。

こたつ

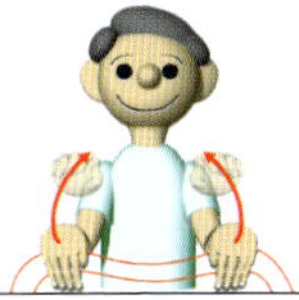

両手の親指と他の4本指でコの字型をつくり、ふとんをかけるようにする。

扇風機

右手の指を軽く曲げ、扇風機が首を振るように、手を振る。

ストーブ

両手のひらを前に向け、ストーブに手をかざすようにする。

蒸す

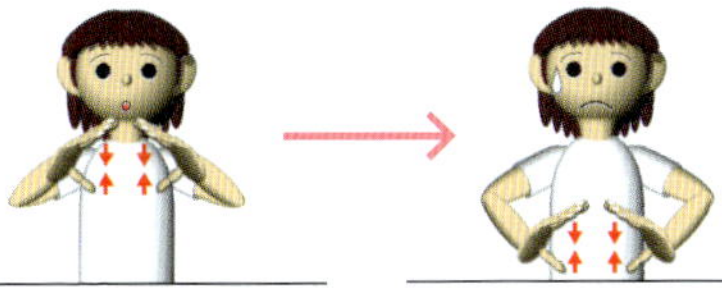

胸の前で両手の指先をすぼめる動きをする（ジトジトしたイメージで）。

両手をお腹の位置まで下げ、指先をすぼめる動きをする。

あなたの趣味は何？

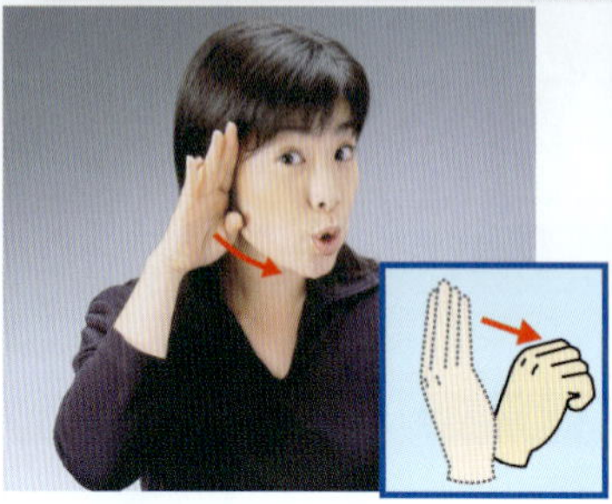

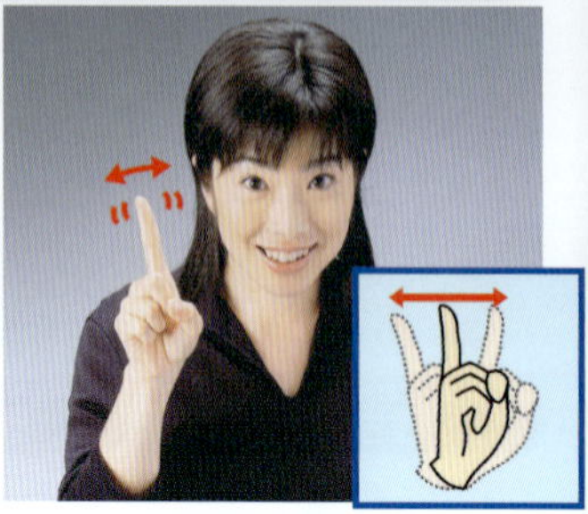

1｜趣 味

手のひらを、耳の下からアゴにかけて、握りながら下ろす。

2｜何？

人差し指を立て、左右に振る（たずねる表情をする）。

テニスだよ

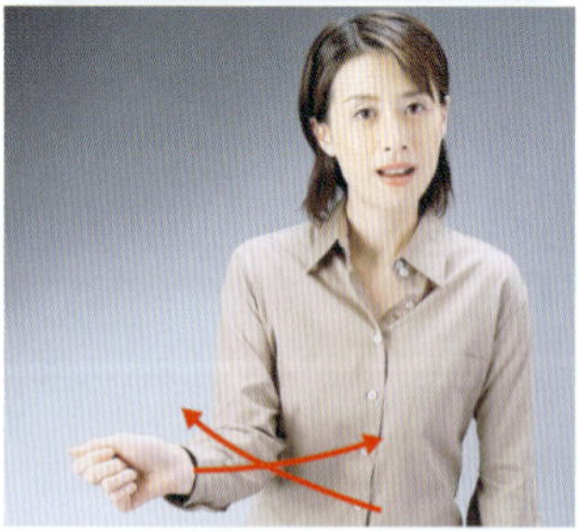

1｜テニス

右手を握り、ラケットを振るよう左右に動かす。

私 も

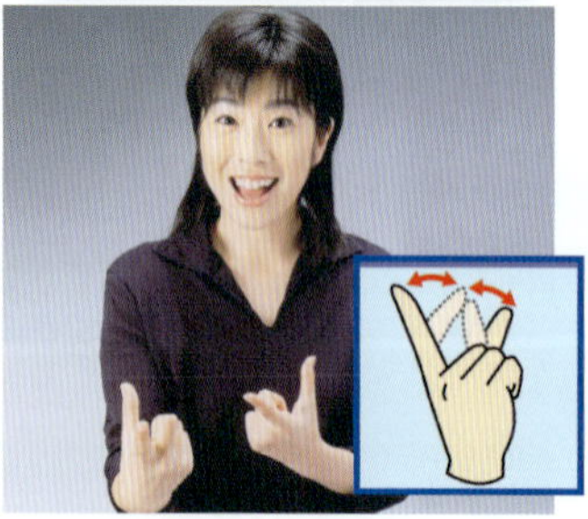

1｜同 じ

手を前後に置き、親指と人差し指を同時に閉じる。

じゃあ、今度いっしょにやらない？

1 今度

手のひらを前に向けて顔の横に置き、そのまま前に出す。

2 いっしょ

人差し指を、左右から引き合わせる。

3 する

両手を握り、少し前に出す。

4 どう？

人差し指を立て、左右に振る。

そうしよう

1 する

両手を握り、少し前に出す。

バリエーション

1 かまわない

小指を立て、指先をアゴに2回あてる（「同意」の意味を表わす）。

映画鑑賞だよ

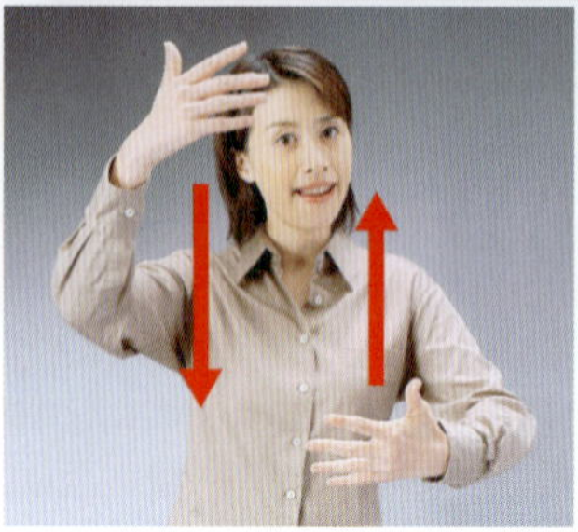

1 映画

両手の指を軽く開き、手の甲を相手に向け、顔の前で交互に上下させる。

2

（スクリーンが動いているイメージで）。

どういうのが好きなの？

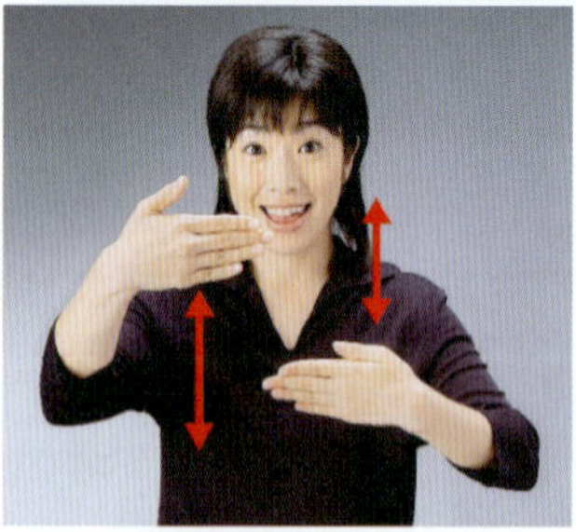

1 映画

両手の指を軽く開き、手の甲を相手に向け、顔の前で交互に上下させる。

2 内容

左手で囲いをつくり、その中を右手で回しながら指す。

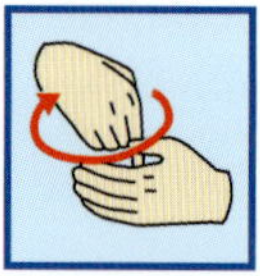

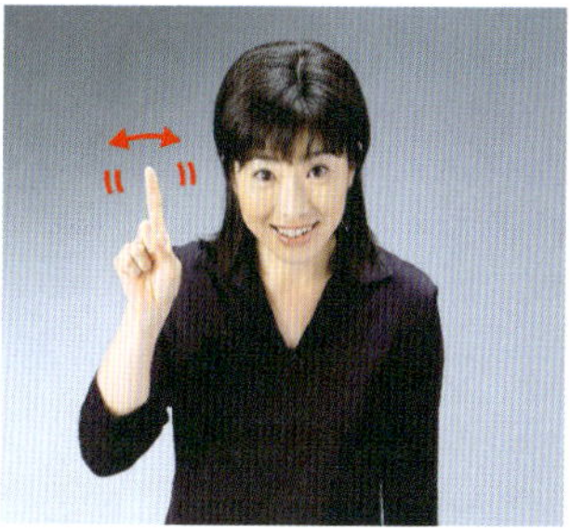

3 何

人差し指を立て、左右に振る。

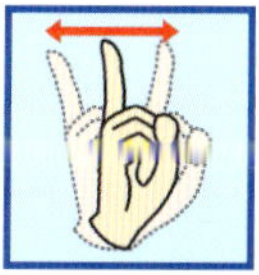

4 好き？

親指と人差し指を閉じながら下げる。

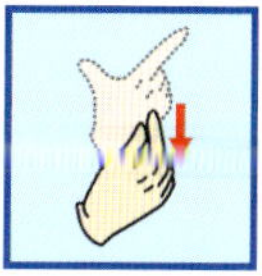

SF が好き

1 S

人差し指で、自分側から「S」を描く。

2 F

左手の人差し指に、右手の人差し指と中指をつけ、「F」をつくる。

3 好き

親指と人差し指を、閉じながら下げる。

字幕がついているから楽しめる

1｜字幕

右手の親指と人差し指で左手の甲を指差す。

2｜ある

手を軽く置く。

水泳に通っているよ

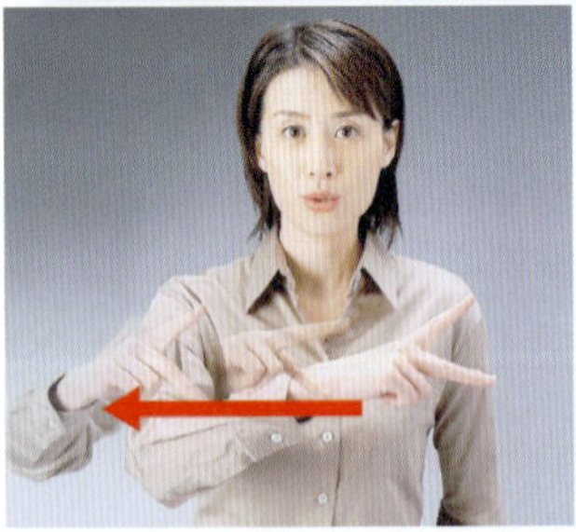

1｜水泳

人差し指と中指をバタ足させ、泳ぐように動かす。

2｜通う

親指を立てた手を、前後に動かす。

3 ～から

両手の親指と人差し指でくさりをつくり、前に出す。

4 楽しい

両手を胸の前で、交互に上下させる。

上達した？

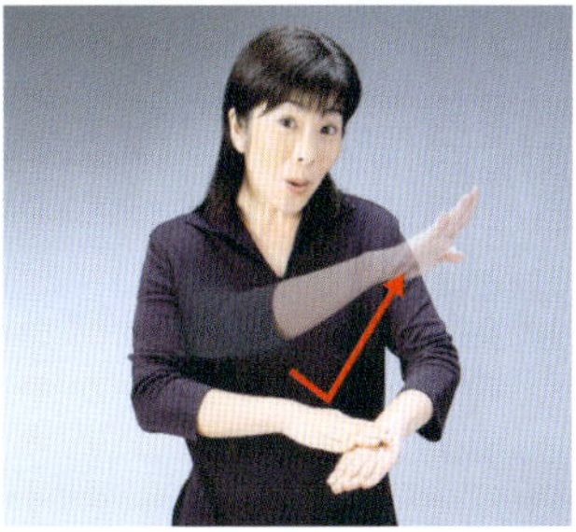

1 技術

右手の人差し指と中指で、左の手首のあたりを軽くたたく（人差し指だけでもよい）。

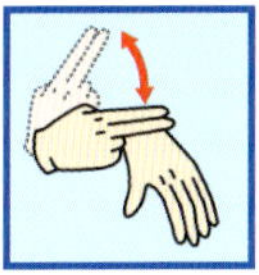

2 伸びた？

左手の甲から、右手を斜めに上げる。

なかなかうまくならなくて

1 私

人差し指で自分の胸の中心を指差す。

2 まだまだ

左手を前に向け、右手の指先を、左手に向けて 2 回上下させる。

単語集

スポーツ (a)

両手を握り、2 回胸をたたく。

スポーツ (b)

両手を開き、指先を前に向け、交互に回す。

音楽

両手の人差し指を立て、指揮棒を振るように左右に振る。

読書

体の前で両手のひらを合わせ、本を開くように左右に開く（「本」の意味を表わす）。

右手の人差し指と中指を伸ばし、文字を追うように左手のひらを上下になぞる。

旅行

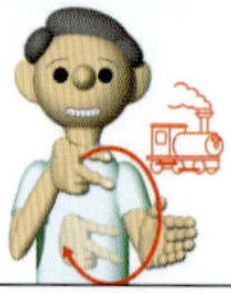

右手の人差し指と中指を伸ばし、左手のひらの横で、円を描くように前に回す（汽車のイメージで）。

陶芸

両手の親指と他の4本の指ではさむ動作をする（土をこねて器をつくっているイメージで）。

編み物

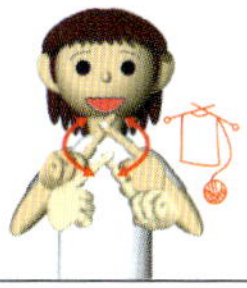

両手の人差し指で編み棒を表わし、編み物をしているように動かす。

ピアノ

両手でピアノのけん盤を弾くように指を動かす。

ギター

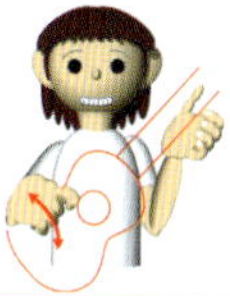

左手は握り、右手は親指と人差し指を閉じ、ギターを弾くように上下させる。

ダイビング

右手の人差し指と中指を立て、指を前後させながら下げる（「泳ぐ」を潜るように下向きに行なう）。

ダンス

左手のひらの上で、右手の人差し指と中指を下に向け、踊っているように振る。

卓球

左手の親指と人差し指で輪（卓球のボール）をつくり、右手の甲（ラケット）で打つようにする。

料理

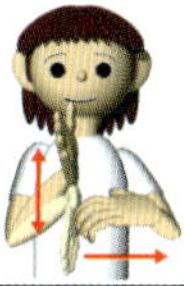

左手の指を軽く曲げ、右手を包丁に見立て、トントンと切るように動かす。

カラオケ

手を握り、口の前にあて、歌っているように左右に振る。

インターネット

小指を伸ばした両手を上下させ、右手を縦に円を描くように回す。

ゲーム

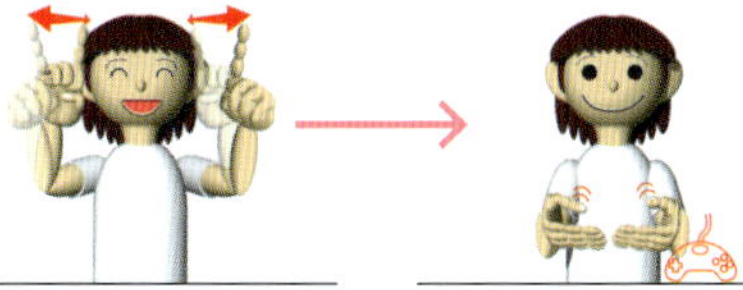

頭の横で両手の人差し指を立て、交互に前後させる（「遊ぶ」の意味を表わす）。

両手でコントローラーを持つようにする。

邦画

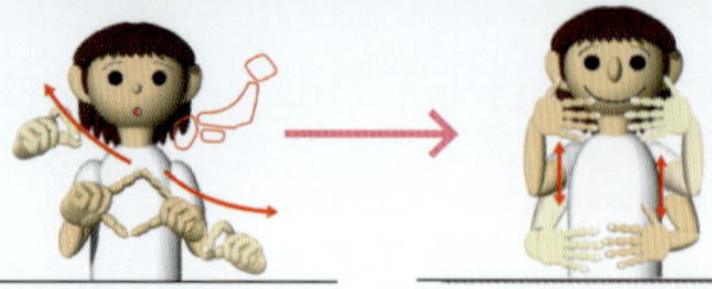

両手の親指と人差し指で、日本列島を描くように離す（「日本」の意味を表わす）。

両手を開き、体の前で交互に上下させ、「映画」の手話をする。

ラブロマンス

両手の人差し指をハートをつくるように、左右から中央に引き寄せる「恋」の手話。

洋画

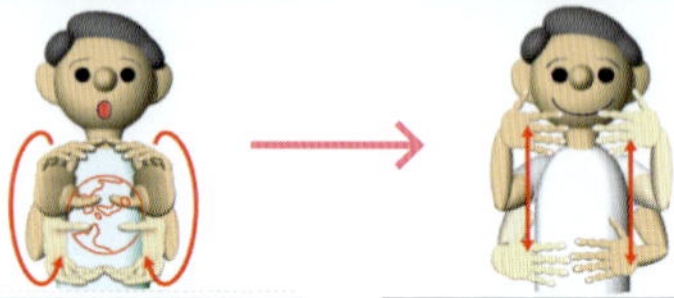

両手を軽く曲げ、体の前でボールを持つようにし、手首を前に回転させ、「世界」の手話をする。

両手を体の前で交互に上下させ、「映画」の手話をする。

アニメ

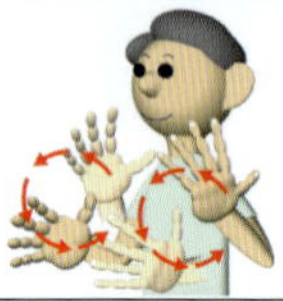

両手を開き、指先を前に向け、コマ送りのように、交互に回す。

ハリウッド映画

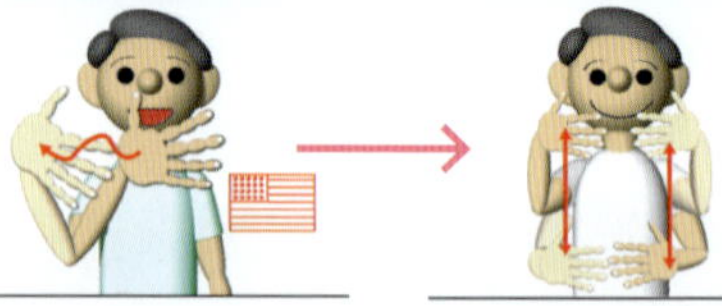

右手のひらを旗がたなびくように、上下させながら左から右に引いて、「アメリカ」の手話をする。

両手を、体の前で交互に上下させ、「映画」の手話をする。

時代劇

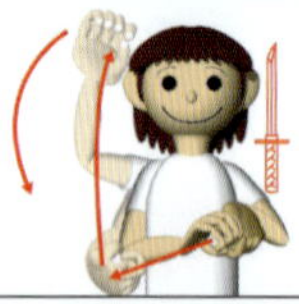

両手を握り、体の左側にかまえ、刀を抜いて切りつけるように右手を振り下ろす。

雑誌

両手のひらを上下に重ね、ページをめくるように、右手をひっくり返す。

ラジオ

両手の親指と人差し指で箱をつくり、右手を耳に近づける。

テレビ

同時に上下に動かす。

ビデオ (a)

右手の親指と小指を軽く曲げ、ビデオテープをデッキに入れるように前に出す。

ビデオ (b)

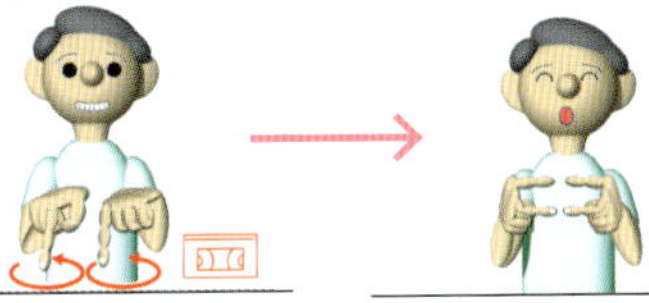

両手の人差し指を下にし、同時に右に回す。

両手の親指と人差し指で、ビデオテープの形をつくる。

女優

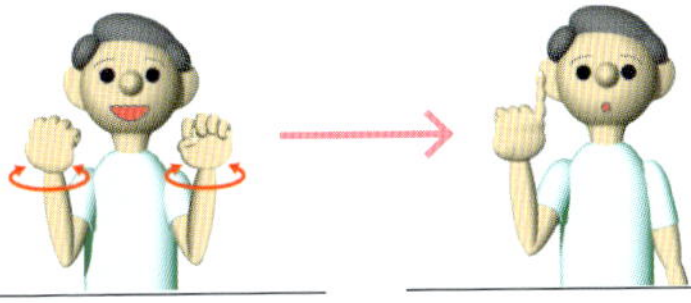

両手を握り、互い違いになるように手首をひねって「芝居」の手話をする。

小指を立てる。

男優

「芝居」の手話の後に親指を立てると、男優を表わす。

情報 (a)

両手のひらを前に向け、親指と他の4本の指の指先を閉じながら、2回両手を耳に近づける。

情報 (b)

右手のひらを前に向け、指先をすぼめながら2回耳に近づける（「情報 (a)」を片手で表わしている）。

パソコン

左手で指文字の「ぱ」をしながら、右手でパソコンのキーボードをたたくように動かす。

マンガ (a)

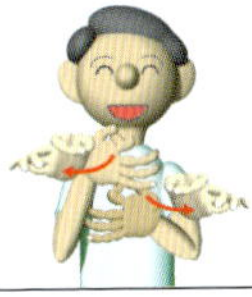

両手の親指と人差し指を閉じ、残りの指を伸ばして上下に置き、2回指先を前に向ける。

マンガ (b)

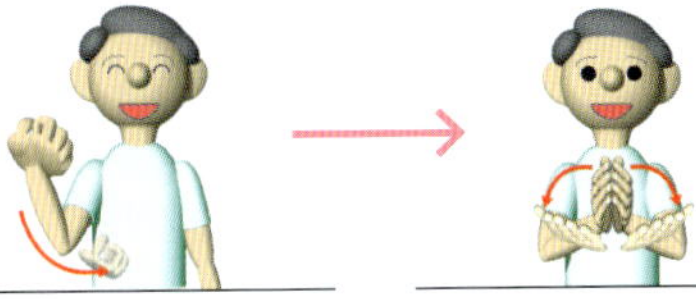

手を握り、お腹のあたりを2回たたいて、「おもしろい」の手話をする。

両手のひらを合わせ、左右に開いて「本」の手話をする。

パチンコ

パチンコ台のハンドルを回すように手首をひねる。

マージャン

両手の親指と他の4本の指で、マージャンパイをそろえるように左右に引く。

パイを起こすように手首を前にひねる。

競馬（a）

両手の親指と人差し指で競走馬を表わす。

体のまわりを走るように右から左へ動かす。

競馬（b）

両手の人差し指を、馬の手綱を引くイメージで、2回振る（「馬」の意味を表わす）。

マラソン

両手の親指と人差し指を輪にしてつける。

弧を描くように右手を前に出して「遠い」の手話をする。

両手を握り、上下させて「走る」の手話をする。

体 操

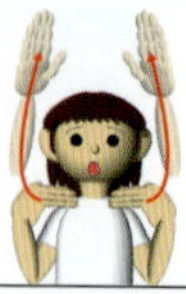

両手を上に伸ばす。

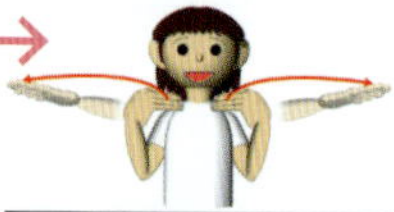

それを肩に乗せ、横に広げて肩に戻す。

バスケット

バスケットボールを持つようにし、右手を斜め上に出して、シュートをする動作をする。

新聞

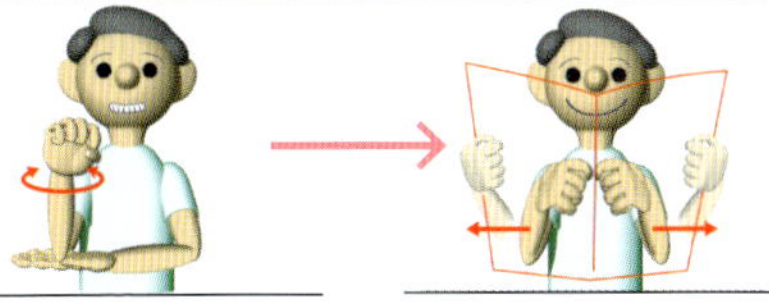

左ひらの上に右ヒジを立て、右手をねじる。

両手を握り、顔の前で合わせ、新聞を広げるように左右に開く。

書道

左手で半紙を押さえ、右手で筆を持って書くように動かす。

茶道

左手のひらの上で、茶碗を回すように右手を動かす。

華道

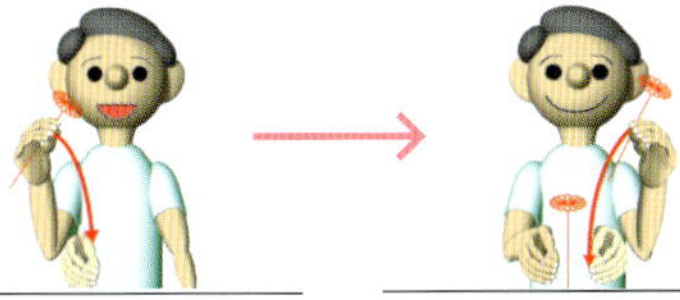

右手の親指と他の4本の指で、花の茎をはさむようにする。

剣山に花を生ける動作をし、左手でも同じ動作をする。

剣道

両手の人差し指を伸ばし、左手の人差し指を右手で握り、竹刀を振り下ろすように動かす。

柔道

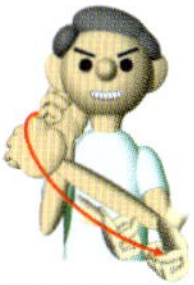

両手を握り、一本背負いをするように、両手を振り下ろす。

将棋

右手の人差し指と中指を伸ばし、駒を進めるように前に出す。

囲碁（a）

右手の人差し指と中指を伸ばし、碁をさすように、指先を下げる。

囲碁（b）（「黒」＋「碁」）

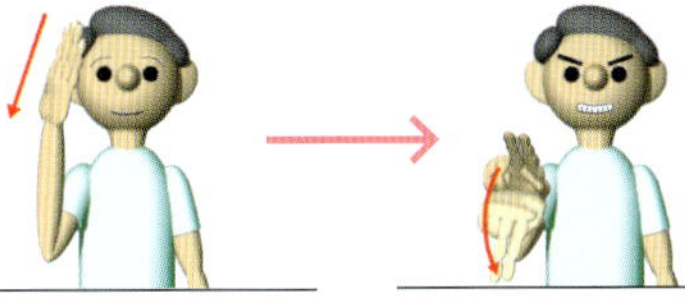

右手のひらで髪にふれ、「黒」の手話をする。

「囲碁」の手話をする。

ボランティア

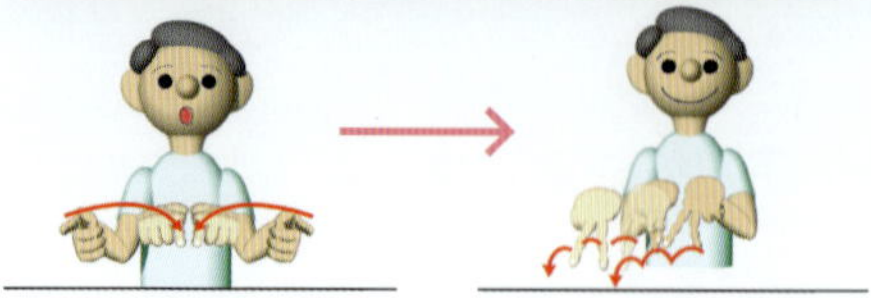

人差し指を伸ばした両手を、中央で引き合わせる（「いっしょ」「共に」の意味も表わす）。

両手の人差し指と中指を下に向け、歩くように指を前後させ、両手を前に出す。

介護

左手の人差し指を斜めに伸ばし、その下で右手の人差し指と中指を下げる。漢字の「介」を表わす。

COLUMN ◎ コラム　ひとつの手話単語で違う意味

手話では、ひとつの単語で違う意味を表わすものがあります。例えば「寒い」の単語で「冬」を表わしますし、「辛い」で「カレーライス」を、「夏」と「暑い」などが同じ単語になります。場面や現状によって使い分けましょう。

寒い

冬

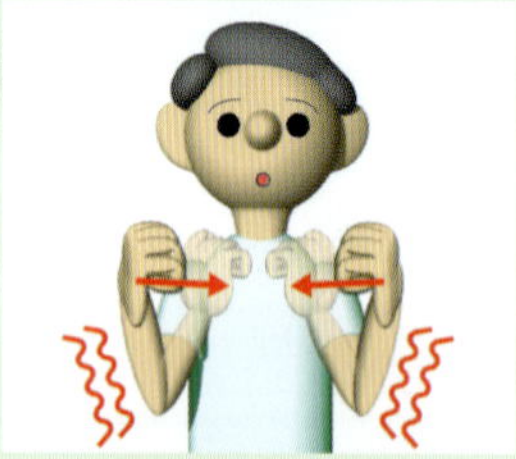

暑い

夏

洋服売り場はどこ？

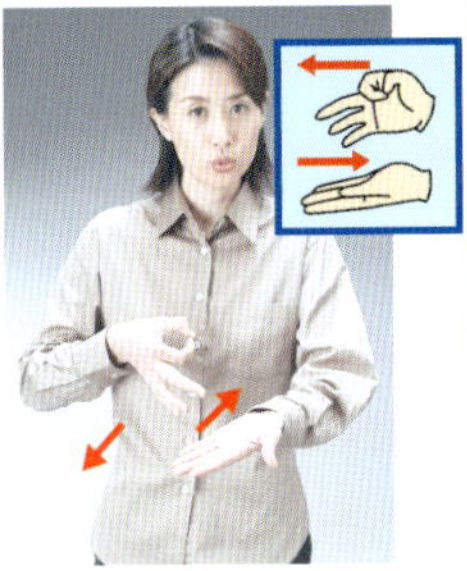

1 服

両手の親指と人差し指で自分の洋服をつまむ（つまむしぐさだけでもよい）。

2 売り場

右手で「お金」をつくり、前に出しながら、左手を引く（「買う」と同じ手話）。

3

手をドーム状にして、「場所」の手話をする。

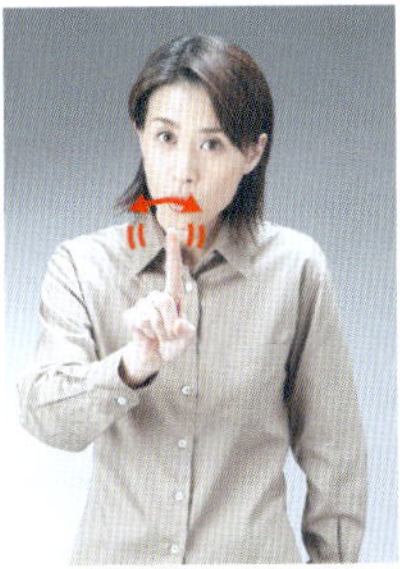

4 どこ？

人差し指を立て、2回左右に振る（たずねる表情をする）。

4階だよ

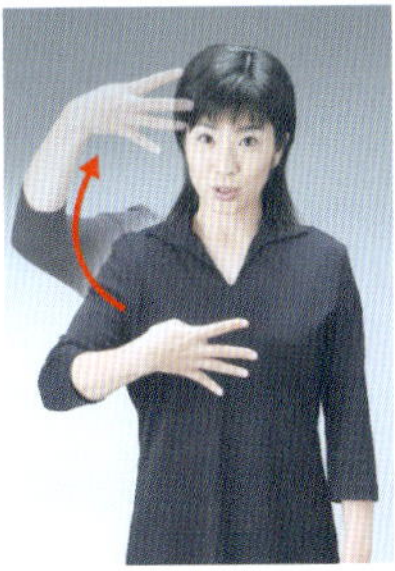

1 4階

右手で漢数字の「四」をつくり、弧を描くように上げる。

2 ある

手を軽く置く（ここでは4階のほうにする）。

試着してもいい？

1｜試す

人差し指で、目の下を２回たたく。

2｜着る

肩から服を羽織るように両手を胸の前に持ってくる。

3｜よい？

手を握り、鼻先にあて前に出す（下の「かまわない」で表わしてもよい）。

いいわよ

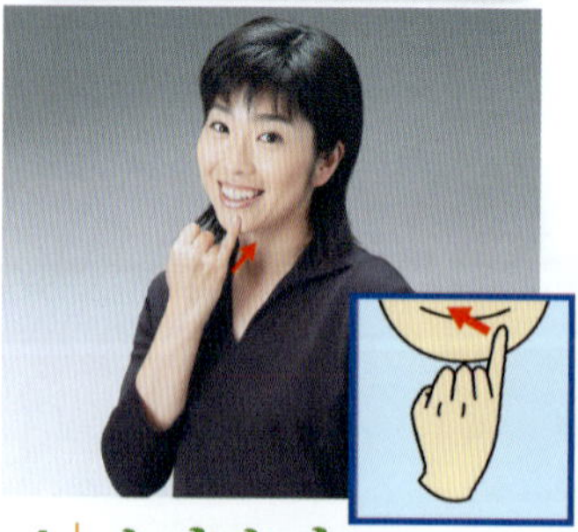

1｜かまわない

小指を立て、アゴに２回あてる。

バリエーション

1｜かまわない

手を握り、鼻先にあて前に出す。（「よい」という手話）。

もうひとつ上(下)のサイズある？

1｜ちょっと

親指と人差し指を伸ばし、指先に少しだけすき間をつくる。

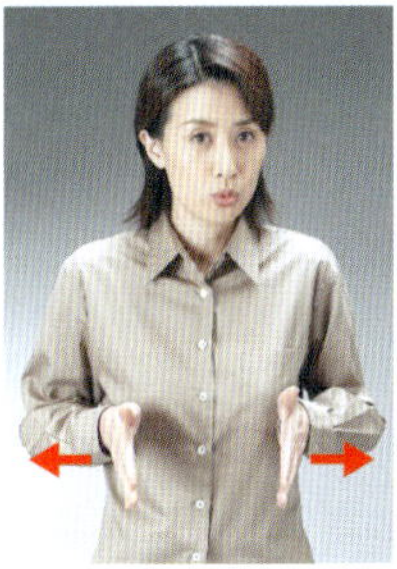

2｜大きい

体の前で両手を左右に広げる。

3｜ある？

手を軽く置く（たずねる表情をする）。

バリエーション

2｜小さい

両手を開き、幅をせまくする。

1｜クツ

左手は足を表わし、左手首を右手の親指と人差し指でこするように上げる。

2｜(クツが)大きい

両手の親指と人差し指で、楕円形（クツを表現）をつくり、離す。

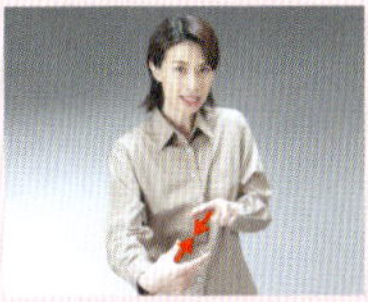

2｜(クツが)小さい

両手の親指と人差し指を近づける。

1｜足

左手は足を表わし、そこを指す。

2｜痛い

痛そうな表情をしながら、わしづかみするように指を折り曲げる。

これいくら？

1｜これ

対象物を指す（この場合は試着しているところなので、服をつまんでいる）。

2｜お金

親指と人差し指で輪をつくる。

3｜いくつ？

親指から順に折り曲げていく。

5000円ですって

1｜これ

対象物（この場合は洋服の値札）を手にとる。

2｜5000

数字の「5」で漢字の「千」を書く。

3｜円

親指と人差し指でコの字をつくり、左から右に移動させる（お札を表現する）。

カードは使える？

1 カード(a)

親指と人差し指でコの字型をつくり、前に出す（カードを持っているイメージで）。

2 使う

左手の上で輪をつくり、親指と人差し指を、こすりながら前に出す。

3 大丈夫？

そろえた指先を、肩から肩に移動する。

バリエーション

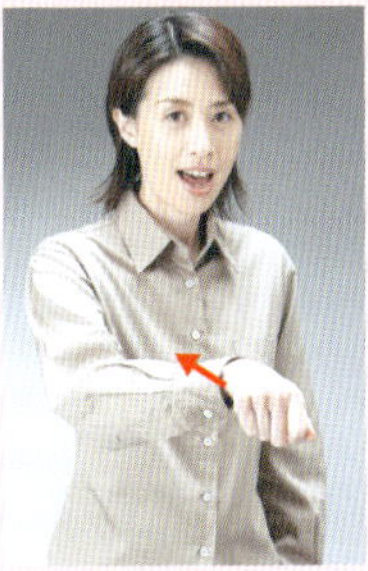

1 カード(b)

カードをつまんでいるイメージで、手前にスッと引く。

大丈夫だよ

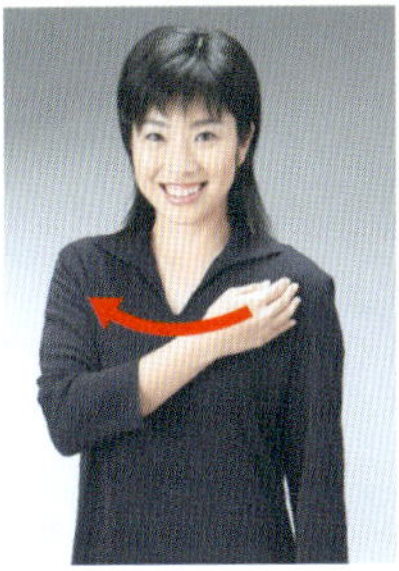

1 大丈夫

そろえた指先を、肩から肩に移動させる。

2

（自信を持ってする）。

単語集

デパート（「商売」＋「建物」）

両手の親指と人差し指で輪（お金）をつくり、交互に前後させる。

四角い建物を表現する。

コンビニ

左手で数字の「2」、右手で「4」をつくる。円を描くように両手を右に回す（24時間を表わす）。

スーパー

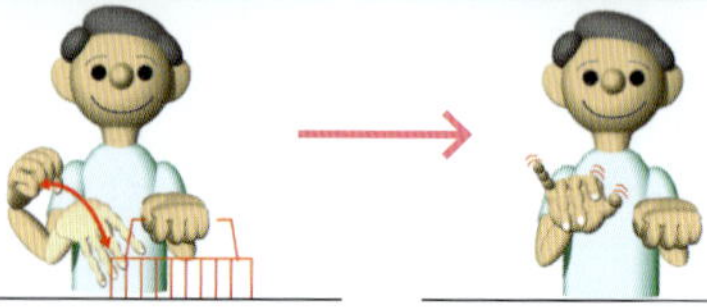

左手で買い物カゴを持ち、右手で商品をカゴに入れるようにする。

レジを打つ動作をする。

銀 行

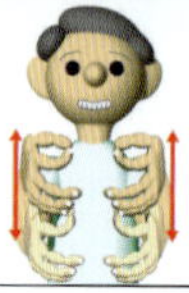

両手の親指と人差し指で輪(お金)をつくり2回ほど同時に上下させる。

フリーマーケット（「自由」＋「商売」）

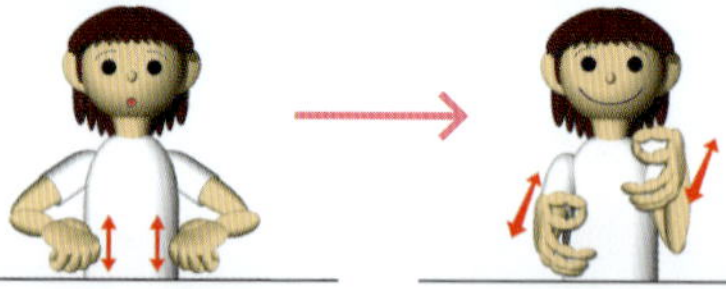

体の前で両手を握り、交互に上下させる（「自由」の意味を表わす）。

両手の親指と人差し指で輪（お金）をつくり、交互に前後させる。

机

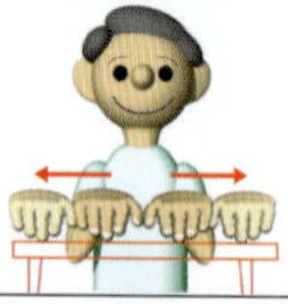

両手のひらを下に向け中央で合わせ、左右に離す。

鉛 筆

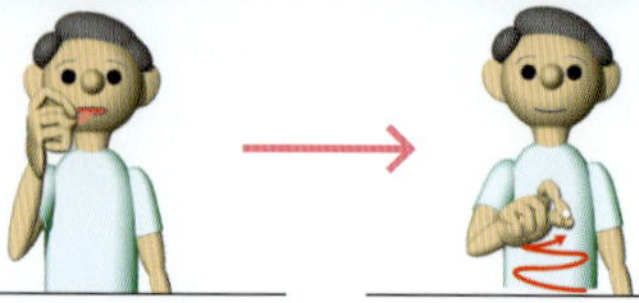

親指と人差し指で鉛筆を持つように口元にあてる。

書くように手を動かす。

イ ス

右手の人差し指と中指を、左手の人差し指と中指に、乗せる「座る」も表わす。

ノート

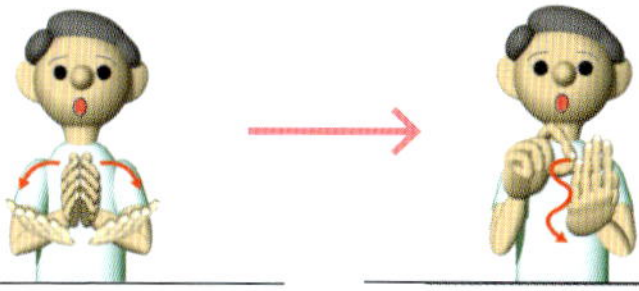

両手のひらを合わせ、ノートを開くように両手を開く。

左手のひらに書くように右手を動かす。

オモチャ (a)

ミニカーを走らせるように、左右に動かす。

オモチャ (b)

両手を握り、右を上にしてこぶしをあてる。

次に左を上にしてこぶしをあてる。

肉 (a)

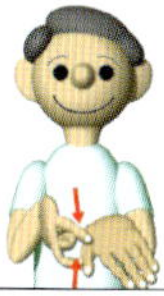

右手の親指と人差し指で、左手の親指の根元をはさむ。

牛肉（「牛」＋「肉」）

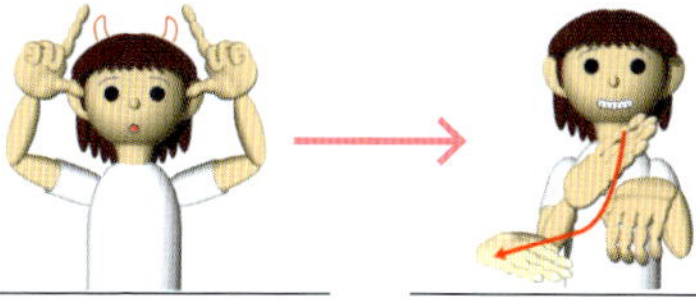

頭の上で両手の親指と人差し指を、牛のつののように立てる。

左手の親指側を、右手で肉をそぎ切るようにする。

肉 (b)

右手の親指と人差し指で、左手の甲をつまむ。

豚

左手の親指と人差し指、右手の人差し指と中指で顔の前に豚の鼻をつくる。

鶏

右手の親指と人差し指を伸ばし、親指を額にあて、人差し指を曲げる。

魚

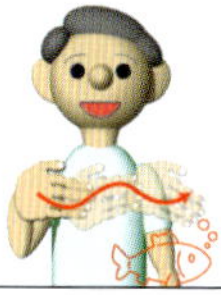

右手は魚が泳ぐように、指先を前後に動かしながら、右から左に動かす。

野菜

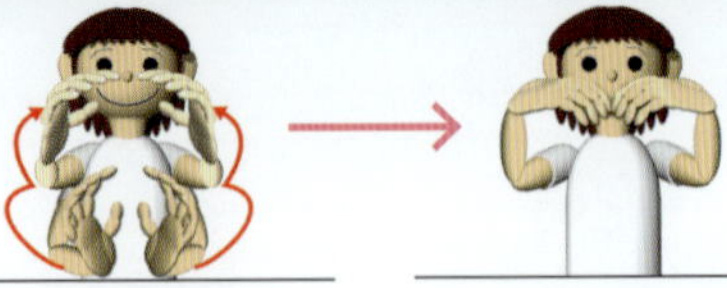

両手のひらを向かい合わせ、外側に弧を描くように上げる。

中央で指の背を合わせるように指先を下に向ける。

洗濯機

指先を下に向けて回す（洗濯機が回っているイメージ）。

冷蔵庫

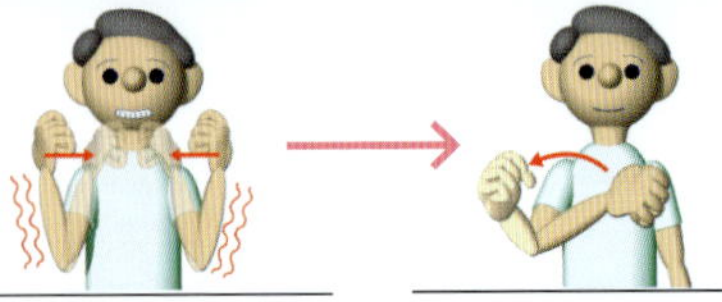

両手を握り、小刻みにゆらし、「寒い」の手話をする。

冷蔵庫の扉を開けるようにする。

エスカレーター

右手の人差し指と中指を左手のひらに乗せ、斜めに上げる（または下げる）。

エレベーター

右手の人差し指と中指を左手のひらに乗せ、上げる（または下げる）。

階段

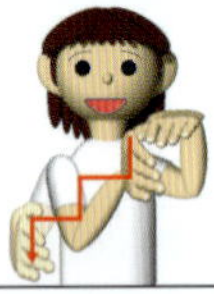

両手を階段の角のように直角に合わせ、右手を階段状に縦、横と動かす。

スカート

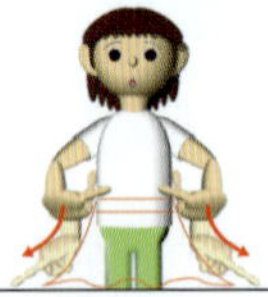

両手の親指と人差し指を腰にあて、スカートの形を描く。

ズボン

両手の親指と人差し指を伸ばし、ズボンをはくように、下から引き上げる。

Tシャツ(a)

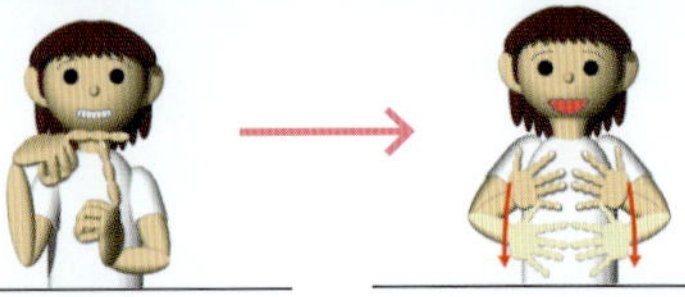

両手の人差し指で、アルファベットの「T」の形をつくる。

両手を胸にあて、なで下ろす。

Tシャツ(b)

アルファベットの「T」の形を襟元でつくるだけでもよい。

コート

両手の親指と他の4本指で、コートの厚さを表わし、引き下げる。

Yシャツ

両手の親指と人差し指を閉じながら下げ、Yシャツの襟をつくる。

背広

両手の親指を立て、背広の襟をなぞるように下げ、

背広をはおるように、両手を左右から引き寄せる。

ネクタイ

右手の人差し指と小指を襟元にあてる。あてた右手を軽く下げる。

セーター

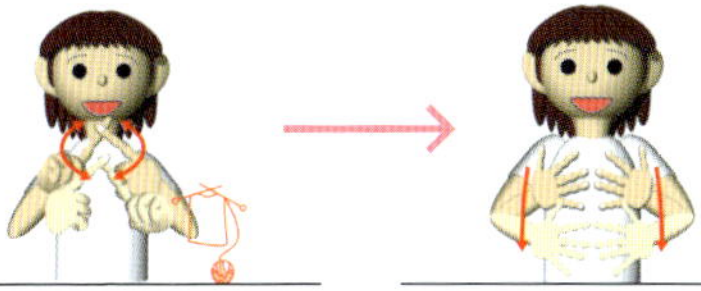

両手の人差し指で、「編み物」の手話をする。

両手を胸にあて、なで下ろす。

ヒール

両手のひらを下に向け、親指を下に伸ばしてヒールの部分を表わす。

クツ下

左手を足に見たて、右手はクツ下をはかせるようにする。

ハンカチ

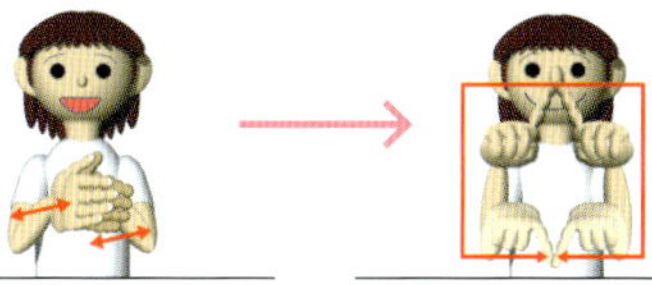

手を洗うように両手をこすり合わせる。

両手の人差し指を立て、体の前で四角を描く。

バッグ（a）

右手でバッグを持つように手を握り、軽く上下させる。

バッグ（b）

肩にかけたカバンに、両手をそえるようにする。

リュック

両手の親指と人差し指で、リュックのストラップをなぞるよう両手を下げる。

帽子（a）

右手の親指と他の4本の指で、帽子のつばを持ち、かぶるように手を下げる。

帽子（b）

両手の親指と人差し指を伸ばし、頭に帽子をかぶせるように両手を下げる。

ネックレス

右手の親指と人差し指を閉じて輪（宝石）をつくり、首の前を右に動かす。

指輪

右手の親指と人差し指で、左手の指に指輪をはめるように右手を動かす。

腕時計

右手の親指と人差し指で輪をつくり、左手首にあてる。

イヤリング

右手の親指と人差し指で、耳たぶを前後からはさむ。

宝石

左手の甲に右手の甲を合わせ、すぼめた右手をパッ、パッと開く。

カメラ

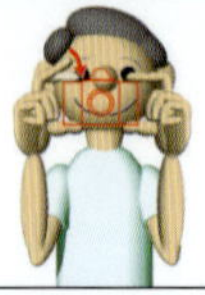

カメラを持つようにし、右手の人差し指でシャッターを押す動きをする。

薬

左手のひらに、右手の薬指を乗せ、薬をぬるように回す。

化粧品

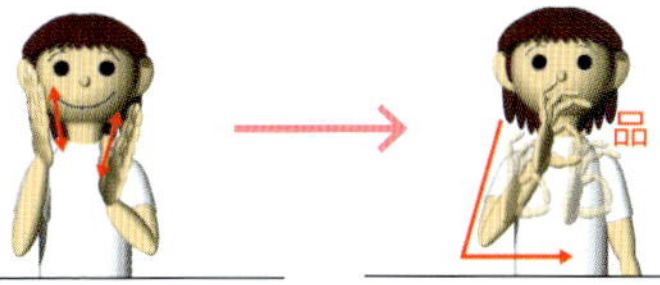

化粧品をつけるように、両手でほほをこする。

親指と人差し指で輪をつくり、漢字の「品」を書くように、3カ所に輪を置く。

茶

手の甲を前に向けて握り、アゴにあて、2回アゴをこする（「栗」の意味も表わす）。

緑

左手のひらを下に向け、右手の甲を左手の親指側にあて、右へ動かす。

黄

親指と人差し指をL字型に伸ばし、親指を額につけ、人差し指を左に倒す。

黒

右手で髪をなでおろす。

青

右手で、アゴをなで上げる（そったヒゲの青さを表わす）。

紫

親指と人差し指を伸ばして指文字の「む」をつくり、唇をなぞる。

オレンジ

アルファベットの「O」をつくり、軽くゆらす。

グレー

人差し指と中指を折り曲げて口の前に置き、ネズミの歯をつくる。

ピンク

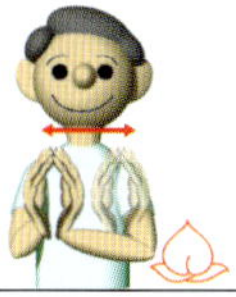

両手で桃の形をつくり、左右に動かす（「桃」の意味も表わす）。

おつり

右手で、左手のひらの上をすくうように動かす（「残り」の意味も表わす）。

ブカブカ

両手でズボンのウエストを持ち、前後に動かす（ブカブカなようす）。

ぴったり

両手の人差し指を伸ばし、軽くたたくように指先を合わせる。

じゅうぶん

曲げた親指と人差し指で軽く鼻をつまむ。

古い

右手の人差し指をカギ型に折り曲げ、鼻にあて真下に下げる。

新しい

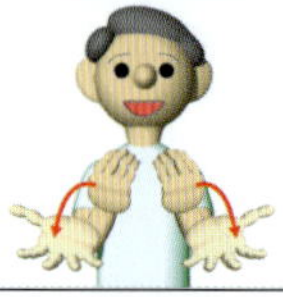

両手の指先をすぼめ、パッと開きながら前に出す。

高い

手のひらを直角に曲げて上げる。

低い

右手のひらを直角に曲げ、真下に下げる。

重い

両手で物をかかえるようにし、両手を下げて重さを表現する。

軽い

両手のひらを上に向け、軽く持ち上げられるように両手を上げる。

厚い

親指と他の4本の指で、厚みのあるものをつかむようにし、すばやく広げる。

薄い（a）

両手の親指と他の4本の指で薄いものをはさむようにして、左右に離す。

薄い（b）

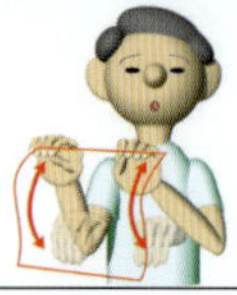

両手で薄い布の端を持つようにしてゆらす。

広い

握ったら両手をヒジから左右に引き離す。

せまい

体の前で両手の間隔をせばめる。

深い

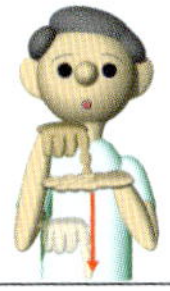

左手を横にし、右手の人差し指を伸ばし、下げる。

浅い

両手を上下に向かい合わせ、下の手を上の手に近づける。

好きな食べ物は何？

1 好き

親指と人差し指を、閉じながら下げる。

2 食べる

左手は皿を表わし、右手でつくった箸で、食べる動作をする。

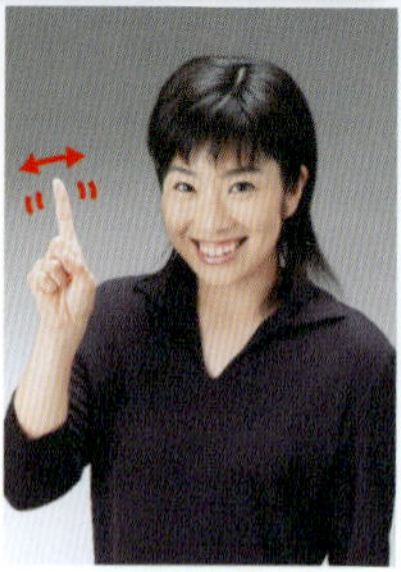

3 何？

人差し指を立て、左右に振る（たずねる表情をする）。

寿司とハンバーグだよ

1 寿司

寿司を握る動作をする。

2 ハンバーグ

両手で、ハンバーグのタネの空気を抜く動作をする。

3 私

人差し指で自分の胸の中心を指差す。

私は中華が好き

1 私

人差し指で自分の胸の中心を指差す。

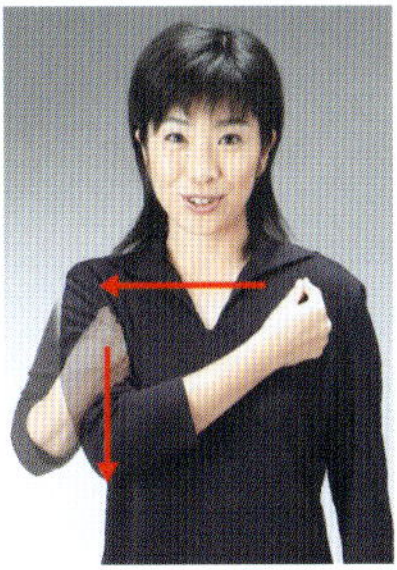

2 中国

親指と人差し指で、矢印の方向に移動する（中国服を表わす）。

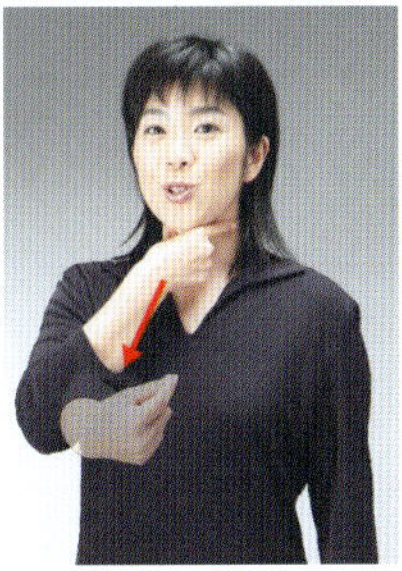

3 好き

親指と人差し指を、閉じながら下げる。

ONE POINT ADVICE

同じ動作だけれど意味が異なる「好き」と「幸せ」の違い

一見同じように見えるけど、違う手話があります。「好き」と「幸せ」の手話もそのひとつで、両方とも指の本数以外は、ほとんど同じ動きですから、手話を覚えはじめのころには、間違えないように注意しましょう。

「好き」という手話は、右手の親指と人差し指でアゴの下（のどのあたり）をはさむようにし、指を閉じながら下げます。

「幸せ」という手話も、アゴを下からはさむようにし、指を閉じながら下げる動作は同じですが、人差し指、中指、薬指、小指をそろえて伸ばし、すべての指を使ってアゴをはさむようにします。

また、両方とも感情を表現する手話なので、表情や動作を大きく行なったり、2回、3回と同じ動作をすることで、感情の度合いを表わすことができます。

好き

幸せ

何名様ですか？

2名です

1｜2 人

人差し指と中指を立て、「2」を表わす。

バリエーション

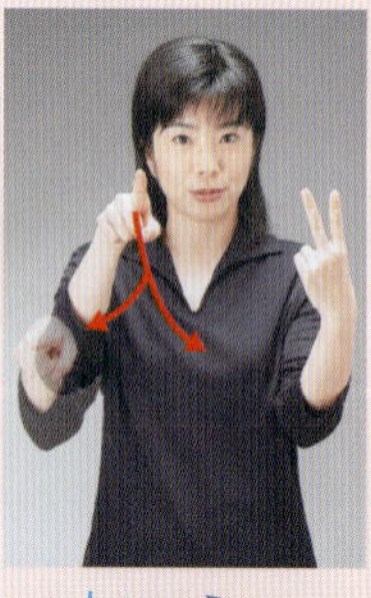

1｜2 人

数字の「2」をつくり（甲はどちらを向けてもよい）、右手で漢字の「人」を書く。

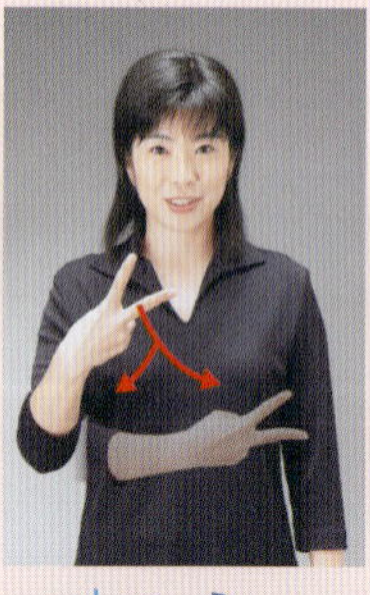

1｜2 人

数字の「2」で、「人」を書く。

喫煙、禁煙、どっちにする？

1 たばこ

たばこを喫うしぐさをする。

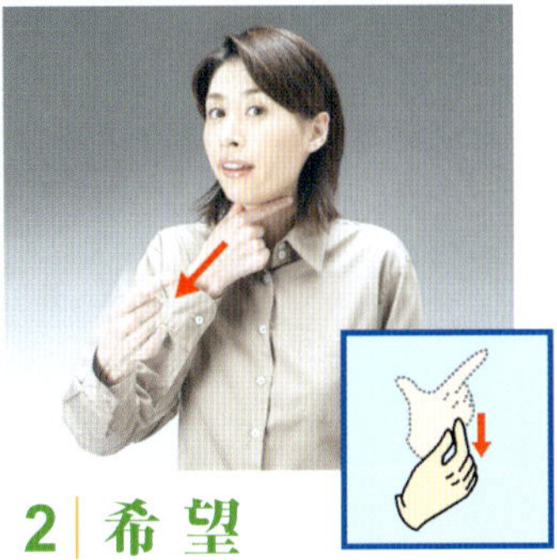

2 希 望

親指と人差し指を、閉じながら下げる。

3 いらない

脇にあてた両手を、前にはじくように開く（「不要」の意味を表わす）。

4 どっち？

人差し指を、交互に上下させる。

禁煙席がいいな

1 たばこ

たばこを喫うしぐさをする。

2 だめ

人差し指で、「バツ」をつくる。

3 席

左手の人差し指と中指を横に伸ばし、右手の人差し指と中指を折り曲げ、乗せる。

※最後に「希望」の気持ちを込めてうなずくとよい。

メニューをください

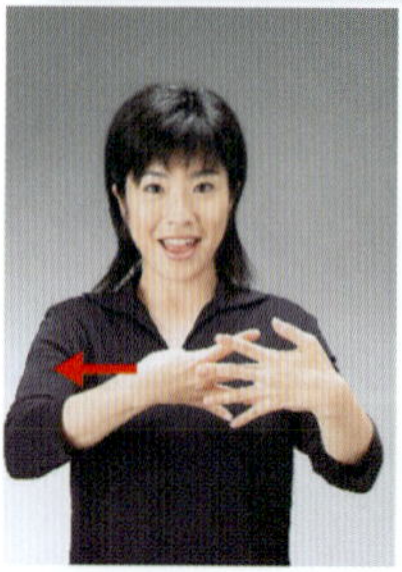

1 メニュー

両手を重ね、右手を横にずらす。

2

四角形を描く。

3 ちょうだい

左手に右手を重ね、2回たたく(「求める」「~を下さい」の意味も表わす)。

おすすめは何？

1 すすめる

親指を右手のひらで、2回押す。

2 何？

人差し指を立て、左右に振る（たずねる表情をする）。

スパゲティだよ

1 スパゲティ

3本の指はフォークを表わし、スパゲティをからめるようにひねる。

2 おすすめ

親指を右手のひらで2回押す。

会計をお願いしようか

1 会計

右手の指先で左手のひらの上をスッと移動させる（ソロバンの玉をそろえるように）。

2 する？

両手を握り、少し前に出す（同意を求めるような表情で表わす）。

バリエーション

1 勘定

「会計」と同じ手話。

2 お願い

右手を頼むように前に出す（勘定を頼む方向に出すとよい）。

単語集

和食

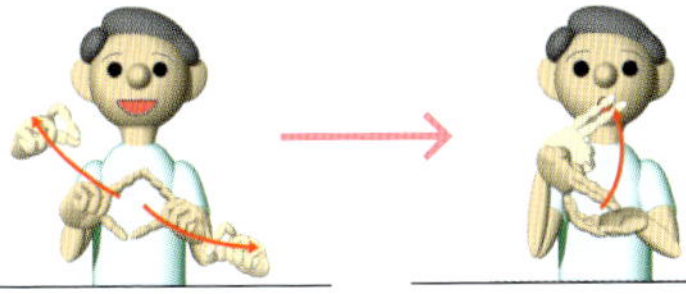

両手の親指と人差し指で、日本列島を描くように離す(「日本」を表わす)。

右手で箸を、左手で皿を表わし、食べる動作をする。

イタリアン

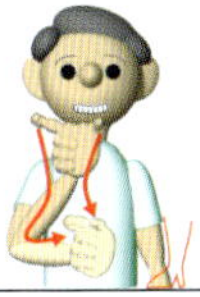

右手の親指と人差し指をブーツの形を描くように下ろして閉じる(「イタリア」を表わす)。

洋食

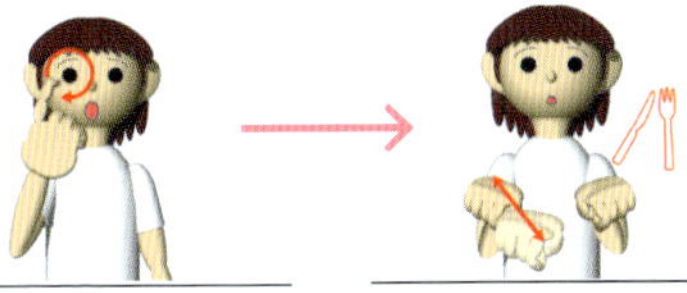

右手の人差し指で目のまわりをなぞる(「外国」の意味を表わす)。

両手で、ナイフとフォークを使うように動かす。

フレンチ

親指を立てた右手を、肩から弧を描くように下げる(「フランス」を表わす)。

カレーライス

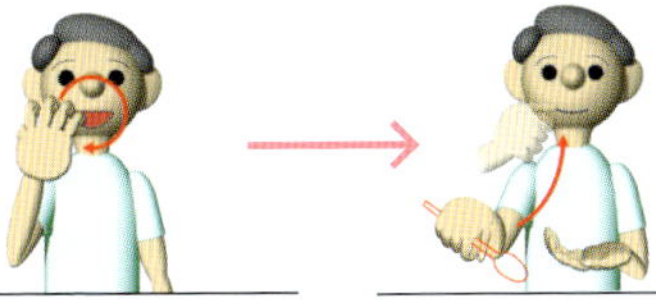

指先を折り曲げ、口のまわりを回す(「からい」の意味を表わす)。

右手はスプーンを持つように握り、左手のひらをすくうようにする。

スパゲティ

右手の人差し指、中指、薬指を下に向けて伸ばし、手首をひねる。

ステーキ

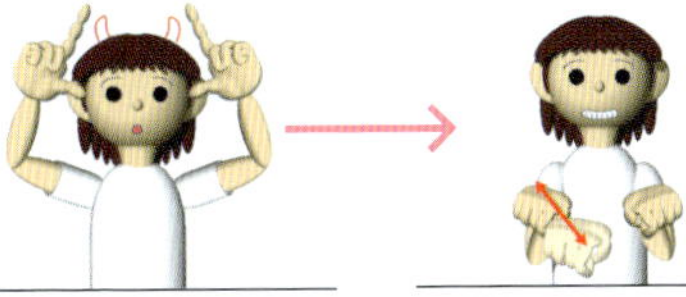

頭の上で、両手の親指と人差し指を、牛のつののように立てる。

両手でナイフとフォークを使うように動かす。

しゃぶしゃぶ

右手の人差し指と中指を伸ばし、肉を湯にくぐらせるように左右に動かす。

天ぷら

右手のひらで、頭の横をなで下ろす。

右手の人差し指と中指をそろえ、揚げ物をするように右手を動かす。

ラーメン (a)

右手で指文字の「ら」をつくり、ラーメンを食べるように動かす。

ラーメン (b)

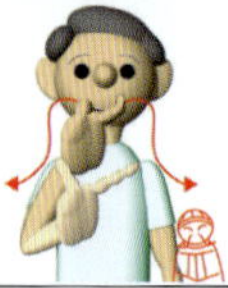

右手の親指と人差し指で、鼻の下から細長いヒゲを描く。

ラーメン (c)

右手の指を開いて下げ、ちぢれた麺を表わす。

パン

右手の親指と人差し指を閉じ、弾くように指先をパッと開く。

サンドイッチ (a)

右手の親指と4本指の間に、左手をはさみ、食べるように口に持っていく。

サンドイッチ (b)

両手のひらを合わせながら上げる。

ギョウザ

手をギュッ、ギュッと2回ほど握りしめる。

どんぶりもの

両手でどんぶりの形をつくる。

両手の人差し指と中指を交差するように重ねて、漢字の「丼」を表現する。

ハンバーガー

両手でハンバーガーを持ち、ほおばるように口に持っていく。

鍋料理

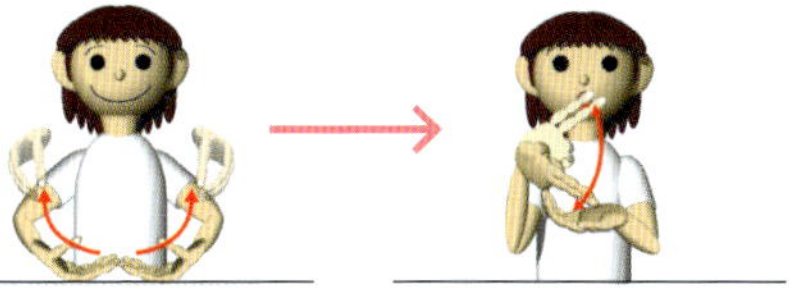

両手の指先同士を合わせ、左右に開きながら指先を閉じる（「鍋」を表わす）。

右手で箸を、左手で皿を表わし、食べる動作をする。

焼き鳥

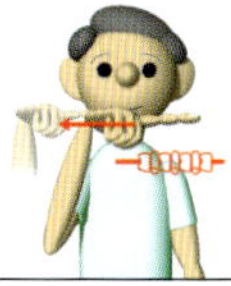

右手の人差し指を横に伸ばし、焼き鳥を食べるように、右に引く。

刺身

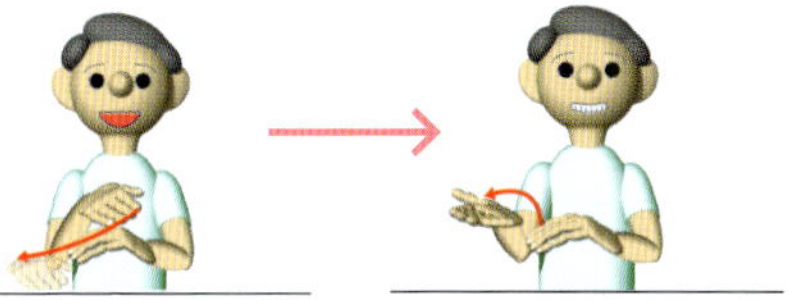

右手を包丁に見立てる。

刺身を切るように右手を動かす。

焼きそば

へらで焼きそばを炒めているように、両手を動かす。

弁当

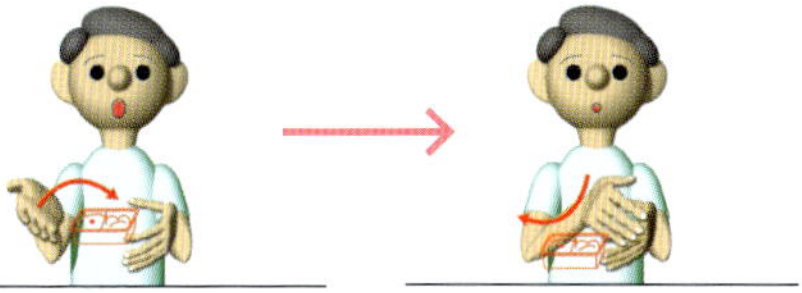

左手をコの字型にし、お弁当の容器をつくる。

右手のひらで、左手（容器）にご飯をつめるようにする。

つけもの

両手のひらを下に向け、押しつけるように両手を下げる。

タコ焼き

左手の甲に、丸めた右手を乗せ、タコの形をつくる。

右手の人差し指でタコ焼きをひっくり返す動作を2回くり返す。

おかず

左手の親指の下に、右手の親指をそえる（「副」という意味を表わす）。

みそ汁

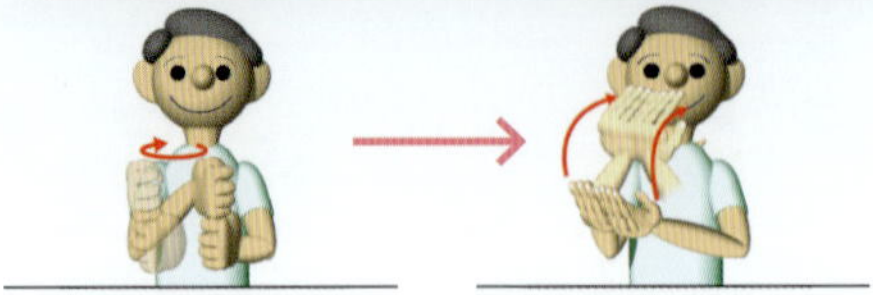

すり鉢ですり棒を回すように両手を動かす（「みそ」を表わす）。

両手を合わせて、お椀の形をつくる。

ご飯

右手の親指と人差し指を閉じ、唇の端にあて、軽くねじる（「米」を表わす）。

スープ

右手を握り、スプーンでスープをすくうよう口に持ってくる。

料理

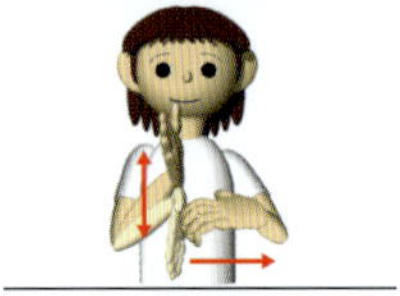

左手の指を軽く曲げ、右手を包丁に見立て、トントンと切るように動かす。

ソフトクリーム

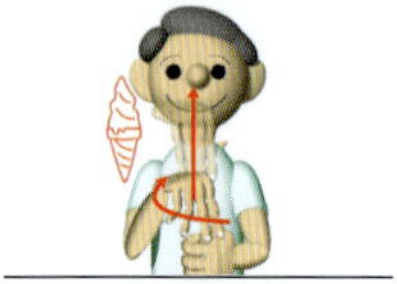

左手でコーンを持ち、右手でソフトクリームのねじれを表現する。

ケーキ

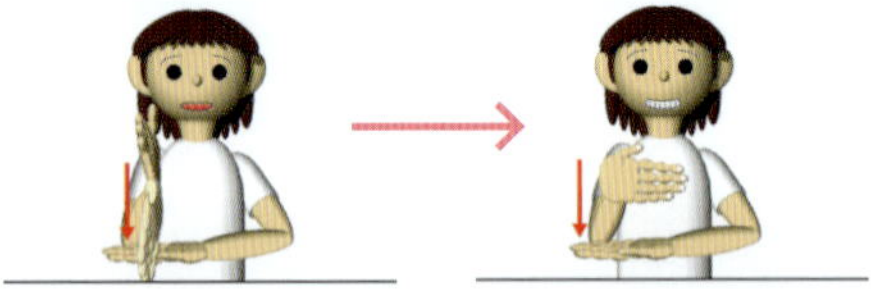

ケーキに包丁を入れるように、右手を左手のひらに縦に下ろす。

さらに横に包丁を入れるように右手を下ろす（十文字に切る）。

砂糖

右手のひらを自分に向け、口のまわりを回し、「甘い」の手話をする。

アイスクリーム

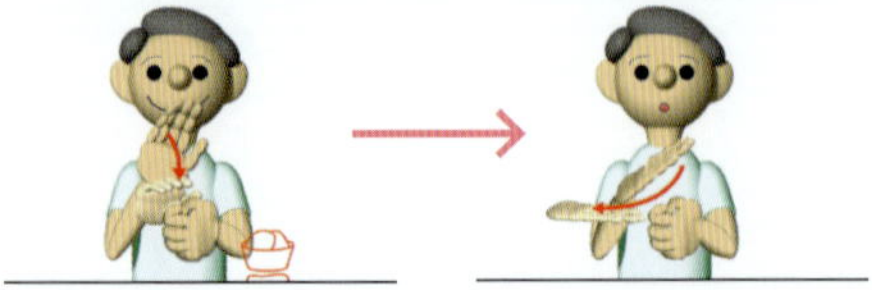

左手でアイスのカップを表わす。

右手でカップにアイスをつめるようにする。

塩

右手の人差し指を横に伸ばし、歯の前を左右に動かす。

しょうゆ

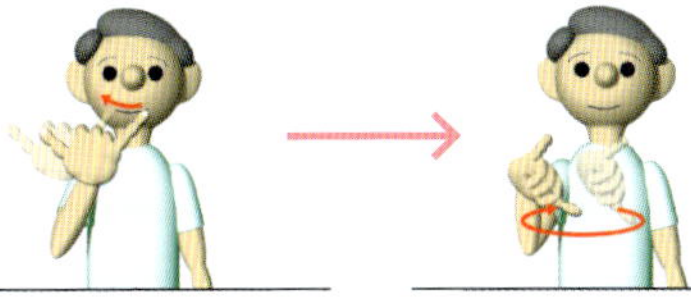

右手の親指と小指を伸ばし、小指で唇を左から右になぞる。

親指を下に向け、回しかけるようにする。

マヨネーズ

両手の親指と他の4本の指で、マヨネーズをかける動作を行なう。

ソース

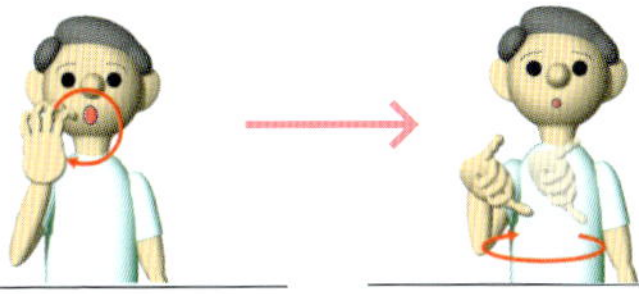

手の指を折り曲げ、口のまわりをグルグルと回す（「からい」を表現する）。

親指と小指を伸ばし、親指を下に向け、回しかけるようにする。

ケチャップ

両手で押し出す動作をする（「赤」+「マヨネーズ」の手話でもよい）。

かむ（消化）

握った手を向かい合わせ、かむようにすり合わせる。

おいしい

右手でアゴの輪郭をなぞる。

まずい

手をアゴにあて、手を払うように前に出す。

からい

指を折り曲げ、口のまわりをグルグル回す。

甘い

手のひらを自分に向け、口のまわりをグルグル回す。

すっぱい

指先をすぼめ、指先を口にあて、パッと開きながら前に出す。

にがい

指を折り曲げ、口の前で左右に動かす。

熱い

手を開き、熱いものをさわったときのように、勢いよく引き上げる。

冷たい

両手を握り、小刻みにゆらす（「寒い」と同じ手話）。

硬い

右手の親指、人差し指、中指を曲げ、手首をひねりながら軽く振り下ろす。

やわらかい（a）

やわらかいものをさわっているように、開いたり、閉じたりする。

やわらかい（b）

フニャフニャしているように、交互に上下させる。

太い

両手の指先同士を合わせて筒をつくり、左右に広げる。

細い

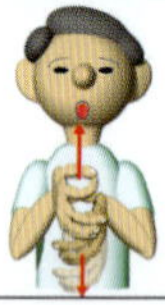

両手の親指と人差し指で輪をつくり、輪を閉じながら上下に引き離す。

箸（はし）

人差し指と中指を伸ばし、箸を使うように開いたり閉じたりする。

フォーク

人差し指、中指、薬指を下に向けて伸ばす。

ナイフ

右手の人差し指と中指で、左手の人差し指を削るようにする。

スプーン

右手を握り、手前から前方に、すくうように動かす。

割り勘（a）

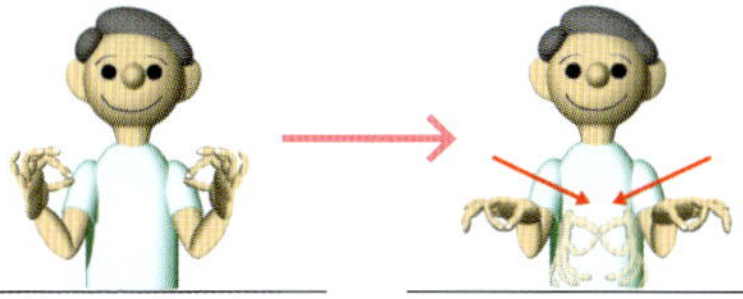

両手の親指と人差し指で輪（お金）をつくる。

2回ほど左右から中央に引き寄せる。

割り勘（b）

左手のひらを、右手で切り分けるように、3分割していく。

顔色が悪いけど、どうかしたの？

1｜顔色

人差し指で、顔の輪かくをなぞるように円を描く。

2｜悪い

人差し指で、鼻をかすめるように倒す。

3｜どうしたの？

人差し指を立て、左右に振る（心配そうな表情をする）。

お腹が痛いんだよ

1｜腹

自分のお腹に手をあてる（体の部分を表現する場合は、実際にその部分に手をあてるか、指差せばよい）。

2｜痛い

わしづかみするように指を折り曲げる動作を繰り返す。または、痛そうに振る（この時痛い部分のそばで手話を行なう）。

気分が悪いんだよ

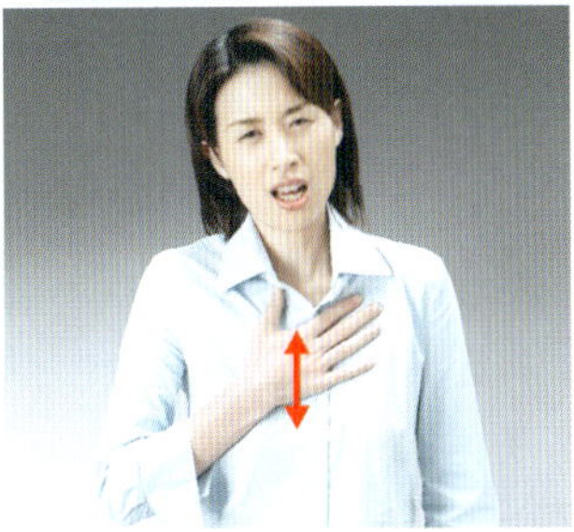

1｜気 分

手のひらを自分の胸にあて、上下にこする。

2｜悪 い

両手の指の背を合わせ、こするように上下させる（「体の調子が悪い、気分がすぐれない時」の手話）

バリエーション

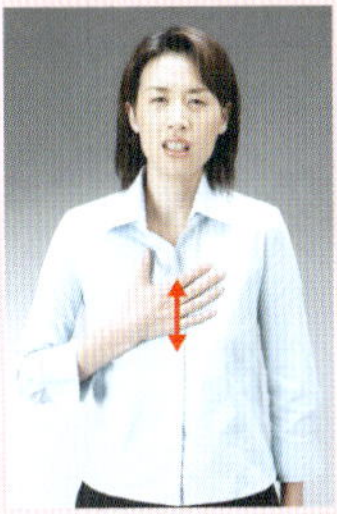

1

気 分

手のひらを自分の胸にあて、上下にこする。

2

悪 い

人差し指で、鼻をかすめるように倒す。

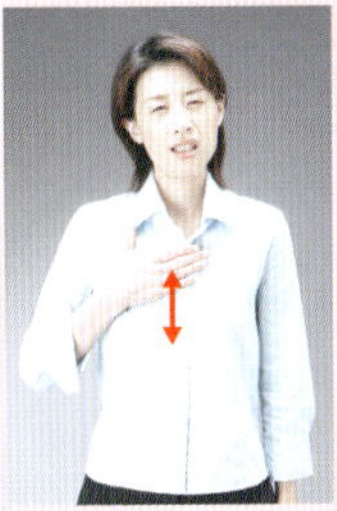

1

気 分

手のひらを自分の胸にあて、上下にこする。

2

悪 い

両手を閉じながら、指の背を合わせる（「意気消沈」「気分が沈む」の意味も表わす）。

早く家に帰って寝たほうがいいよ

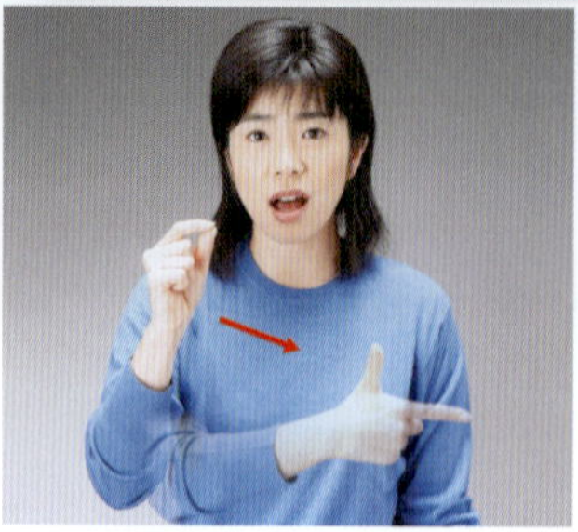

1 早く

右手の親指と人差し指をつけ、左側にパッと開く。

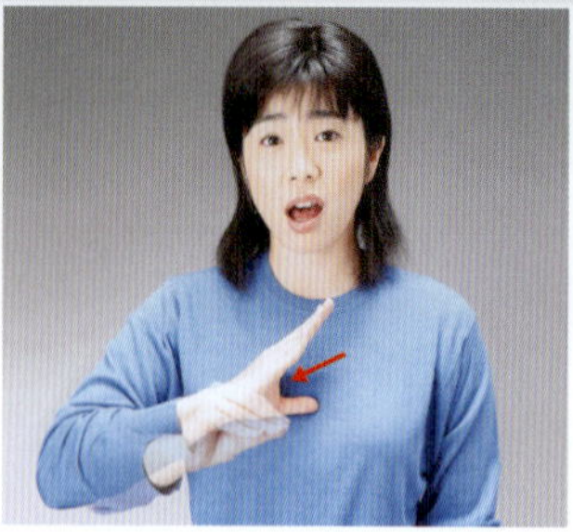

2 帰る

指を閉じながら、前に出す（人影がだんだんと小さくなるイメージで）。

病院に行ったほうがいいよ

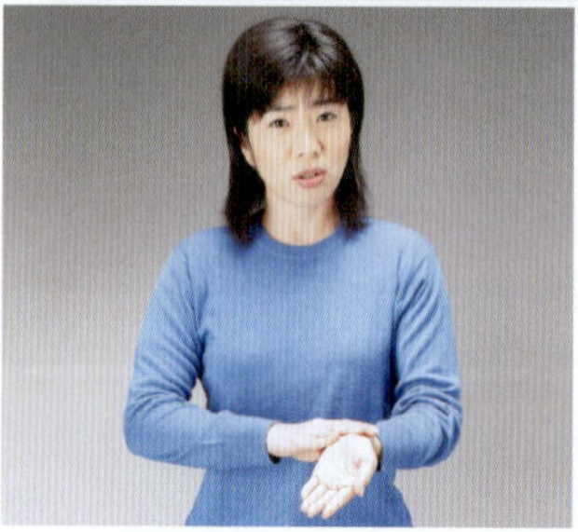

1 病院

脈を計るように、手首に指先をあてる（人差し指と中指の2本でも、親指以外の4本の指でもどちらでもよい）。

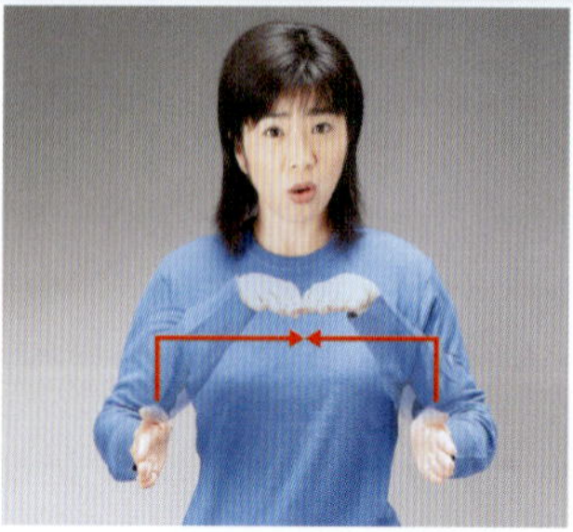

2

四角い建物を表現する。

3 寝る

手を握り、枕に頭をつけるように首を傾ける。

4 よい

手を握り、鼻先にあて前に出す。

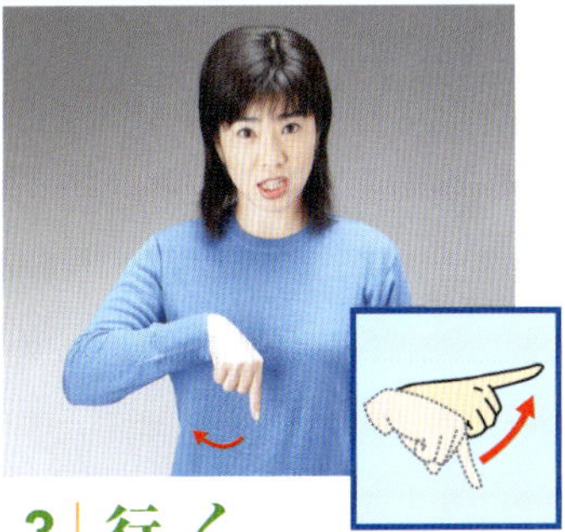

3 行く

人差し指を下に向け、前に出す。

4 よい

手を握り、鼻先にあて前に出す。

歯が痛い

1 歯

人差し指で歯を指す。

2 痛い

わしづかみするように指を折り曲げる。または、痛そうに振る。

歯医者さんに診てもらったほうがいいよ

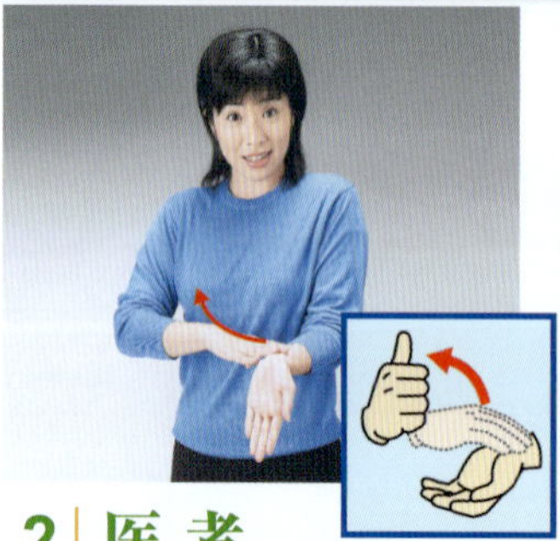

1 歯

人差し指で歯を指す。

2 医者

人差し指と中指を、脈を計るように手首にあててから、親指を立てる（女医なら小指を立てる）。

バリエーション

1 病院

脈を計るように、手首にあてる。

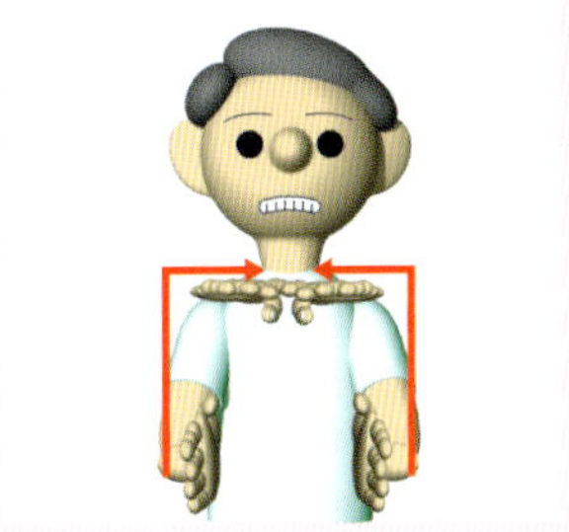

2

両手で建物の形を表わす。

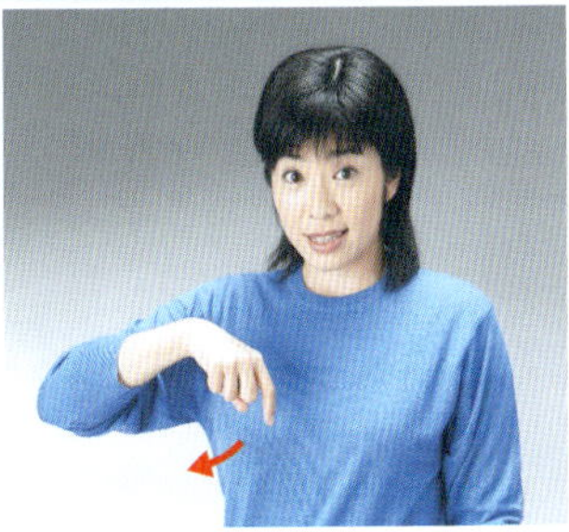

3 行く

人差し指を下に向け、前に出す。

4 よい

手を握り、鼻先にあて前に出す。

単語集

胃

右手の親指と人差し指を閉じ、胃の形をなぞるように、指先を開いて閉じる。

心臓

両手の指を折り曲げて上下に向かい合わせ、心臓の動きのように両手を上下させる。

命

右手を握り、心臓にあてる。

骨

両手を軽く曲げ、ろっ骨をなぞるように左右に広げる。

手

手の甲にふれる。

足

手を足にあてる。

肩

手を肩にあてる。

腰

手を腰にあてる。

病気

手を握り、つらそうな表情でこぶしを2回額にあてる。

下痢

左手で筒をつくり、右手の指先をすぼめ、左手の筒を上から通過させたら指先を開く。

便秘

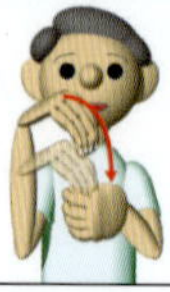

左手で筒をつくり、右手の指先をすぼめ、左手の筒の入口で止める。

めまい

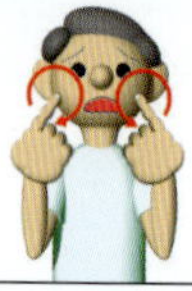

両手の人差し指で、左右の目のまわりをグルグルと回す。

血圧

右手を左の二の腕に2回あてる。

高血圧

「血圧」の手話をした後に、右手を上げると、高血圧を表わす。

低血圧

「血圧」の手話をした後に、右手を下げると、低血圧を表わす。

頭痛（頭＋痛い）

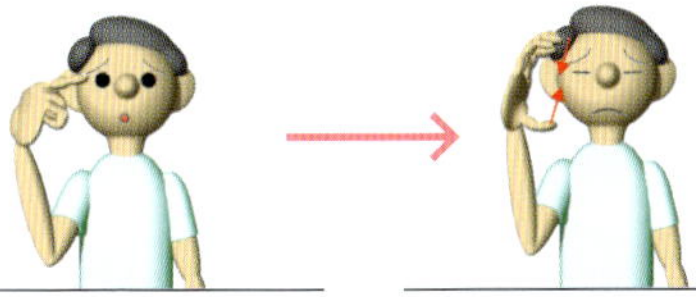

人差し指で頭を指す。

頭の側で、右手を2回ほどつかむように動かす。または痛そうに振る。

肩の痛み（肩＋痛い）

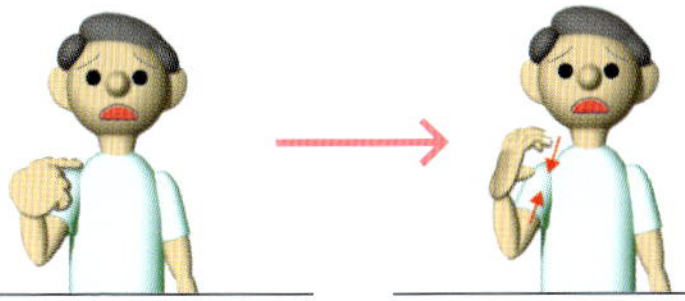

手を肩にあてる。

肩の側で「痛い」の手話をする。

腰痛（腰＋痛い）

手を腰にあてる。

腰のそばで「痛い」の手話をする。

足の痛み（足＋痛い）

人差し指で足を指す。

足の側で「痛い」の手話をする。

腕の痛み（腕＋痛い）

手を腕にあてる。

腕の側で「痛い」の手話をする。

生理（a）

左手を握り、その横から右手の人差し指をジグザグに右に動かす（体温の変化を表わす）。

生理（b）

体の脇で控えめに小指を立て、「女の子」の手話をする。

ガン

指文字の「ガ」をつくり、指文字の「ン」を空書する。

アレルギー

右手の指先を左腕にあて、上に発しんが広がるように引き上げる。

アトピー

右手を握り、親指を伸ばして指文字「あ」をつくり顔の横に2回つける。

耳鳴り

耳の横で、開いた右手をわしづかみするように2回ほど指を折り曲げる。

だるい

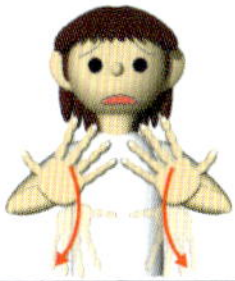

両手の指先を胸にあて、だるそうに手を下げる。

むくみ

右手のひらを、左手の甲に軽くあて上げる。

妊娠

お腹の前で両手の指先を合わせ、お腹のふくらみをなぞるようにする。

老眼

人差し指で目を指差す。

親指を曲げ、「老人」の手話をする。

近眼

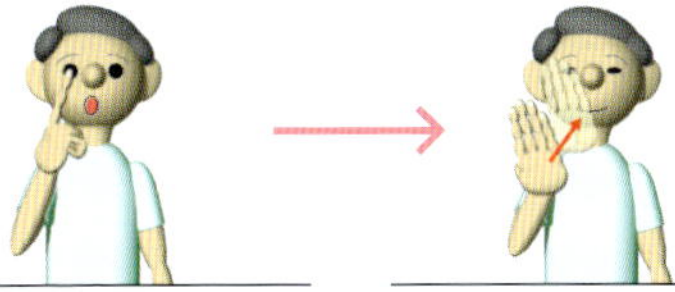

人差し指で目を指差す。

手のひらを顔に近づける。

ストレス

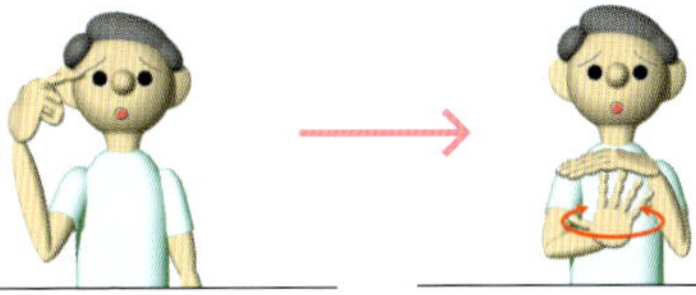

人差し指で頭を指す。

左手のひらの下で、右手を水平に回し、行きづまったようすを表現する。

さむけ

両手を体の前で交差させて肩のあたりに置き、さするように上下させる。

やけど

左手の甲の上に右手のひらを乗せ、右手をはね上げる。

入院

右手の人差し指と中指の背を、左手のひらに乗せ、前に出す。

ボケ

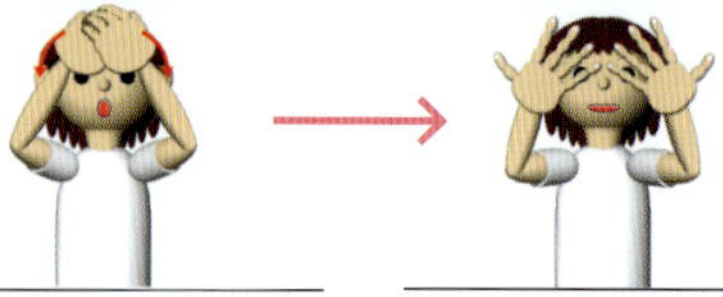

両手を額の前で重ね合わせる。

両手を広げながら斜め下に引き下げる。

退院

右手の人差し指と中指を、左手のひらの上から手前に引く。

中毒

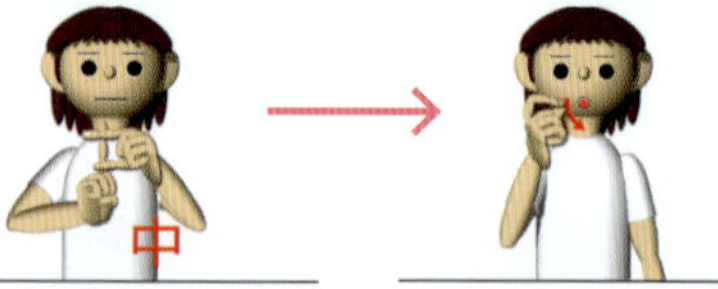

左手の親指と人差し指を右手の人差し指にあて「中」をつくる。

右手の親指と人差し指を閉じ、指先を口元にあて、下げる「毒」という手話。

通院

親指を立て、体の前で前後に行ったりきたりさせる（「通う」の手話）。「病院」＋「通う」で通院。

はしか

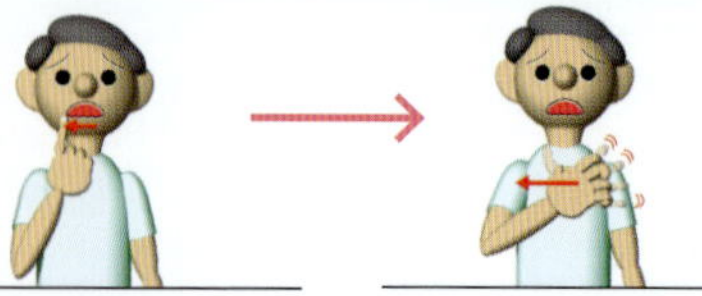

人差し指で唇をなぞる（「赤」の意味を表わす）。

右手の指先を発しんが出ているように体にあてていく。

受付

左手を横（手のひらは下に）にして、右手を左手の小指側につける。

冷や汗

右手の人差し指を鼻にあてる。

あてた人差し指を虫がはうように上に移動させる。

頭の横から汗が落ちるように、手首をひねりながら下げる。

レントゲン

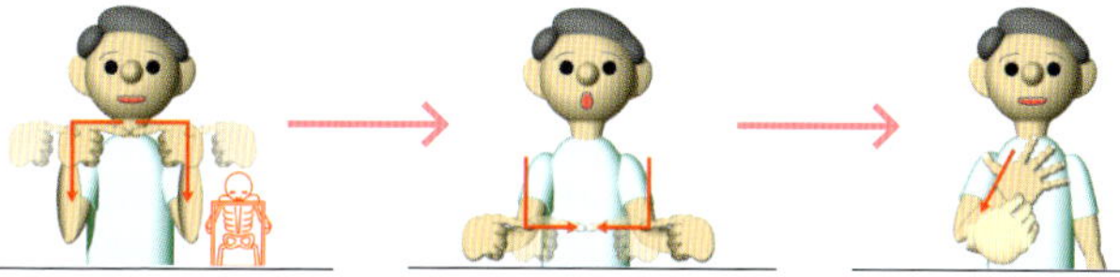

両手の人差し指を胸の前で合わせる。

自分に向けて胸の前に四角い枠を描く（レントゲンの写真機をイメージして）。

右手を開いて、指先を胸に向け、指先をすぼめながら前に出す（「写真」を撮られるイメージで）。

人間ドッグ

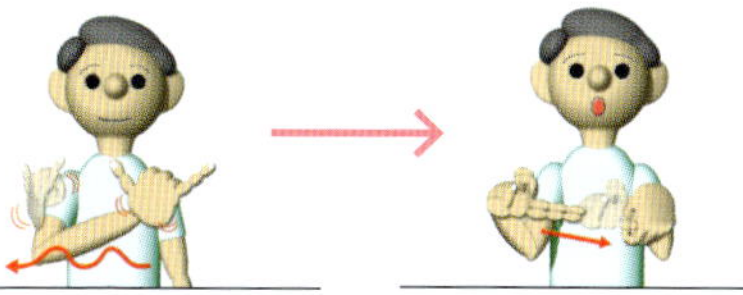

右手の親指と小指を伸ばし、手首をひねりながら、左から右に動かす（「人々」の意味を表わす）。

右手の人差し指と中指を伸ばし、トンネルのように曲げた左手に入れる。

車イス（a）

両手の、親指と人差し指で車イスの車輪を前に回転させるように前に動かす。

待合室

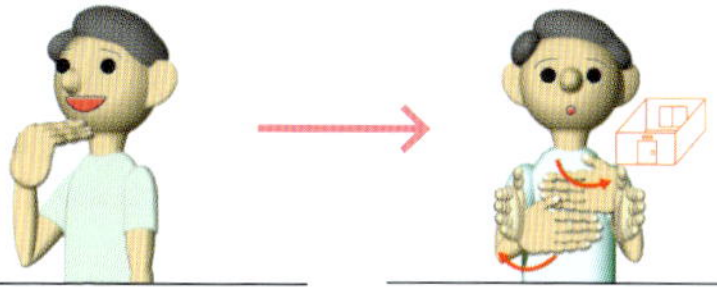

指の背をアゴの下にあてる（「待つ」という手話）。

両手を前後左右に置き、四角い部屋の形をつくる（「部屋」という手話）。

車イス（b）

両手の人差し指を向かい合わせ、車輪が回転しているように体の横で回す。

救急車

両手の人差し指を伸ばして、交差させて十字をつくる。

指先を少し曲げ、回転する赤色灯のように、手首を左右にくり返しひねる。

COLUMN コラム　女性的表現と男性的表現

手話には、表現の仕方によって女性的表現と男性的表現があります。例えば「おいしい」の単語では、ほっぺたが落ちるイメージで、ほほを軽く2回たたくは、“女性的表現”になります。同じ「おいしい」の表現でも、口のまわりをぬぐうように、握った手を左から右に動かすと“男性的表現”になります。

女性的表現

【おいしい】

ほっぺたが落ちるイメージで、ほほを軽く2回たたく。

男性的表現

【おいしい】

口のまわりをぬぐうように、握った手を左から右に動かす。

何か探してるの？

1｜何

人差し指を立て、左右に振る。

2｜探す？

親指と人差し指で輪をつくり、顔の前でグルグルと円を描きながら移動させる。

財布を落としたみたい

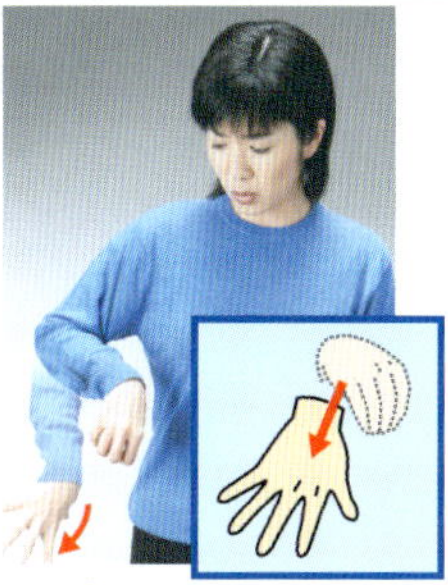

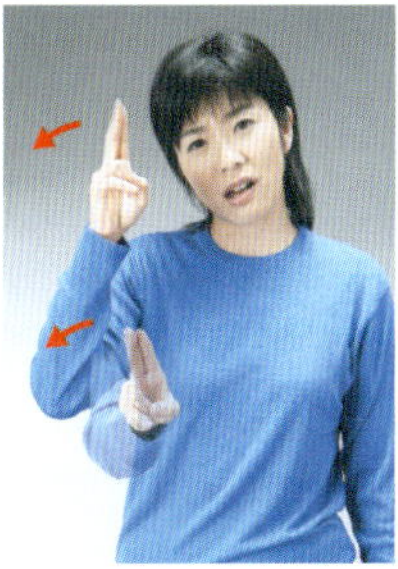

1｜お金

親指と人差し指で輪（硬貨）をつくる。

2｜落とす

すぼめた指を開く（地面に落ちる様子を表現）。

3｜～らしい

人差し指と中指を立て、チョン、チョンと下げる。

いっしょに探すよ

1 いっしょ

人差し指を、左右から引き合わせる。

2 探す

親指と人差し指で輪をつくり、顔の前でグルグルと円を描きながら移動させる。

交番に届けたほうがいいよ

1 交番

親指と人差し指を折り曲げ、額にあてる「警察」を表わす。

2 申し込む

左手の上に、右手の人差し指を乗せ、両手とも前に出す。

3 よい

手を握り、鼻先にあて前に出す。

単語集

書類

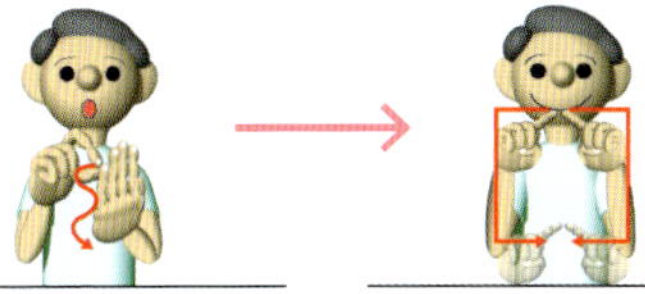

左手のひらに書くように右手を動かす（「書く」という手話）。

両手の人差し指で、体の前に四角を描き、書類を表現する。

コンタクトレンズ

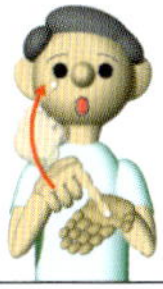

右手の人差し指を、左手のひらに乗せてから目にあてる。

資料

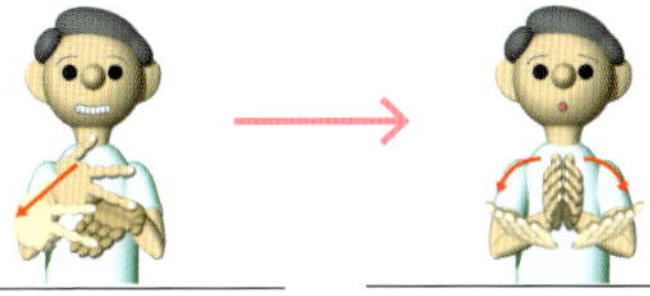

指文字の「し」を表わした右手で、左手のひらを2回すべらせる。これだけでも「資料」を表わす。

両手のひらを合わせ、本を開くように両手を左右に開く（「本」の意味を表わす）。

カギ

右手でカギを開けるように、手首を回す。

忘れ物

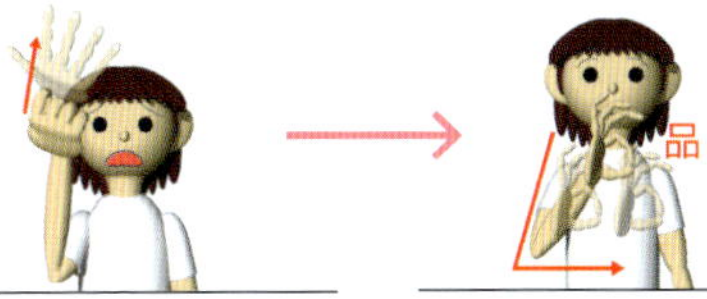

頭の横で右手を握り、開きながら上げる（「忘れる」の意味を表わす）。

親指と人差し指で輪をつくり漢字の「品」を書くように3箇所に輪を置く。

パスポート

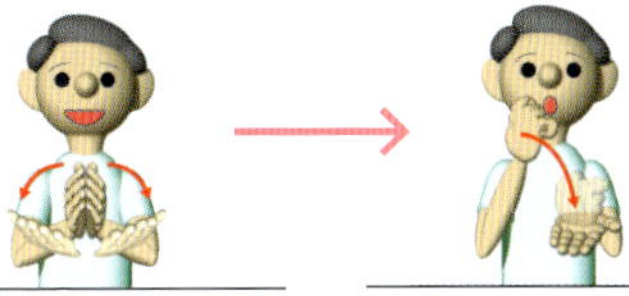

両手のひらを合わせ、左右に開く。

右手を握り、判を押すように左手のひらの上に乗せる。

119番

左手の人差し指を立て、数字の「1」をつくる。

左手の「1」のとなりに、右手で「1」をつくる。

右手で数字の「9」をつくる（すべて右手で「1」「1」「9」と表わしてもよい）。

110番

左手の人差し指を立て、数字の「1」をつくる。

左手の「1」のとなりに、右手で「1」をつくる。

右手で指文字の「O」をつくる（すべて右手で「1」「1」「0」と表わしてもよい）。

交通事故

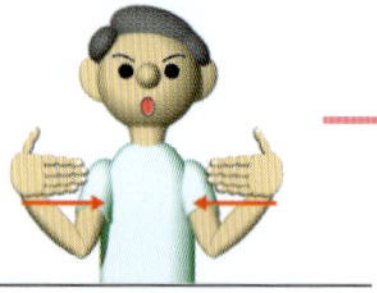

両手を開き、指先を向かい合わせて体の前に置く。

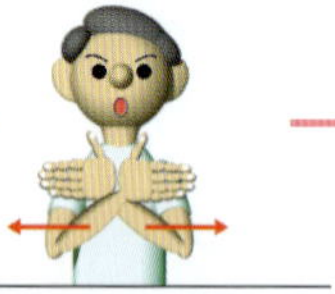

両手を左右に動かし、交差させる。

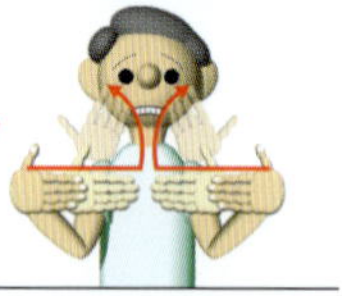

両手を左右から引き寄せ、車が衝突するように指先をぶつけ、はね上げる。

火事

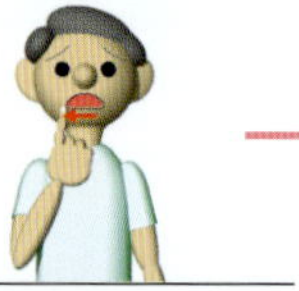

右手の人差し指で、唇を左から右に引き、「赤」の手話をする。

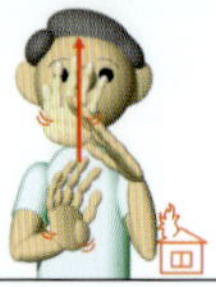

左手で屋根をつくり、右手の手首をひねりながら上げ、炎を表現する。

地震

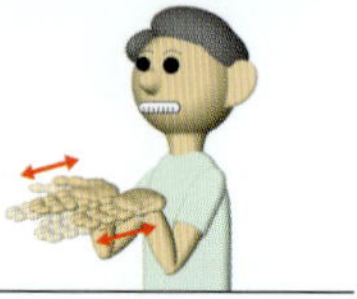

両手のひらを上に向け、体の前に並べて置き、地面がゆれるように、両手を同時に前後させる。

津波

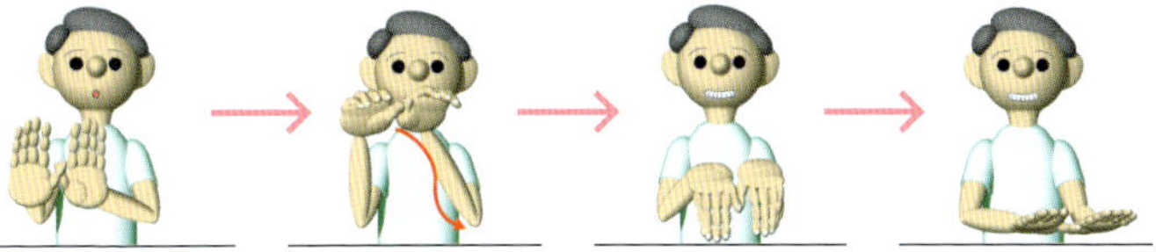

両手のひらを前に向け、体の脇にそろえて置く。→ 波が打ち寄せるように、上下にうねらせる。→ 両手を前に伸ばす。

COLUMN◎コラム　手話の表現に表情（動作）をつける

　手話といっても、顔が無表情では相手に伝わりにくいものです。手話は手の位置、手の動き、手の形、掌（てのひら）の向きなどの要素からなりますが、口型（くちびるを言葉のとおりに動かす）や顔の表情、動作なども重要です。

　口型は、相手に伝わるように、ゆっくり口を大きく開いて表現しましょう。

おかわり

【もう一杯】

「おかわり」、「もう一杯」と言いながら、皿や茶碗を差し出す。

このバスは上野公園に行くの？

1｜上野

手を握り鼻先にあて、ゾウの鼻のように手首を下にひねる（「ゾウ」の手話）。

2｜公園

人差し指で「ハ」をつくり、その下に「ム」を空書して、漢字の「公」を表わす。

3｜

手をドーム状にする（「場所」の手話をする）。

渋谷に行きたいのだけど、どの電車に乗ればいいの？

1｜渋谷

指を折り曲げ、口のまわりをグルリと回す（「渋い」の手話）。

2｜

両手で「谷」を表わす。

3｜行く

人差し指を下に向け、前に出す。

4 行く

人差し指を下に向け、前に出す。

5 バス

両手の親指と人差し指を立て、そのまま前に出す。

6 これ？

対象を見ながら指す。

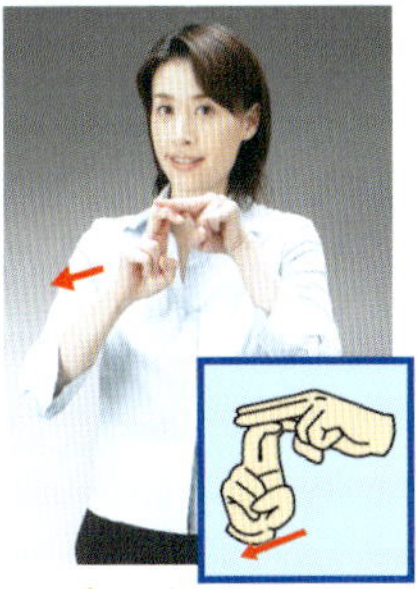

4 電車

左手の人差し指と中指の下に、カギ型にした右手の人差し指と中指をつけ、左から右にすべらせるように動かす。

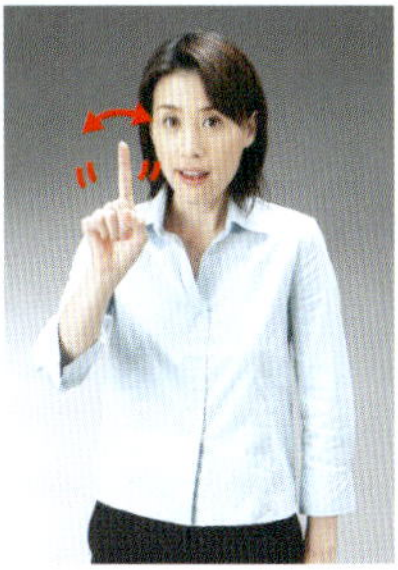

5 どれ？

人差し指を立て、左右に振る（たずねる表情をする）。

どの駅で乗り換えたらいいの？

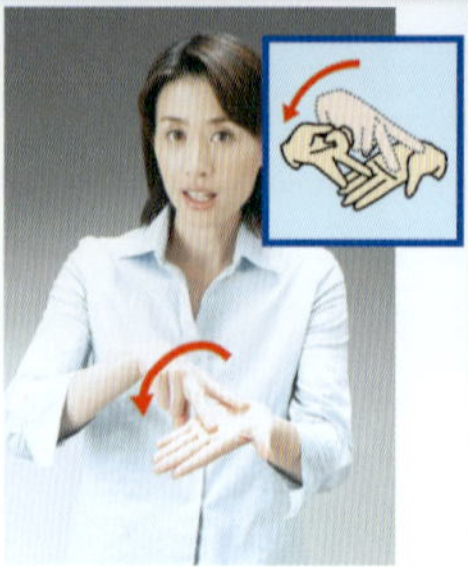

1 どこで

人差し指を立て、左右に振る。

2 乗り換える

左手の上で、右手の人差し指と中指をひっくり返す。

3 よい？

手を握り、前に出す。

地下鉄銀座線です

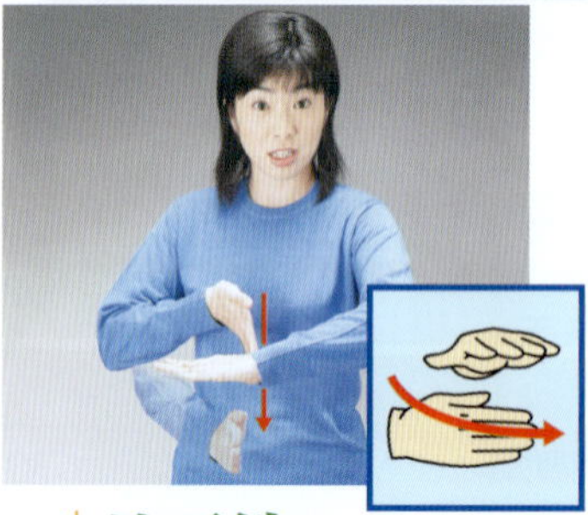

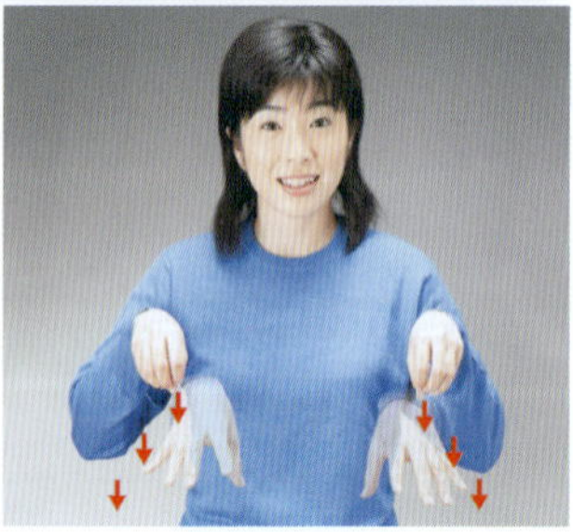

1 地下鉄

右手を左手の下にくぐらせる（左手の地面の下を通るイメージで）。

2 銀座

すぼめた両手を開く動作を、前に出しながら3回する。「銀座」の手話。（駅名を答える場合は、「地名＋駅」の手話で表現）。

道を聞く

郵便局はどうやって行くの？

1 郵便局

左手の人差し指と中指を横にし、右手の人差し指をつけ「郵便記号」をつくる。

2

右手をドーム状にする。（「郵便」＋「場」で郵便局を表現する）。

3 どこ？

人差し指を立て、左右に振る（たずねる表情をする）。

この道をまっすぐ行くとあるよ

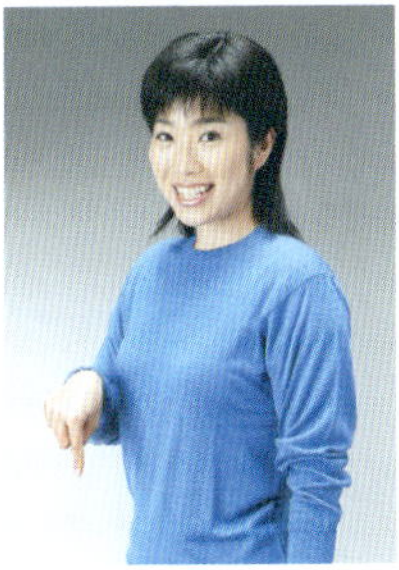

1 この道

対象を指差す（この場合は自分が立っている道を指せばよい）。

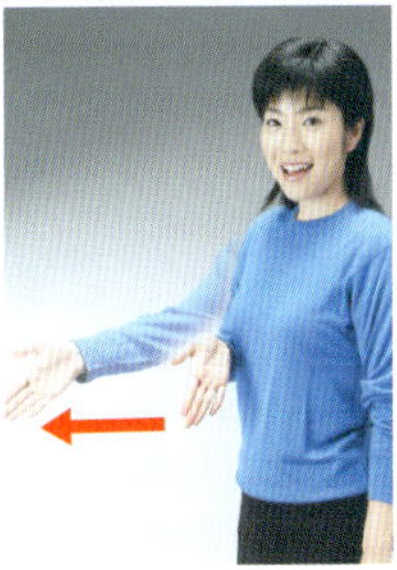

2 まっすぐ

開いた手を前に出す。

3 ある

手を軽く置く。

2番目の角を左に曲がるとあるよ

1｜2

人差し指と中指で「2」をつくる。

2｜番 目

人差し指で目の下を差す。

どのくらい歩くの？

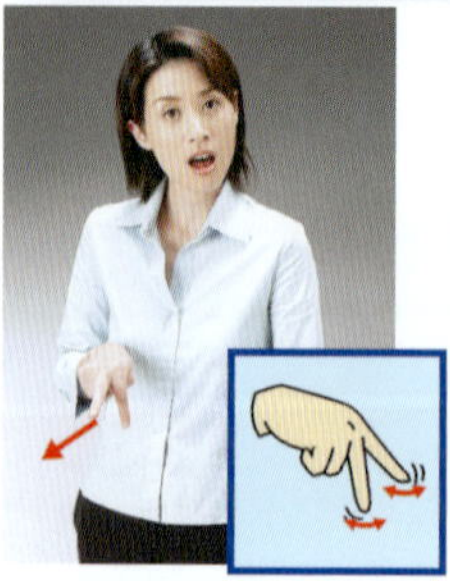

1｜歩 く

人差し指と中指を足に見立てて、歩くように前に出す。

2｜時 間

腕時計をイメージして指差す。

3｜いくつ？

親指から順に折り曲げていく。

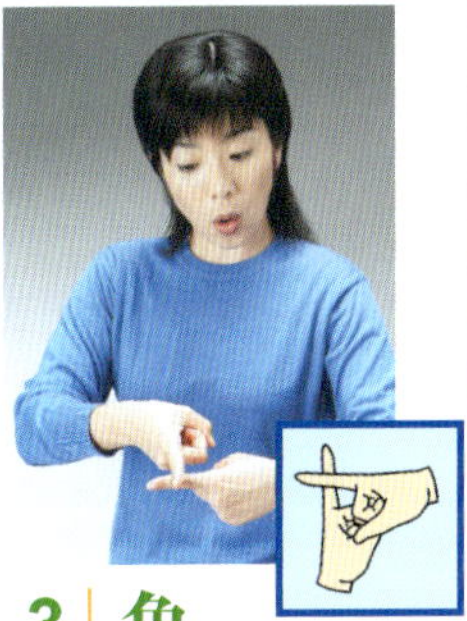

3 角

人差し指を交差させ、十文字をつくる。

4 左

左ヒジを引く。

5 ある

引いた左ヒジのあたりに、手のひらを軽くあてる。

20分くらい

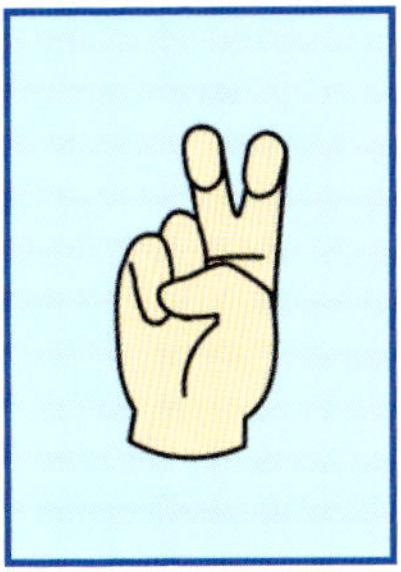

1 20

人差し指と中指を曲げて、数字の「20」をつくる。

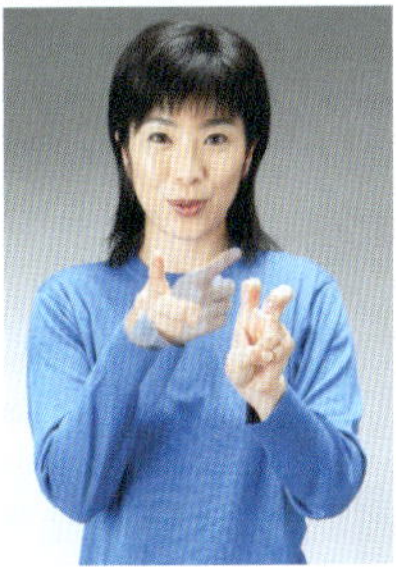

2 分

左手で「20」をつくったまま、右手の人差し指をチョンと払う。分の記号「'」を表わす。

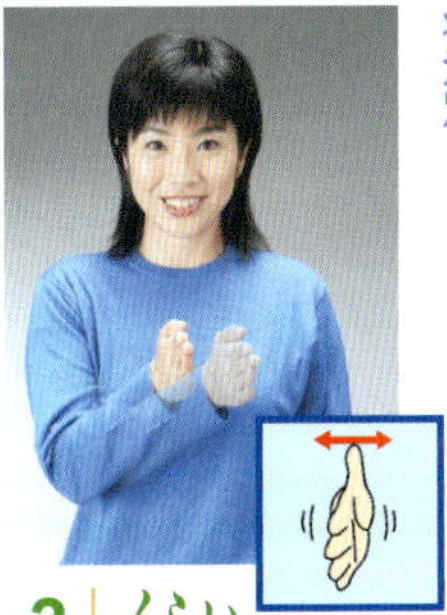

3 くらい

指先を前に向け、左右に2回ほど振る。

単語集

ＪＲ

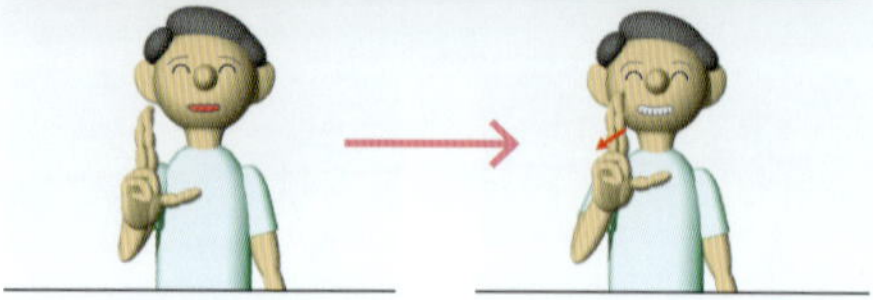

親指と人差し指で「J」を、中指を人差し指にからめて「r」を表わす。

「JR」をつくった手を前に出す。

各駅停車

右手を左手のひらの上にポンと乗せる「駅」の手話を前に出しながら2回繰り返す。

私鉄（「個人」＋「電車」）

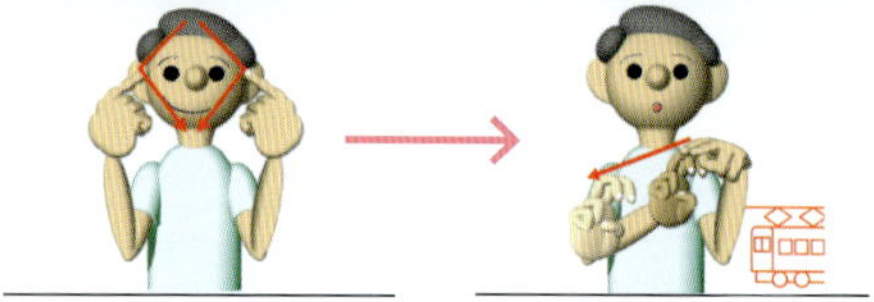

両手の人差し指の指先を、額の前にあて、左右に顔をなぞる。

「電車」の手話をする。

快速

右手を左手のひらの上（駅）を通過するように、前に出す。

特急

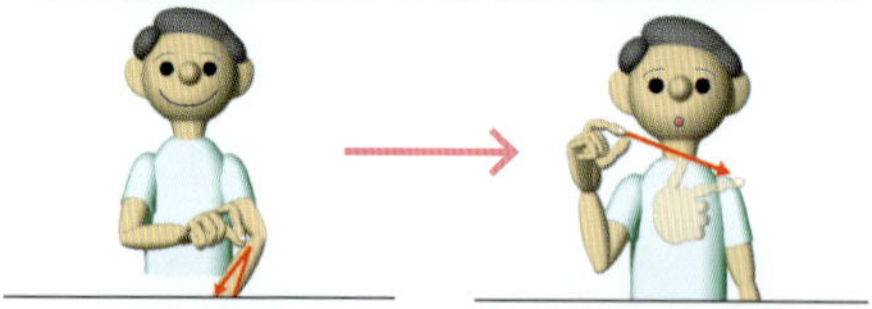

右手の親指と人差し指を閉じ、左腕にV字を描き、「特別」の手話をする。

右手の親指と人差し指をつけて、左側にパッと開く（「早い」の意味を表わす）。

急行

右手の親指と人差し指をつけて、左側にパッと開く（「早い」の意味を表わす）。

空港（a）

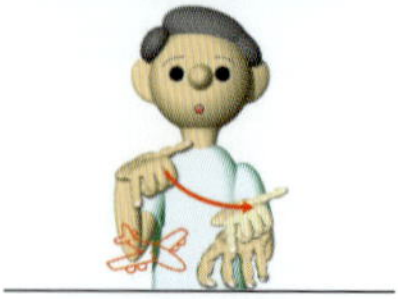

左手で「場所」の手話をし、右手は「飛行機」の手話をつくり、右手を左手の「場所」の上に乗せる。

空港（b）

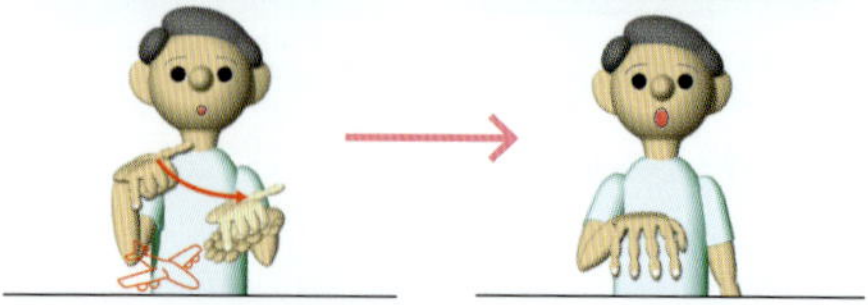

右手で「飛行機」の手話をつくり、左手のひらに、着陸するように乗せる。

手をドーム状にする。（「場所」の意味を表わす）。

羽田

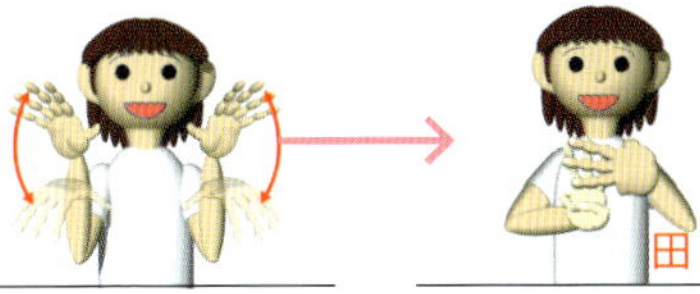

鳥が羽ばたくように、両手を上下に動かす。

両手の人差し指、中指、薬指を交差させ、漢字の「田」をつくる。

成田

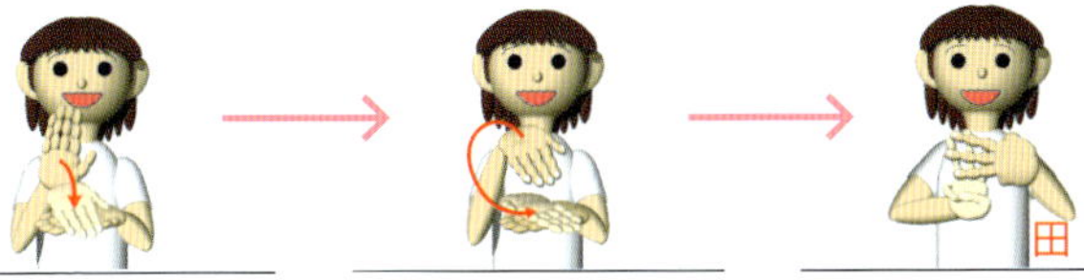

右手のひらを、左手のひらに乗せる。

右手をひっくり返して、右手の甲を左手のひらにあてる（「成る」の意味を表わす）。

両手の人差し指、中指、薬指を交差させ、漢字の「田」をつくる。

関西空港（「関西」＋「空港（b）」）

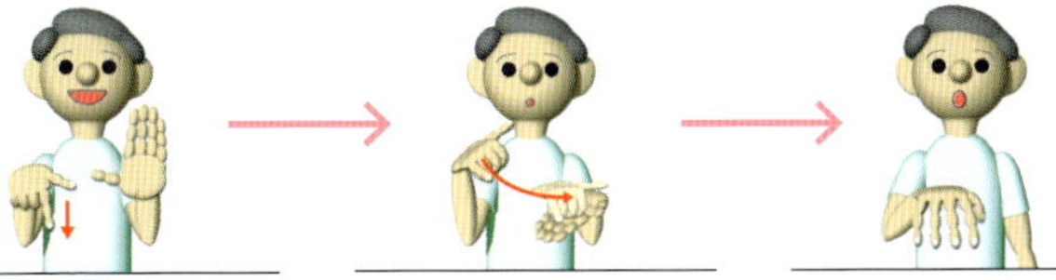

左手のひらを前に向け、右手の親指と人差し指を伸ばし、下げる（「関西」の意味を表わす）。

右手で「飛行機」の手話をつくり、左手のひらに、着陸するように乗せる。

手をドーム状にして「場所」の手話をする（前ページの「空港（a）」をしてもよい）。

新幹線

右手を顔の前に置き、前に出す（先頭車両の形を表現する）。

港

両手の人差し指を、指先が向かい合うように折り曲げる（防波堤を表現する）。

橋

両手の人差し指と中指を伸ばし、橋のアーチを描くように手前に引く。

高速道路

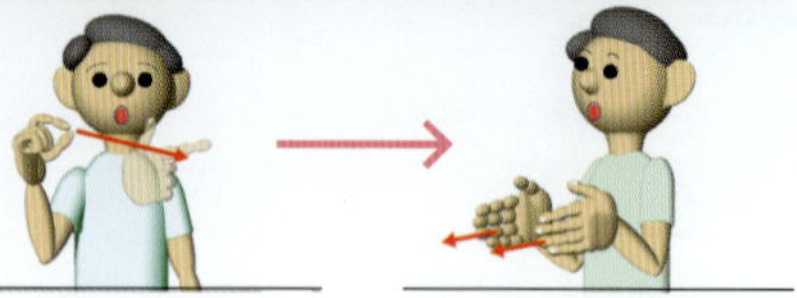

右手の親指と人差し指をつけて、左側にパッと開く（「早い」を表現する）。

両手のひらを向かい合わせ、前に出す（「道」の意味を表わす）。

信 号

すぼめた左手を顔に向け、パッ、パッ、パッと3回ずらしながら開いて、信号の点灯を表現する。

踏 切

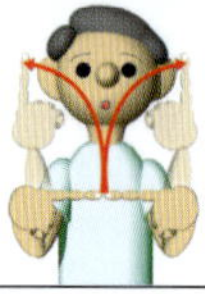

両手の人差し指の指先を合わせ、遮断機が上がるように、両手を上げる。

トンネル（a）

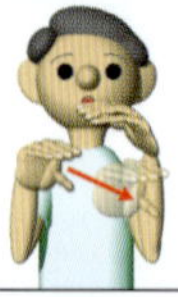

左手を軽く曲げてトンネルを表現し、右手をコの字型（車）にして、左手のトンネルを通過させる。

トンネル（b）

左手でトンネルを表現し、右手を通過させる。

バ ス

両手の親指と人差し指を伸ばし、前に出す（バスの前面を表現する）。

券売機

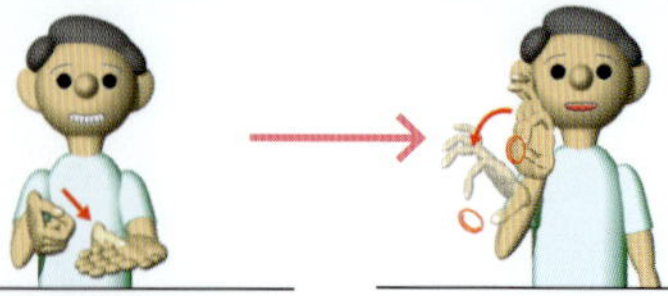

右手の親指と人差し指で左手をはさみ、「駅」の手話をする。

親指と人差し指で輪をつくり、お金を入れるようにする。

車

手をコの字型に曲げ、動かす。

改札口

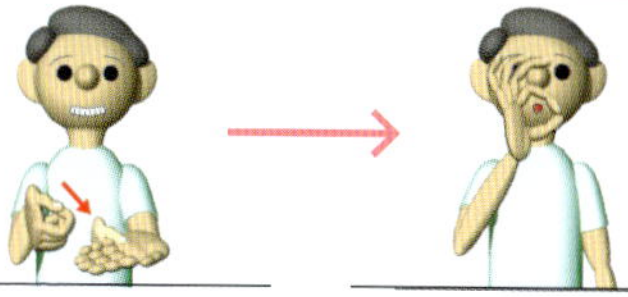

右手の親指と人差し指で左手をはさみ、「駅」の手話をする。

親指と人差し指を閉じて輪をつくり、口にあてる。

搭乗口

右手の人差し指と中指を下に向け（足を表わす）、左手のひらに乗せる。

親指と人差し指を閉じて輪をつくり、口にあてる。

出口

右手のひらを、左手のひらの下をくぐらせて、前に出す。

右手の人差し指で、口をなぞる（輪をつくり口にあててもよい）。

入口

両手の人差し指で、漢字の「入」をつくり、前に倒す。

右手の人差し指で、口をなぞる。

地下鉄

右手のひらを縦（手の甲を右に）にし、左手のひらの下をくぐらせ前に出す。

飛行機

親指と小指を伸ばして飛行機の羽根を表現し、飛ぶように動かす（人差し指も出してもよい）。

船

両手を軽く曲げ、小指側を合わせて船の底を表現し、前に出す。

時刻表

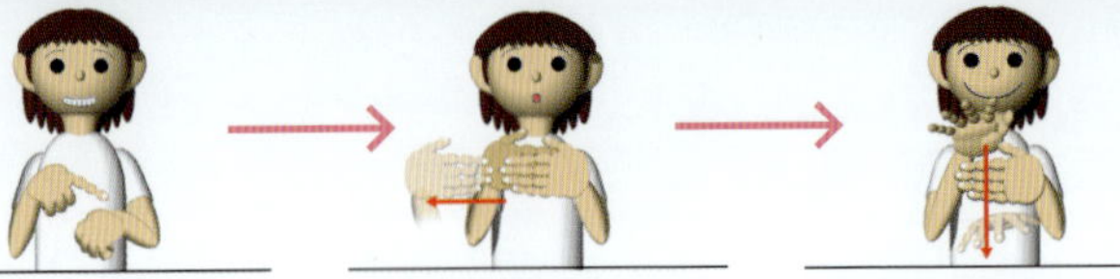

腕時計をイメージして指差し、「時間」の手話をする。

両手を重ね、右手を横に引く。

右手を縦に下ろす。表のケイ線を表現する。

モノレール

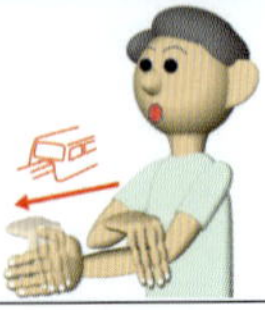

右手の親指と他の4本の指で左腕を軽くはさみ、前にすべらせる。

徒 歩

右手の人差し指と中指を下に向け、歩くように指を交互に前後させる。

自転車

両手を握り、自転車のペダルをこぐように、両手を回転させる。

案内所

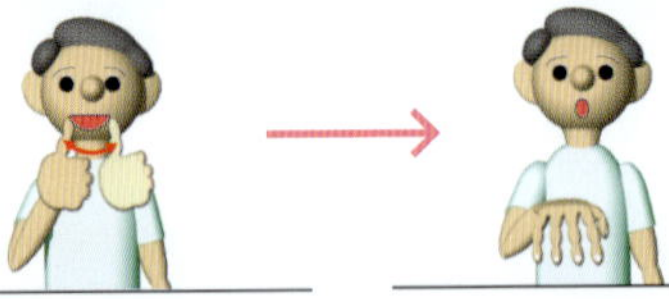

親指を立て、唇の前で左右に動かす(「通訳」の意味も表わす)。

手をドーム状にする。(「場所」の意味も表わす)。

交番(「警察」+「場所」)

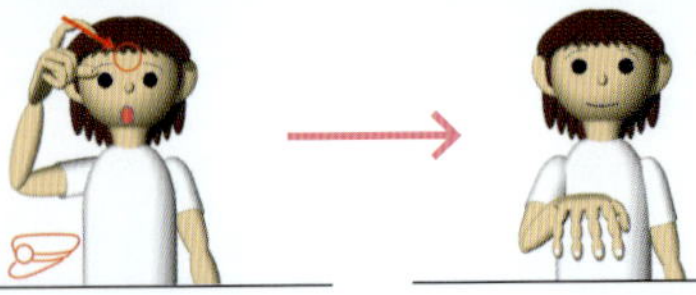

親指と人差し指を折り曲げ、額にあてる(帽子の記章を表わす)。

手をドーム状にする。

警察署（「警察」＋「建物」）

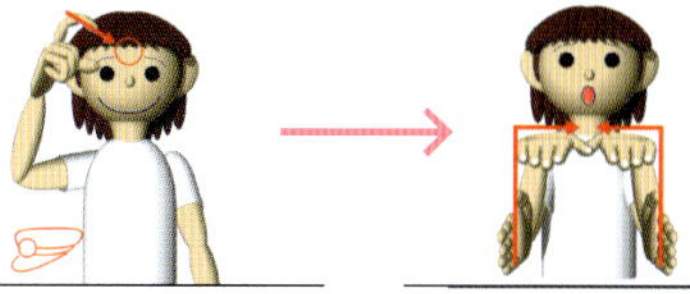

親指と人差し指を折り曲げ、額に当てる（帽子の記章を表わす）。

両手のひらを向かい合わせ、上に引き上げてから水平に引き合わせる。

消防署（「消防」＋「場所」）

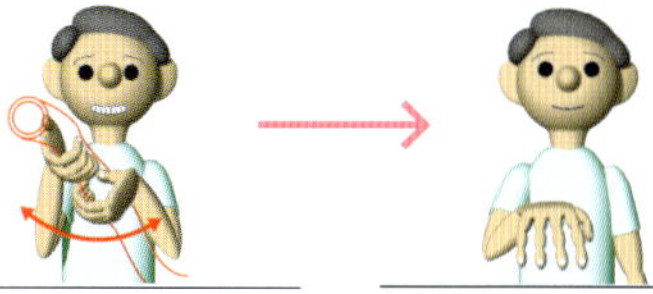

両手でホースを持つようにかまえ、左右に振る（放水するようすを表わす）。

手をドーム状にする。

図書館（「本」＋「建物」）

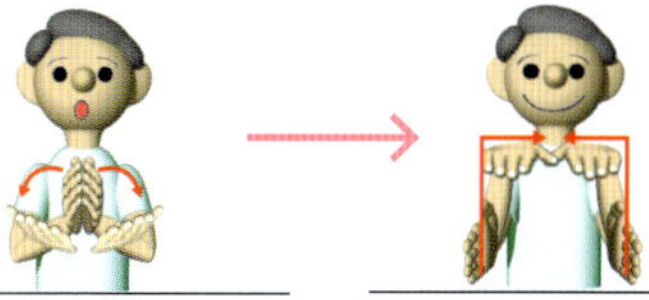

両手のひらを合わせ、本を開くように、両手を左右に開く。

「建物」の手話をする。

保健所（「体」＋「調べる」＋「場所」）

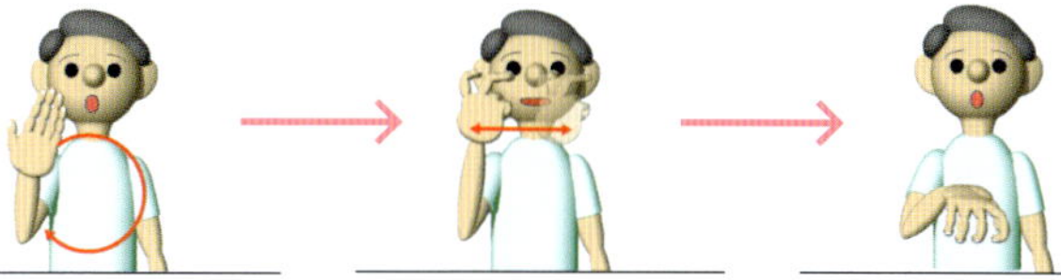

右手のひらを右肩にあて、体をなでるように、円を描く。

右手の人差し指と中指を曲げ、指先を目に向けて、左右に動かす。

手をドーム状にする。（「場所」の意味を表わす）。

県庁（「県」＋「庁」）

両手のひらを交差させて合わせ、すりながらひねる。

手の前後を入れかえる。

左手の人差し指を横に伸ばし、右手の人差し指を下ろして軽くはね上げ、漢字の「庁」を描く。

役所

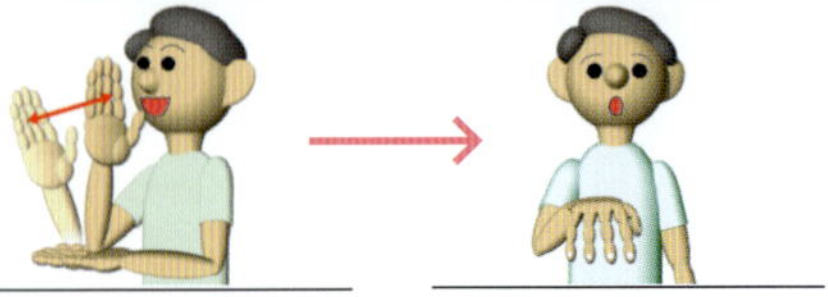

左手のひらの上に、右ヒジを立て、右手を前に軽く倒す。

「場所」の手話をする。

市

親指、人差し指、中指を伸ばし、指文字の「し」をつくる。

区

右手を軽く曲げ、指文字の「く」をつくる。

町（a）

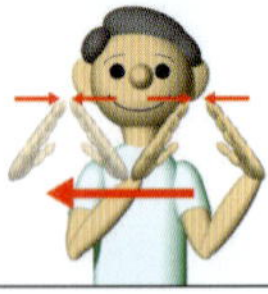

両手の指先を合わせ、屋根の形を２つつくる。

町（b）

左手の人差し指、中指、薬指を横に伸ばし、その横で、右手の人差し指で、漢字の「丁」を書く。

村

左手のひらを下に向け、指を折り曲げ、人差し指を伸ばした右手を左手の手首につけ、手前に引く。

都

右手の甲を前に向け、人差し指と中指を立て、指文字の「と」をつくる。

道

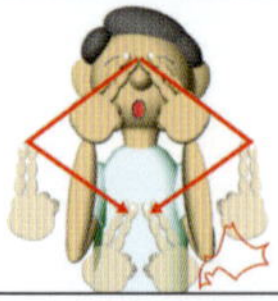

両手の人差し指と中指を伸ばし、指先を合わせ、北海道の形のように、ひし形を描く。

府

右手の親指を横に、人差し指を下に伸ばし、指文字の「ふ」をつくる。

県

右手のひらを前に向け、親指を折り曲げ、指文字の「け」をつくる。

右手の人差し指で、カタカナの「ン」を空書し、指文字の「ん」をつくる。

福祉会館

右手でアゴをはさみ、指を閉じながら下げる（「幸せ」「幸福」という手話）。

もう一度同じ手話を繰り返す（1 回でもよい）。

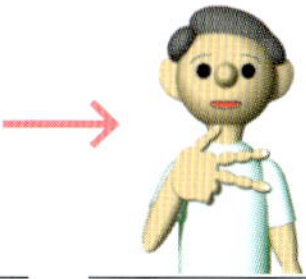

右手の親指を上に、人差し指と中指を横に伸ばし、指文字の「し」をつくる。

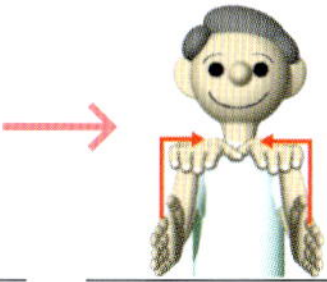

両手のひらを向かい合わせ、上に引き上げてから水平に引き合わせる。

ホテル

左手のひらを前に向け、右手の人差し指と中指を横に伸ばし、左手のひらにあてながら下げる。

旅館（「寝る」＋「家」）

右手を握り、頭を右こぶしにもたれかけるように傾ける。

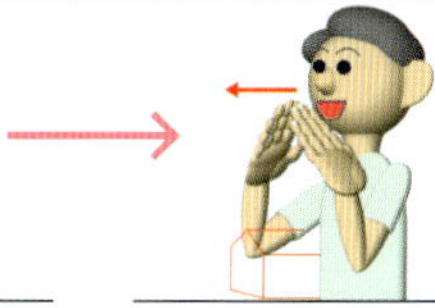

両手の指先を合わせ、屋根の形をつくる。

寺 (a)

左手を開いて立て、拝むようにし、右手で木魚をたたくように動かす。

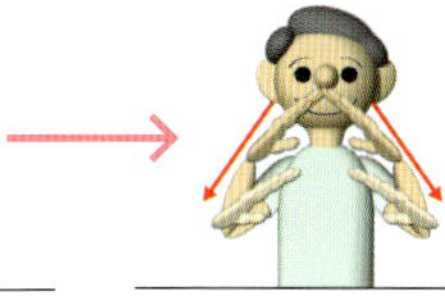

両手の指先を合わせ、屋根の形をつくる。

寺（b）

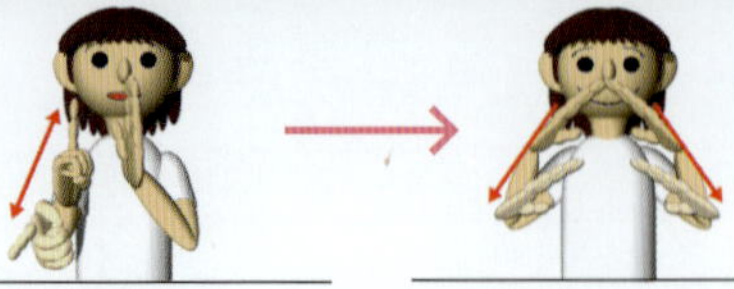

左手で拝むようにし、右手の人差し指を伸ばし、前に振る。

両手の指先を合わせ、屋根の形をつくる。

神社（a）

両手のひらを柏手を打つように合わせる（「神」の意味を表わす）。

両手の指を組み、屋根の形をつくる。「お宮」の意味を表わす。

神社（b）

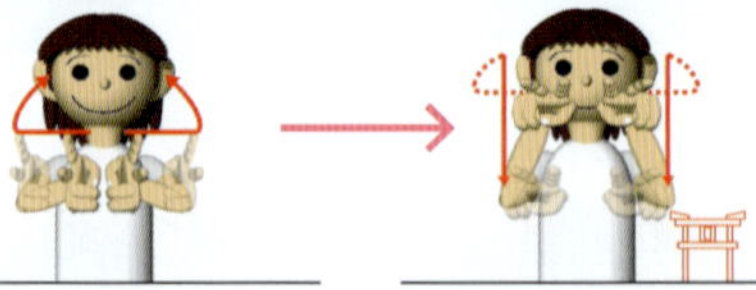

両手の人差し指と中指を左右に引く。

左右に開いた後に、上から下に下ろす（神社の鳥居を表現する）。

Lesson 6

手話の基礎知識

手話って何？

手話には日本語や英語の音声言語と同じく文法もあり、世界的に“言語”として認められている、目で見て手で話す言葉です。私たちが音声で思いを伝え合うように、耳の聞こえない方々が思いをのせて伝え合う大切なコミニュケーション手段の１つです。

耳の聞こえない方、いわゆる聴覚障がい者といっても、ろう者、中途失聴者、難聴者など、聞こえの程度（まったく聞こえない、補聴器をつければパトカーの音ぐらいは聞こえる、低い音は聞こえるけれど高い音は聞こえない、話している声は聞こえるけれど明瞭《めいりょう》に聞きわけられない）や、聞こえなくなった歳（生まれつき聞こえない、赤ちゃんや子供の頃の病気や薬が原因で、大人になってから事故や原因不明で聞こえないなど）、育ってきた環境（家族で手話を使ってコミュニケーションをしてきた方、していない方、ろう学校に通っていた方、いわゆる普通校に通っていた方）などによって、手話に対する考え方、手話の表わし方もさまざまです。

私のろうの友人には「聞こえないことは障害ではない、個性なんだ」「手話は自分たちの言語である」と、誇りを持って生きている人がいます。その一方で、中途失聴や難聴の友人の中には、今もいっしょに手話を学んでいる方々もいます。

手話は、手の形があっていれば通じるというものでもないようです。手・体・表情などを使って表わすと、さらに魅力が増す豊かな言葉です。

手話の特徴

せっかく覚えた単語や例文をより効果的に表わすために、手話の特徴を、例を交えながら紹介します。

1 1つの言葉で、その状態や感情の程度まで表わすことができます

指は1本か2本なのか、あるいは前に動かすのか、横に倒すのかなど、手の形、動作を正しく覚えることはもちろん大事です。それと同時に、1つの単語に強弱や緩急をつけると、その状態や感情の程度まで表わすことができます。たとえば、「ひさしぶり」という手話は、両手の指の背同士を合わせ、左右に引き離しますが、この動作をゆっくり、弧を描きながら引き離すと、「本当にひさしぶり」と意味が強調されます。引き離す時の強弱で「10年ぶり」や、普通のあいさつを使い分けることができます。

ひさしぶり

忙しい

「忙しい」という手話も同じです。指を曲げた両手を下に向けて動かしますが、指に力をこめて表わせば「とても忙しい」となり、指を楽に力を抜いて表わせば、「ほどほど、忙しい」となります。また、

小雨

この時表情と合わせて表現するとさらに意味がふくらみます。

「とても忙しい」と表わした時の表情が、つらそうな表情であれば、「忙しくてまいっている」状態が読み取れますし、うれしそうな表情であれば「仕事がたくさんあってうれしい」ようすがわかります。

あるいは「雨」という手話を表わす時も、指をパラパラと動かしながら、ゆっくりと下ろせば、シトシト降っている小雨の状態がわかりますし、力強く速く下ろせば、どしゃ降りの大雨であることがわかります。

2 手話にもていねい語、尊敬語はあります

ありがとう

たとえば「ありがとう」は知っているけれど、「ありがとうございます」と表わすにはどうしたらよいのかというと、これもゆっくりていねいに表わせば「ありがとうございます」となります。この時、かしこまって「ありがとうございました」と口に出しながら、上体を少し前かがみにし、相手を見上げるように動かせば、なおその気持ちが表われるでしょう。逆に上体がそり返っていては、なんだか偉そうな感じがします。また、短く、軽く表わせば、気軽な「どうも」「サンキュー」というニュ

ありがとうございます

アンスが伝えられます。

「すみません」という手話も同じです。ゆっくり、ていねいにすれば「申しわけございません」「恐れいります」となりますし、片目をつぶってすばやく2回繰り返せば「すまん、すまん」という雰囲気が伝わるでしょう。難しく考えず、私たちが常日頃、目上の方に接している自然な姿勢で、ていねいさや敬意をはらう気持ちというのは伝えられると思います。

3 手話には、こんな特徴もあります

たとえば「行く」という単語を表現する場合、手話では歩いて行ったのか、あるいは電車、自動車、飛行機、船なのかなど、どんな方法で行ったのかを同時に表現することができます。

行く

行く（電車）

行く（車）

行く（飛行機）

行く（船）

4 手話の方向によって受動態、能動態を表わせます

手話にはいろいろな表わし方がありますので、すべてのろう者がこのように表わすというわけではありませんが、本書の中から参考例を出して紹介します。たとえば「連絡する」という手話ですが、私からあなたに連絡する場合は、自分の側から前に出しますが、自分に連絡してもらう場合には、自分の側に引き寄せるというように、方向で区別することができます。他に「教える」という手話も、自分が教える場合は相手に向けて人差し指を振ると「(私があなたに) 教える」になり、自分が教えてもらう場合には、自分に向けて指を振ると「(あなたから) 教わる」になります。

教える

教わる

5 表情が大切です

「表情が大切」と言うと、ただオーバーにすることと考えて、「私にははずかしくてできない」と躊躇《ちゅうちょ》する人もいると思いますが、そんなことはありません。自分なりの自然な表情で表現すればよいのです。たとえば「大丈夫」「できる」という手話を表わす時、胸をはっ

て自信のある表情で表わせば、「もちろん、できるわ」「大丈夫だよ、あたりまえ」という気持ちがこめられますし、逆に肩を落として不安そうな表情だと「できることはできるけど、自信がない」「大丈夫なんだけど……」と、否定する意味合いもこめられます。他にも「おいしい」という気持ちを伝えたい時は、自然な笑顔で表わしましょう。手話の形は「おいしい」でも、しかめ面だと、「本当はまずいのかな？」と思われてしまいます。この他にも特徴はたくさんあります。実際にろう者の方と話しをすれば一目瞭然、すぐ納得してもらえると思います。

大丈夫

（自信がある）

大丈夫

（自信がない）

ろう者、中途失聴者、難聴者とのコミュニケーション方法

手話を学び始めたばかりの頃だけではなく、2年、3年たってもまだまだ“無理”と、聞こえない方の前で手を動かす（手話をする）ことをためらう方が少なくありません（何を隠そう、私もそういう時期がありました）。

外国語でも同じような体験をすることがありますが、身ぶり、手ぶりで、だいたいの意志の疎通ができたということがあると思います。それは、コミュニケーションの根底に、お互いの「伝えたい」「理解したい」という気持ちがあってのことだと思います。

手話は、ろう者の魅力ある豊かな言語です。しかも、聞こえない方とのコミュニケーション方法は手話だけではありません。さまざまな手段を用いて、組み合わせを自由に入れかえて、目の前にいる聞こえない方にはどういう方法がわかりやすいのかを考え、工夫しながらコミュニケーションをしてみて下さい。きっと通じ合えるはずです。

手話はろう者が育んできた大切な言葉です。しかし、コミュニケーション方法は手話1つではありません。手話とひと口に言っても、とても語りつくせるものではありません。本書も「手話の本」として出版していますが、聞こえない方とのコミュニケーション手段の1つである手話のごくごく一部であることを理解していただきたいと思います。この本から覚えられた手話をきっかけにして、聞こえない方から学び、広げていっていただければうれしいです。

また、手話を学ぶとともに“聞こえない”ということはどういうことか、聞こえない方の生活の中から気づいていただきたいと思います。私も失敗をしながら今なお学んでいます。

手話

指文字	かなの一文字一文字を指の形で表わします。名前や新しい外来語など、さまざまな場面で使えます。しかし、かなだけですので「か」「ぜ」と表わしても、「風」なのか「風邪」なのかこれだけではわかりません。こんな時はやはり、手話や身ぶりが交えられればいいですし、漢字を空書してもよいでしょう。
読話（口話）	言葉を口の形や動きから読み取ります。たとえば両手のひらを自分に向けてそろえる「学校」「勉強」などの、同じ手の形で様々な意味を表わす手話には、口の形や動き（口型）が判断材料になり有効です。しかし、日本語には口の形が同じでも意味が異なるものがたくさんあります。たとえば、「たまご」「たばこ」はほとんど同じですよね。また、横からでもわかりにくいものです。正面から、はっきり話すのがよいでしょう。
身ぶり	ジェスチャーも立派なコミュニケーション手段の1つです。
空書《くうしょ》	空書きともいいますが、まさに空間に漢字、ひらがな、カタカナ、数字を書く方法です。自分から見て正しい方向で書き、伝えます。相手から見ると鏡文字になりますが、わざわざ裏返して書く必要はありません。読み取るには慣れることが必要でしょう。友だち同士、家族で練習してみて下さい。意外と難しいことがわかると思います。でも、ペンや紙が必要ないのがよいところです。私たちも筆記用具がない時に、手のひらや机に書いて確認することがあるように、聞こえない方とも空書だけでなく、手や机も利用して下さい。また、漢字の書き順も正しいにこしたことはありませんが、少しぐらい間違っていても読み取ってくれることでしょう。

筆談

紙などに文字を書く方法です。待ち合わせ時間や場所など、間違ってはいけないことなどは、ぜひメモにして確認し合いましょう。私たちも、口約束だけだと、「南口だったかな?、西口だったかな?」と不安になることがありますよね。ましてや自信のない手話だけでは不安になりますので上手に活用して下さい。書く時は長すぎないほうがよいでしょう。簡単にわかりやすくポイントを押さえて書くと、読むほうだけでなく、書くほうも楽かもしれません。筆談というと、文字だけと思われるかもしれませんが、絵や矢印などの記号もまぜながら書いてみて下さい。楽しく筆談できると思います。筆談は書いたものが残りますので、正確にはなりますが、情報量が少なくなってしまいますし、書いている時は相手の顔が見えないのが残念なところです。ですが、紙と鉛筆がなくても、携帯電話に文字入力することで筆談が手軽にできるようになっています。

音声

補聴器を利用したりして、音声を頼りにしている方もいます。音声と読話を併用して会話を理解します。でも、「7時」と「1時」は音声も口型もほぼ同じなので、わかりにくいこともたくさんあります。また、補聴器はすべての音をひろってしまうので、TVや音楽を消したりして周囲を静かにするとよいでしょう。

手話の約束事と注意点

約束事と注意点といっても難しく考えず、手話を始めるにあたって、「知っておいてほしい」と思うことを書いてみました。

1 相手に「伝えたい」という気持ちが大切

覚えたてで、たどたどしい手話であっても、相手に「伝えたい」という気持ちが強ければ、必ず相手に伝わるものです。もし、あなたが間違えた手話を使っていても、相手の方はきっと読み取ってくれるでしょうし、やさしく訂正してくれるはずです。

聞こえない方とのコミュニケーション方法は、手話だけではありません。筆談や口話など、いろいろな手段を駆使して「伝えたい」ことが正確に伝えられるように努力してみて下さい。

2 相手の「伝えたい」ことを知りたいと思う気持ちが大切

自分の気持ちだけを一方的に伝えても、相手の言っていることがわからないと、コミュニケーションが成立したとはいえません。自分の気持ちを「伝えたい」と思うのと同時に、相手が「伝えたい」と思っていることをきちんと理解したい、よく知りたいと思う気持ちが大切です。曖昧《あいまい》なままわかったふりはしないで下さい。

もし、相手の手話でわからないところがあったら「すみません、もう一度お願いします」「ごめんなさい、もう少しゆっくりお願いします」とたずね返しましょう。紙に書いて「筆談」をしてもよいでしょう。

3 手話と同時に口を動かすとベター

ろう者、中途失聴者、難聴者の方々の中には、相手の口の動かし方で何を話しているのか読み取ることができる方もいます（読話、口話）。表現している手が間違っていても、口型を頼りに読み取ってくれることでしょう。

私も初めのころ、「私の手話は大丈夫？　わかった？」と聞いたら、「ええ、大丈夫よ、口の動きがはっきりしているからわかるわよ」と、ろうの方に言われたことがあります。口型を読んでもらうことは、相手の顔を見て目を合わせて話すことになります。つまり、口型だけでなく、表情まで読み取ってもらうことになります。こちらも相手の反応（伝わっているか、いないか）を確認しながら進めることになります。相手がキョトンとしたら、何が通じていないのかクリアにしながら少しずつ進めましょう。

4 顔の表情も大切

最初の頃は、手の動かし方だけにとらわれてしまい、顔の表情を忘れてしまいがちです。顔の表情は、相手に自分の気持ちを伝える手段としては、とても大切なものです。

「元気」という手話も、ハツラツとして「元気」と表わせば、本当に元気そうに見えますが、ちょっと暗い表情で「元気」と表わすと、手話の形は「元気」と表わしているけれど、「本当は疲れているのかしら？」と心配させてしまいます。自分の気持ちを、ありのまま正直に表情に表わしてみて下さい。

5 手話の形をあまり大きくしたり、小さくしたりしない

　初めは1対1でおしゃべりをするなら、「小さく前にならえ」をして、少し脇を開けるくらいの楽な姿勢で手を動かしてみましょう。大きすぎても、小さすぎても読みにくいものです。声も同じですね。近くにいるのに大声を出されたり、うるさいところなのに小声で話されても、良好なコミュニケーションは取りにくいものです。

6 手話にも方言がある

　手話は、国によって異なるように、地域によっても異なる表現がたくさんあります。「郷に入れば郷に従え」という諺《ことわざ》のように、手話も同じようにその地域の方言をどんどん取り入れて、コミュニケーションをすることがとても大切です。

手話の6つの勉強法

手話にもさまざまな勉強法があります。ここでは、私の体験を含めながら紹介していきます。

1 単語と例文を覚える

まずは自分が興味のあること、趣味、家族、学校のことなど、何でもかまいません。友だちになりたいろう者がいたら、共通の話題から始めてもよいでしょう。

私は、仕事で飛行機内の聞こえないお客様に、ご搭乗の感謝の気持ちを伝えたいと思い、手話を始めました。到着時刻や天気、機内サービスの飲み物の種類から、少しずつ単語や例文を増やしていきました。3、4年ほどたって、ある時仕事以外で聞こえない方に会った時に、「あなたはやけに難しい単語を知っているのに、簡単な日常会話ができなかったりするのはなぜ?」と聞かれ、初めて、いわゆる自己紹介（住所や生年月日、趣味）などができないことに気がつきました。この時から学ぶ単語や例文の幅を広げました。

2 指文字を練習する

指文字はどのように練習していますか？　指文字を覚える時、いつも「ア・イ・ウ・エ・オ」と順番に繰り返していませんか。それで突然「ケは?」「ヌは?」と聞かれて、スムーズに出てこないことはありませんか。ある程度基礎ができたら実際に物を見ながら学びましょう。町に出れば、バス、電車の中づり広告など文字があふれています。歩きながらでも、満員電車の中でも文字を見ながら練習をしてみましょう。ぜひ試してみて下さい。

ろう者の中には指文字を知らない方や得意でない方もいることを理解しておいて下さい。指文字は早く表わしても、読み取りにくいものです。ゆっくり落ち着いて表わしましょう。

3 鏡に映してみる

鏡に自分の姿を映してみて、自分の手話の形が相手にどのように見えるか試してみましょう。家にいて、ちょっとした時間などを利用して鏡の前でやってみてはいかがでしょう。

4 ろう者、中途失聴者、難聴者の方々と接していく

“積極的に会話をしよう”と言われても、身近に知っているろう者はいない、という方もいるかもしれません。各都道府県、市区町村の窓口などに問い合わせると、ろう者、中途失聴者、難聴者の集う場を教えていただけることと思います。そのような場にどんどん出かけてみましょう。初心者でも、温かくむかえてくれるでしょう。

5 サークル、講習会で学ぶ

自分一人で覚えるのにも限界がありますし、地域の手話サークルや、講習会に参加して学ぶことによって仲間が増え、上達し、手話の幅が広がるはずです。

聞こえない方が集う場を、各都道府県の窓口などに問い合わせると、地域の手話サークルを紹介していただけると思います。日本全国にあり、いつでも入会できますので、思い立った時から通い始められます。まずは、気軽な気持ちで見学に行くことをおすすめします。

6 ろう者の手話をそのまま覚える

表現の方法には限りがありません。本には載っていない手話もたくさんあります。この本に掲載してあるものもほんの一部です。私もまだまだ知らないことだらけです。

全部を一度には無理ですので、身近な聞こえない方の手話から、積極的に学び、まねをして取り入れていけたらいいですね。共に勉強していきましょう。

Index

単語さくいん

単語さくいん

あ

い

お

か

き

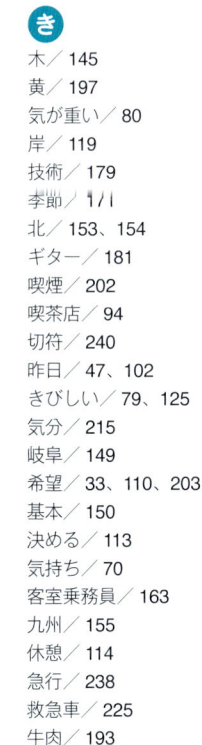

く

け

こ

さ

す

せ

そ

た

ち

つ

て

と

Index
単語さくいん

な

に

ね

ふ

へ

ほ

ま

み

む

著者
豊田直子
（とよだ・なおこ）

東京都生まれ。全日本空輸株式会社に客室乗務員として勤務。退職後、厚生労働省認定手話通訳士になる。NHK 手話ニュースキャスターを５年間担う。現在、自治体登録手話通訳者として通訳や手話指導、ボランティア活動に勤しむ。

編集スタッフ

●企画・編集／菊池 友彦

●写　　真／木村 純

●モ　デ　ル／豊田 直子、小林 紀子

●レイアウト／羽田 眞由美

●イ ラ ス ト ／佐々木 みえ

●スタイリスト／小倉 ひろひさ

●手話指導協力／ S.K DEAF、I.S DEAF

●参考文献／『日本語・手話辞典』財団法人全日本ろうあ連盟、日本手話研究所編集、米川明彦監修、財団法人全日本聾唖連盟出版局発行

● 持ち歩き やさしい手話の本 ●

2015年10月10日　第１刷発行
2025年10月１日　第16刷発行

著者
豊 田 直 子

発行者
竹 村 響

DTP 製版
株式会社公栄社

印刷所
TOPPAN クロレ株式会社

製本所
TOPPAN クロレ株式会社

●

発行所
株式会社 日本文芸社

〒100-0003　東京都千代田区一ツ橋１-１-１　パレスサイドビル８Ｆ

Printed in Japan　112150918 － 112250917 Ⓝ 16　(330001)

ISBN 978-4-537-21312-6　© Naoko Toyoda 2015

（編集担当　三浦）